同盟视域下
日本国家安全战略转型研究

徐万胜 等 著

时事出版社
北京

目　录

序　章 ………………………………………………………………（1）

第一章　日美同盟与日本的基本防卫政策 ………………………（6）
　第一节　日美同盟与"禁止行使'集体自卫权'"的嬗变 ………（6）
　　一、《日本国宪法》第九条与"禁止行使'集体自卫权'"的
　　　　提出 ………………………………………………………（6）
　　二、自卫队"国际合作"与"禁止行使'集体自卫权'"的
　　　　模糊 ………………………………………………………（10）
　　三、日美安保体制与"禁止行使'集体自卫权'"的蜕变 ……（12）
　　四、《日美防卫合作指针》修订与日本"集体自卫权"立法 …（18）
　第二节　日美同盟与核潜力威慑战略 ……………………………（20）
　　一、"无核三原则"与核潜力威慑战略的实力基础 ……………（20）
　　二、"周边核威胁论"与核潜力威慑战略的升级倾向 …………（23）
　　三、日美同盟与核潜力威慑战略的嬗变框架 …………………（25）
　第三节　日美同盟与"武器出口三原则"的嬗变 ………………（30）
　　一、日美同盟与"武器出口三原则"的例外 …………………（30）
　　二、日美同盟与"武器出口三原则"的修改 …………………（32）
　　三、"防卫装备转移三原则"的提出与实践 ……………………（36）

第二章　日美同盟与日本的军备扩张 ……………………………（39）
　第一节　日美军备合作的演变进程 ………………………………（39）
　　一、美国单方面对日援助阶段（1954—1980年）……………（39）
　　二、日美军备合作双向交流的过渡阶段（1980—1996年）…（41）
　　三、日美军备合作双向交流阶段（1996年至今）……………（46）
　第二节　日美军备合作的个案研究 ………………………………（48）
　　一、日美联合开发弹道导弹防御系统 …………………………（48）

二、日本选定"F-35"为新一代主力战斗机 ………………………(51)
  第三节　日美军备合作的机制、方式与特点 ……………………………(55)
　　一、日美军备合作的机制 ……………………………………………(55)
　　二、冷战后日美军备合作的方式 ……………………………………(59)
　　三、冷战后日美军备合作的特点 ……………………………………(64)
  第四节　日美军备合作的促因 ……………………………………………(69)
　　一、同盟战略需求拉动日美军备合作 ………………………………(70)
　　二、军事技术基础夯实日美军备合作 ………………………………(73)
　　三、军火利益集团推动日美军备合作 ………………………………(77)

第三章　日美同盟与日本海外派兵 ……………………………………(85)
  第一节　冷战后日本海外派兵的发端 ……………………………………(86)
　　一、冷战期间海外派兵问题的探讨 …………………………………(86)
　　二、《联合国和平合作法案》成为废案 ……………………………(88)
　　三、自卫队扫雷艇的派出 ……………………………………………(90)
  第二节　联合国框架下日本海外派兵 ……………………………………(92)
　　一、《联合国维和行动等合作法案》的通过 ………………………(92)
　　二、自卫队参与联合国维和行动 ……………………………………(96)
　　三、自卫队参与人道主义国际救援活动 ……………………………(99)
  第三节　日美同盟框架下日本海外派兵 ………………………………(101)
　　一、日美同盟的"再定义"与"周边事态"立法 …………………(101)
　　二、美国的"反恐战争"与日本海外派兵 ………………………(104)
　　三、联合军演与日本自卫队境外实战能力的提升 ………………(108)
  第四节　多样化任务与日本海外派兵 …………………………………(112)
　　一、国际紧急援助队与日本海外派兵 ……………………………(113)
　　二、防卫交流与日本海外派兵 ……………………………………(116)
　　三、反海盗与海外基地建设 ………………………………………(118)
  第五节　海外派兵与日本的防卫体制 …………………………………(122)
　　一、日本海外派兵的法制演变历程 ………………………………(122)
　　二、"国际和平合作"在自卫队任务中的定位 …………………(125)
　　三、海外派兵提升自卫队力量建设 ………………………………(127)
　　四、集体自卫权立法与海外派兵 …………………………………(130)

目 录

第四章 驻日美军与日本的安全保障 (133)

第一节 20世纪驻日美军的产生与演变 (133)
一、驻日美军的产生 (133)
二、驻日美军的法律地位 (135)
三、冲绳归还与驻冲绳美军基地 (139)
四、驻日美军的编制体制与基地规模 (141)

第二节 21世纪初期驻日美军整编 (144)
一、驻日美军整编的路线图 (144)
二、驻日美军整编的进展 (146)
三、普天间基地搬迁问题 (147)

第三节 驻日美军对日美两国的作用与影响 (150)
一、驻日美军对美国的作用 (150)
二、驻日美军对日本的作用 (151)
三、驻日美军的民生性问题 (152)

第五章 日本的同盟拓展与"日美+1"模式 (156)

第一节 日澳安保合作与"日美+澳"模式 (156)
一、日澳安保合作的内涵 (157)
二、日澳安保合作的动因 (160)
三、日美同盟与"日美+澳"模式 (164)

第二节 日印安保合作与"日美+印"模式 (166)
一、日印安保合作的内涵 (167)
二、日印安保合作的动因 (170)
三、日美同盟与"日美+印"模式 (174)

第三节 日韩安保合作与"日美+韩"模式 (176)
一、日韩安保合作的内涵 (177)
二、日韩安保合作的动因 (179)
三、日美同盟与"日美+韩"模式 (182)

第四节 日菲安保合作与"日美+菲"模式 (184)
一、日菲安保合作的内涵 (185)
二、日菲安保合作的动因 (187)
三、日美同盟与"日美+菲"模式 (190)

第六章 日本的"自主防卫"与日美同盟 …………… (193)
 第一节 日本"自主防卫"的基础：防卫力量建设 …………… (193)
  一、"自主防卫"的传统：武器装备国产化 …………… (193)
  二、"自主防卫"的强化：新式武器装备 …………… (196)
  三、"自主防卫"的拓展：卫星情报与太空开发 …………… (200)
  四、"自主防卫"的前沿：网络作战力量建设 …………… (206)
 第二节 日本"自主防卫"的对外交往：防卫交流 …………… (209)
  一、日本"防卫交流"认知 …………… (210)
  二、日本"防卫交流"实践 …………… (212)
  三、日本"防卫交流"效用 …………… (215)

终　章 …………… (219)
 第一节 安倍内阁的战略取向与中国周边安全 …………… (219)
  一、安倍内阁的右倾修宪战略：削弱周边政治互信 …………… (219)
  二、安倍内阁的岛争应对战略：难解周边领土争端 …………… (222)
  三、安倍内阁的日美同盟战略：加剧周边大国博弈 …………… (223)
  四、安倍政权的亚太外交战略：拼凑周边遏华网络 …………… (225)
 第二节 日美修订防卫合作指针 …………… (227)
  一、"新指针"的出台背景 …………… (227)
  二、"新指针"的制定过程 …………… (229)
  三、"新指针"的主要内容 …………… (231)
  四、"新指针"的消极影响 …………… (234)

附　录 …………… (237)
 附录1　日本安全保障大事记 …………… (237)
 附录2　日本国和美利坚合众国相互合作及安全保障条约 …………… (248)
 附录3　日美防卫合作指导方针 …………… (250)

参考书目 …………… (264)

后　记 …………… (271)

序　章

以"同盟视域下日本国家安全战略转型"为题展开研究,具有较强的应用价值与现实意义。首先,日本国家安全战略转型昭示着21世纪初期日本国家发展道路的抉择。日本战后曾坚持走和平发展道路并成长为经济大国。但是,近年来日本国家安全战略转型的诸多内涵,意味着其军事大国化进程加速,日本面临国家发展道路的再次抉择。因此,研究日本国家安全战略转型,有利于我们正确判断日本的国家发展道路走向。其次,日本国家安全战略转型影响着21世纪初期中日关系的发展。日本是中国的重要邻国,日本国家安全战略转型的主要目标,就是遏制中国崛起以及应对包含钓鱼岛争端等在内的中日纷争。因此,研究日本国家安全战略转型,有利于我们主动维系中国的战略机遇期。最后,日本国家安全战略转型关联着21世纪初期亚太地区安全格局的变动。无论是日美同盟强化还是日本军事大国化,都可能诱发亚太地区安全格局变动。尤其是日本政府着力加强与澳大利亚、韩国、印度等国家的安全合作,试图构建"日美+1"的地区安全模式。因此,研究日本国家安全战略转型,有利于我们全面掌控地区安全态势变化。总之,本课题将力争为我国的对日战略决策提供理论支撑与政策建言,积极应对日趋复杂的中日关系。

本课题以冷战后,特别是21世纪初期日本国家安全战略转型的具体实践为研究对象,旨在探讨"日美同盟"与"日本国家安全战略转型"的关联性。日美同盟既是日本国家安全战略的内涵之一,也是日本国家安全战略所处的外部环境。近年来伴随着日美同盟的强化,日本国家安全战略发生重大转型,主要表现为基本防卫政策蜕变、实施军备扩张与海外派兵、推动驻日美军整编、拓展同盟体系以及强化自主防卫等内容。

在国内外学术界,有关"日本国家安全战略"或"日美同盟"的研究虽不断取得进展,但探讨二者之间关联性的研究成果较为薄弱。

在中国有关"日本国家安全战略"的研究取得了丰硕成果。其中,肖伟等著的《战后日本国家安全战略》(新华出版社2000年),较为详尽地研究了战后 50 余年日本国家安全战略目标从"小"到"大"、从"内"向"外"、从"柔"到"刚"的演变进程；王少普与吴寄南合著的《战后日本防卫研究》（上海人民出版社 2003 年），根据战后日本防卫发展变化的不同阶段划分，系统地考察了日本防卫思想、防卫体制、防卫力量的发展与变化；孙成岗著的《冷战后日本国家安全战略研究》（解放军出版社 2008 年），则剖析了冷战后日本国家安全战略的内涵，并按照不同领域较为系统地阐释了日本国家安全战略的调整过程；肖伟著的《战后日本国家安全战略的历史原点》（新华出版社 2009 年），采取史学研究方法并大量运用相关史料，系统分析了战后初期日本国家安全战略的形成过程；李秀石著的《日本国家安全保障战略研究》（时事出版社 2015 年），系统论述了近年来民主党政权及自民党安倍晋三内阁的防务与外交战略，验证了民主党政府与自民党政府在同一战略轨道上的政策连续性。另外，在吴寄南著的《新世纪日本对外战略研究》（时事出版社 2010 年）、李秀石著的《日本新保守主义战略研究》（时事出版社 2010 年）等著作中，也有部分章节论及日本的防务战略。上述成果虽对战后不同历史阶段日本国家安全战略的演变进行了梳理，但并未将日美同盟作为日本国家安全战略转型的促因加以系统分析，更未对日本国家安全战略的"转型"进行全面阐释。

同时，中国学者有关"日美同盟"的研究不断取得新进展，以刘艳著的《冷战后的日美同盟解读：兼论其对中日关系的影响》（中国政法大学出版社 2008 年）、尚书著的《美日同盟关系走向》（时事出版社 2009 年）、徐万胜著的《冷战后的日美同盟与中国周边安全》（社会科学文献出版社 2009 年）等为代表，并有诸多期刊学术论文的公开发表。这些论著大多是从国际关系视角来分析日美同盟的演变，集中探讨了日美同盟的"再定义"、发展趋势与外延影响等问题，在一定程度上涉及冷战后日本国家安全战略的转型内涵。

在国外有关"日本国家安全战略"的研究成果较为丰富。近年来，日本学者的代表性论著，包括松村昌广著的《东亚秩序与日本的安全保障战略》（芦书房 2010 年）、樋渡由美著的《克服专守防卫战略：如何理解日本的安全保障》（密涅瓦书房 2012 年）、中野刚志著的《日本防卫论》（角川出版社 2013 年）等在内，均基于国际环境的变化探讨了日本国家安全战略的问题点与应对策略。此外，国外学者有关"日美同盟"的研究成果也颇为丰富，包括迈克尔·H. 阿马科斯特著的《朋友还是对手》（新华出版社1998年)、迈克尔·格林等主编的《美日联盟：过去、现在与将来》(新华出版社2000年)、日本国际政治学会编的《日美安保体制》(有斐阁1997年)等在内。其中，孙崎享著的《日美同盟真相》(中译本，郭一娜译)(新华出版社2014年)系统回顾了日本战后70年的历程，认为决定战后日本外交的最大动力，是针对来自美国的外压所产生的"自主"路线与"追随"路线的斗争。加文·麦考马克与乘松聪子合著的《冲绳之怒：美日同盟下的抗争》(中译本，董亮译)(社会科学文献出版社2015年)，系统论述了日美同盟框架下冲绳问题的演变历程，并介绍了冲绳当地民众追求正义与自由的抗争。

从整体上看，国内外学术界有关"同盟视域下日本国家安全战略转型"的论著不多，尚停留在数篇期刊论文与专著部分章节的程度，并未形成体系。因此，本课题研究既有一定的前期基础，又有巨大的潜力空间。

本课题的研究思路是，紧紧围绕日本国家安全战略转型的基本内涵，抓住日美同盟强化这条主线，分层次论述日美同盟与日本国家安全战略转型的密切关系，并深入剖析日本国家安全战略转型对日本国家发展道路抉择、亚太地区安全形势以及中日关系发展产生的消极影响，在此基础上总结日本国家安全战略演变的规律性内涵。

本课题的研究方法是，以辩证唯物主义和历史唯物主义为指导，运用政治学、军事学与历史学等多学科相结合的研究方法，辅之以同盟理论的研究视角，注重对政府相关文件等一手资料的解读，力求提升本课题研究的针对性与应用效益。

本课题研究的主要内容是，基于日美同盟的视角，全面剖析冷战后，特别是21世纪初期日本国家安全战略转型的具体内涵，探讨日美同盟与日本国家安全战略转型的密切关系。本课题的正文由以下六章组成：第一章，日美同盟与日本的基本防卫政策蜕变。在归纳日本各项基本防卫政策（包括"专守防卫""禁止行使'集体自卫权'""无核三原则"等）的基础上，分析日美同盟的强化对日本基本防卫政策的侵蚀与损害。第二章，日美同盟与日本的军备扩张。在回顾日美军备合作历史演变的基础上，分析日美军备合作的机制、特点与促因，梳理冷战后日本的军备扩张脉络。第三章，日美同盟与日本的海外派兵。在论述冷战后日本海外派兵发端的基础上，分析日美同盟框架下日本政府实施海外派兵的法律制度与实践历程，论证日美同盟强化与日本海外派兵的相辅相成的关系。第四章，驻日美军与日本的安全保障。在回顾驻日美军历史演变的基础上，分析21世纪初期驻日美军整编的背景、内容与进展，探讨驻日美军对日本安全保障所产生的诸多影响。第五章，日本的同盟拓展与"日美＋1"模式。在阐释日本拓展同盟体系的基础上，分析日本如何在日美同盟框架下加强与澳大利亚、韩国、印度等国家的安全合作，并试图构建"日美＋1"地区安全模式。第六章，日本的"自主防卫"与日美同盟。在概述日本自主防卫战略的基础上，分析日本政府如何通过武器装备建设、卫星情报与太空开发、施行"西南防御"战略等方式提高防卫"自主性"，并"巧用"日美同盟。此外，在终章中，分析了2012年12月成立的日本安倍晋三内阁推行右倾修宪、岛争应对、日美同盟及亚太外交的战略取向，指出这些战略取向必将削弱政治互信、难解领土争端、加剧大国博弈且试图拼凑遏华网络，对中日关系及中国周边安全态势产生了消极影响。

　　本课题研究的基本观点是：第一，日本国家安全战略转型与日美同盟密切相关。日美同盟不仅构成了日本国家安全战略转型的主要内涵，更是其转型的基本路径与重要平台，二者具有较强的互动性。尤其是21世纪以来，日本政府在推动国家安全战略转型方面举措不断，其背后总是伴随着日美同盟的调节与互动。日美同盟的强化带来了日本国家安全战略转型的外向化发展；与此同时，日本在追求防卫自主化的道路上又与日美同盟存在着结构性冲突和矛盾。第二，日本国家安全战略转型，表明21世纪初期日本政治军事大国化倾向不断增强，日本政府偏重于通过军事手段来实现国家利益与解决国际纷争。近年来日本在安全保障方面的举措已充分表明：日本正利用日美同盟的强化来打破战后美国协助日本所建立起来的防卫理念与基本共识。同盟关系的构筑既为结盟方提供了安全保障方面的利益，也意味着必须承担相应的责任和战争风险。第三，日本国家安全战略转型，对亚太地区安全形势及中日关系发展产生了严重消极的影响。特别是日本政府施行"西南防御"战略并力图构建"日美＋1"安全模式，制约了包括钓鱼岛争端、南海问题等在内的地区热点问题的解决。一国安全战略转型既是国际安全局势变动的结果，也是国际安全局势变动的促因。

　　本课题研究力争在以下三个方面做到创新：1. 选题创新，以"日美同盟与日本国家安全战略转型"为题，选题原创性强，在相当程度上具有填补国内外学术界研究空白的意义；2. 观点创新，本课题全面、系统地论述了日本国家安全战略的转型问题，其有关日本完善安保法制、实施"西南防御"战略、增强防卫力量建设以及开展安保合作等领域的内容与观点，具有创新性；3.资料创新，本课题研究力求在深入挖掘一手资料方面下工夫，大量运用外文原始资料与最新资料进行解读，强化课题研究的实证性与学理性。

第一章

日美同盟与日本的基本防卫政策

战后，遵循《日本国宪法》第九条的精神内涵，日本政府在防卫政策的制定与实施过程中，逐渐形成了"专守防卫""不做军事大国""无核三原则"与"确保文官统制"等基本原则。然而，在强化日美同盟并推进日美军事合作一体化的进程中，包括"禁止行使'集体自卫权'""无核三原则""武器出口三原则"等在内，日本的诸项基本防卫政策均遭受不同程度的损害，乃至发生质的蜕变。

第一节 日美同盟与"禁止行使'集体自卫权'"的嬗变

"禁止行使'集体自卫权'"既是战后日本安全保障的基本原则之一，也是其安全保障的重大战略抉择。冷战后，伴随着自卫队"国际合作"的实施以及日美安保体制的强化，日本安全保障的政策实践开始带有浓厚的"集体自卫权"色彩，国内主张行使"集体自卫权"的议论也日趋活跃。

一、《日本国宪法》第九条与"禁止行使'集体自卫权'"的提出

所谓的"集体自卫权"，一般是指即使本国未遭受武力攻击，但当与本国关系密切的其他国家遭受武力攻击时，即认为是对本国的攻击并加以反击的权利。它是与"个别自卫权"相对而言的，而后者仅仅是指以实力排除对本国直接攻击的权利。

在国际社会中，"集体自卫权"是作为主权国家的固有权利并得到普遍承认。例如，《联合国宪章》第七章规定，安理会断定侵略行为存在的情况下，可采取包括武力行使在内的必要措施。其中第51条明确提出，在情况紧急的情况下，"联合国任何会员国受武力攻击时，在安全理事会采取必要办法，以维持国际和平及安全以前，本宪章不得认为禁止行使单独

或集体自卫之自然权利"。① 在北约组织的章程中，也将某一缔约国遭受的武力攻击视为对所有缔约国的攻击。战后"集体自卫权"的提出，在相当程度上是联合国各创始会员国为防范法西斯势力复活而制定的权利和措施。

对于日本而言，《日本国宪法》的特殊性使其对自卫权进一步加以限制。这种特殊性主要体现在宪法第九条上。该条由前后两项组成，内容如下：

"日本国民衷心谋求基于正义与秩序的国际和平，永远放弃以国权发动的战争、武力威胁或武力行使作为解决国际争端的手段。"

"为达到前项目的，不保持陆海空军及其他战争力量，不承认国家的交战权。"

在当今世界各国中，唯有《日本国宪法》明确记载"不保持陆海空军及其他战争力量"，该宪法也因此被称为"和平宪法"。

根据宪法第九条的规定，战后日本政府制定了一系列有关国家安全保障的基本原则，如"专守防卫"原则、"无核三原则"、文官统制原则以及"禁止行使'集体自卫权'"等。其中，"禁止行使'集体自卫权'"主要体现在日本政府有关安全保障的"统一解释"之中。

1972年10月，在参议院预算委员会上，日本政府有关"集体自卫权"的"统一解释"为："我国作为主权国家，当然拥有国际法规定的集体自卫权……但是，以和平主义为基本原则的宪法不能解释为无限制地承认自卫措施……宪法所能允许的武力行使，仅限于应对针对我国的紧急且不正当的侵害，所以，以阻止施加于他国的武力攻击为内容的'集体自卫权'，在宪法上是不允许的"。②

1981年5月，在对众议院议员稻叶诚一的质询答辩书中，日本政府认为："在国际法上，国家拥有集体自卫权，也就是即使本国未遭受直接攻击，但对与本国关系密切的别国所遭受的武力攻击，具有以实力阻止之的权利。我国在国际法上拥有这种集体自卫权，作为主权国家是理所当然的。但是，在宪法第九条下所许可的自卫权行使，应限制在以防卫我国为目的的必要最小限度范围内，行使'集体自卫权'则超出了该范围，为宪

---

① 王铁崖等编：《联合国基本文件集》，北京：中国政法大学出版社1991年版，第35页。

② 『防衛ハンドブック』、朝雲新聞社2003年版、571-572頁。

法所禁止。"①

此后直至 2003 年 2 月,小泉首相依旧在参议院表示不考虑修改关于"集体自卫权"的政府"统一解释"②。

在上述政府"统一解释"中,值得注意的表达方式就是,日本的自卫权行使应限制在"必要最小限度"内。这与国际法上通行的自卫权观念相比,有着一定差距。例如,按照前述《联合国宪章》第 51 条的规定,行使自卫权受到下列条件制约:一是在发生武力攻击的情况下;二是在安理会为维持国际和平与安全而采取必要措施之前。与之相比,1972 年 10 月,在日本政府向参议院预算委员会提出的资料中,主张行使自卫权必须满足下列三个要件:"对我国发生紧急不当侵害;在上述场合下没有其他适当手段;应限于必要最小限度的实力行使。"③ 因此,日本行使自卫权,不仅要受到国际性制约条件的限制,同时也应受到国内制约条件——"必要最小限度"的限制。日本政府也正是由于认识到本国的宪法解释与国际法上的自卫权观念不相一致,才决定"禁止行使'集体自卫权'"的。

日本政府关于"禁止行使'集体自卫权'"的"统一解释",在其国家安全保障战略中占有重要地位。"在缺少宪法改革的情况下,宪法政治在日本持续出现。一些具体的、能向自卫队施加法律限制的做法,已经获得了准宪法的地位……政府提出的这些证词长时间内在许多会议上不断得以重申,并随着时间的流逝,成为必须被满足的、引人注目的政治信条。"④

对于日本国内主张增强防卫力量、争当军事大国的政治势力而言,宪法第九条以及有关"禁止行使'集体自卫权'"的政府"统一解释",则成为影响其安全保障战略调整的一大障碍。早在 20 世纪 50 年代中期重整军备的背景下,日本国内即出现第一次改宪高潮。但在"1955 年体制"时期,改宪派人数始终未能达到修改宪法所需要的众参两院全体议员 2/3 以上,所以,日本政府更多地是通过"解释宪法"的方式来实现其政策目标的。

---

① 『防衛ハンドブック』、朝雲新聞社 2003 年版、571 頁。
② 李秀石:《"行使集体自卫权"与日本防卫转向》,载《现代国际关系》2003 年第 6 期,第 16 页。
③ 『防衛ハンドブック』、朝雲新聞社 2003 年版、545 頁。
④ [美] 彼得·J. 卡赞斯坦著:《文化规范与国家安全——战后日本警察与自卫队》(汉译本),北京:新华出版社 2002 年版,第 138 页。

第一章　日美同盟与日本的基本防卫政策

冷战后，日本走向政治、军事大国的步伐加速，其与可否行使"集体自卫权"的问题相交织，日本国内的改宪动向亦不断增强。1994年11月3日，《读卖新闻》首次刊载将改宪主张明文化的《宪法修改试案》，提出将宪法第九条第二项删除，并主张可以拥有用于自卫的组织。① 此后，不断有政治家、学者乃至民间团体纷纷发表各种所谓的"改宪试案"。

当前，虽然日本国内存在着各种各样的改宪论调，但实际上许多论调未必非得通过修改宪法来实现。例如，对于主张明确载有保护环境条款的"改宪论"而言，即使写入宪法也未必就能做到保护环境，相反，只要采取完善环保立法、制定政策并附加预算等措施，不修改宪法也能做到保护环境。因此，日本改宪动向的核心在于修改宪法第九条第二项。正如日本学者所言："只尽可能简单地改正现行宪法给日本国政造成障碍的部分即可。必要最小限度的修改就是删除或修正第九条第二项。"② 自民党前干事长山崎拓则表示："修改宪法的观点各种各样，但修改第九条是改宪问题的核心所在"，"不涉及第九条的修改宪法没有任何意义"。③ 毫无疑问，改宪动向的焦点在于如何促使日本行使"集体自卫权"。

实现行使"集体自卫权"，除了履行高难度的改宪程序以外，更简单的办法就是直接更正政府的"统一解释"。有关自卫权问题的政府"统一解释"出尔反尔，这在战后日本政治中并非没有先例。例如，1946年6月，吉田首相在国会答辩中曾表示："基于第九条第二项不承认一切军备与国家的交战权，结果作为自卫权发动的战争和交战权均被放弃了。"④ 但至1954年12月，鸠山内阁的"统一解释"则明确主张宪法不否定自卫权。因此，仅就法律手续而言，日本距离行使"集体自卫权"只有一步之遥，即只要政府重新解释宪法并未禁止行使"集体自卫权"即可。

换言之，即使日本政府在国会答辩中依然一如既往地表示"禁止行使'集体自卫权'"，但通过政策实践予以"悄然"否定，也能达到对国家安全保障战略做出重大调整的目的，而且是一种低风险的政治选择。

---

① 『読売新聞』1994年11月3日。
② 北岡伸一：『憲法改正の停滞をいかに打破するか』、載『中央公論』2002年6月号、55頁。
③ 山崎拓：『私が考える平成憲法「前文」』、載『中央公論』2002年6月号、69頁。
④ 杉原泰雄編著：『資料で読む日本国憲法』（上）、岩波書店1994年版、114頁。

二、自卫队"国际合作"与"禁止行使'集体自卫权'"的模糊

1957年5月，日本政府颁布的《国防基本方针》规定，"支持联合国的活动，谋求国际间的协调，以期实现世界和平"。由此看出，不论其实质如何，日本政府至少在形式上提倡以"联合国中心主义"来实现国家安全保障。问题在于日本自卫队如何在宪法的框架下实施"国际合作"，自卫队的"国际合作"是否涉嫌行使"集体自卫权"。因为，在此前的1954年6月，日本参议院曾通过了禁止自卫队向海外出动的简短决议："本院在自卫队创立之际，按照现行宪法的条章和我国国民炽烈的爱好和平精神，在此重新确认不向海外出动。"①

实际上，以联合国维和行动为主体，日本政府试图派遣自卫队实施"国际合作"的意图亦早已有之。1966年，日本外务省曾制定"联合国合作法案"，拟对联合国所采取的符合宪章精神的军事行动，提供包括自卫队人员在内的援助支持。②1980年10月，日本政府在对众议院议员质询的答辩书中称："所谓的海外派兵，一般而言，是指以行使武力为目的将武装部队派遣至他国的领土、领海和领空。这种海外派兵通常超过了自卫所需的必要最小限度，在宪法上是不允许的。与此相反，所谓的海外派遣，先前虽未加以定义，但不以武力行使为目的将部队派遣至他国，宪法上并非不允许。"③1990年2月，在众议院联合国特别委员会上的政府"统一解释"为："向与战斗行为划清界限的地区运输医疗用品和食品，从宪法第九条的标准判断，应当不存在问题。"④尽管如此，受美苏两极冷战格局的制约，日本自卫队的军事活动空间大体上局限于日本本土。

冷战后，以1990年8月爆发的海湾危机为契机，日本政府开始正式启动自卫队实施"国际合作"的进程。当时，尽管日本先后向以美国为首的多国部队提供了总额达130亿美元的资金援助，但仍被西方舆论抨击为"纸上盟国"，"只出钱、不流汗"。受此"刺激"，1991年5月，日本向海

---

① 金熙德：《日本安全战略面临十字路口》，载《日本学刊》2002年第2期，第7页。
② 肖刚著：《冷战后日本的联合国外交》，北京：世界知识出版社2002年版，第104—105页。
③ 『防衛ハンドブック』、朝雲新聞社2003年版、554頁。
④ 同上、573頁。

湾地区派遣扫雷艇编队与以美国为首的多国部队一起执行扫雷任务。

与此同时，为了能够"合法地"向联合国维和行动提供人力支援，1990年10月，日本政府向临时国会提交《联合国和平合作法案》。在野党方面对该法案坚决反对，认为对以行使武力为目的的多国部队提供合作，即使是后方支援，也具有与武力行使成为一体的可能性，结果该法案成为废案。后经日本政府对法案内容加以修改，并与部分在野党势力加强磋商，1992年6月，日本国会最终通过了《联合国维持和平行动合作法案》，正式从法律上为自卫队参加联合国维和行动扫清了障碍。在上述法案的国会审议过程中，朝野政党就"维和法案"与宪法的整合性问题进行了激烈交锋，由于宪法禁止"以武力行使作为解决国际争端的手段"，且自卫队参加维和行动在相当程度上有行使"集体自卫权"之嫌，所以日本政府主要就"参加"与"合作"、"武力行使"与"武器使用"、"指示"与"指挥"等问题进行了"统一解释"。

关于对"联合国军队"的"参加"与"合作"的相互区别，1990年10月，日本政府在众议院联合国特别委员会的答辩中发表如下"统一解释"[①]：1. 对所谓"联合国军队"的介入方式有两种，即"参加"与"合作"；2. 1980年10月28日政府答辩书中所谓"参加"，即意味着在"联合国军"司令官的指挥下，作为其中一员行动，和平合作队参加"联合国军队"，如果该"联合国军"的目的、任务伴随着武力行使，这同自卫队参加该"联合国军"一样，超出了以自卫为目的的必要最小限度的范围，是宪法所不允许的；3. 与此相对，所谓的"合作"是一种包含上述参加"联合国军"在内的更广意义上的介入形态，含有在"联合国军"组织之外、未到"参加"程度的各种支援；4. 关于未到"参加"程度的"合作"，即使该"联合国军"的目的、任务伴随着武力行使，这也并非完全不允许，宪法禁止与该"联合国军"的武力行使成为一体，但允许与该"联合国军"的武力行使不成为一体。

关于"武力行使"与"武器使用"的相互区别，1991年9月，日本政府在众议院PKO特别委员会上发表的"统一解释"为："宪法第九条第一项的'武力行使'是指由我国的物资、人员系统实施作为国际武力纷争一环的战斗行为……保护自己及与自己处于同一现场的我国成员的生命或身体，是一种自我保存的自然权利，所以以此为目的的必要最小限度的

[①] 『防衛ハンドブック』、朝雲新聞社2003年版、560—561頁。

'武器使用',不属于宪法第九条第一项所禁止的'武力行使'。"①

关于自卫队参加维和行动的"指示"与"指挥"的相互区别,1992年2月,日本政府在参议院PKO特别委员会上发表的"统一解释"为:"自卫队的部队参加联合国维和行动的场合,部队长官制定或变更实施要领应与联合国的'指示'相适合,防卫厅长官根据该实施要领来指挥监督我国派遣的部队,进行国际和平合作业务。"②

上述国会审议中的核心问题,是如何处理"禁止行使'集体自卫权'"与"国际合作中的武力行使"这两者的相互关系问题。显然,日本政府在国会答辩中的"统一解释"近乎于一种"文字游戏",试图极力避免"国际合作中的武力行使"。这样,日本政府将自卫队实施的"国际合作"不得不暂时限制在维和行动中与行使武力无关的活动领域,《联合国维持和平行动合作法案》第2条第二款中也规定"国际和平合作业务的实施等,并非武力威吓或武力行使"。

但是,《联合国维持和平行动合作法案》与联合国制定的有关维和章程之间存有相互矛盾之处。例如,根据联合国的相关规定,从事后方支援的自卫队也具有保护其他部队的义务,并且在1992年6月日本国会通过《联合国维持和平行动合作法案》之前,联合国秘书处已经向日本政府明确了这一点。③

无论如何,依上述法案,1992年10月,日本政府首先向柬埔寨派遣自卫队参加联合国维和行动。此后直至2003年底,日本政府又先后向莫桑比克、卢旺达、戈兰高地、东帝汶、阿富汗等地派遣自卫队参加联合国维和行动。另外,据日本媒体报道,2004年1月,日本政府正在拟订中的"新防卫计划大纲",其中原本被列为"从属任务"的"协助联合国维持和平活动"将被提升为自卫队的"主体任务",把自卫队的国际军事活动作为最重要的任务之一。④

三、日美安保体制与"禁止行使'集体自卫权'"的蜕变

1960年修改的《日美安保条约》的前言中规定:"两国确认拥有联合

---

① 『防衛ハンドブック』、朝雲新聞社2003年版、583-584頁。
② 同上、627頁。
③ [英]赖因哈德·德里弗特著:《愿望与现实——日本争当联合国安理会常任理事国的历程》(汉译本),高增杰等译,上海:东方出版社2002年版,第110页。
④ 『読売新聞』2004年1月6日。

国宪章所规定的个别或集体自卫的固有权利,鉴于两国共同关心维持远东的国际和平与安全,决定缔结相互合作及安全保障条约。"该规定与政府有关"禁止行使'集体自卫权'"的"统一解释"是相互矛盾的。整体上,"和平宪法"和《日美安保条约》是战后日本政府制定所有安全保障政策的基本根据。因此,"日本防卫政策存在着法理上的矛盾,即战后日本'宪法'和'日美安保法'这两个并行法系之间的矛盾","由'日美安保条约'形成的日美安保体制对日本战后的防卫所起的作用是根本性的、实质性的,它甚至动摇了'和平宪法'对日本战后防卫所做的种种限制"。①

长期以来,受日本政府"禁止行使'集体自卫权'"的"统一解释"限制,日美安保体制是一种美国对日本实施保护,日本向美国提供基地与有条件支援的不均衡、不对称体制,即所谓的对美"依赖型"体制。

冷战后,日本国内要求打破"禁止行使'集体自卫权'"限制的呼声不断高涨,主张自卫队向能为美军提供战斗支援并与美军并肩战斗的方向发展,以便提高日美同盟的"可信赖性"。纵观20世纪90年代中后期日美安保体制的"再定义"进程,诚如日本学者所言:"再次确认日美安保的重要性,在现行法律框架下,其核心工作就是将'个别自卫权'与'集体自卫权'之间的'灰色'要素视为个别自卫权的行使,依此名目与形式来推进'安保再定义'。"②

具体而言,1997年的《日美防卫合作指针》(简称"新指针")强化了日本发生"周边事态"时的日美相互合作,规定自卫队对美军行动提供各项"后方地区支援"。所谓的"后方地区","新指针"则明确指出:"虽主要在日本的领域内进行,但也包括与作战地区截然相区分的、日本周围的公海及其上空。"③众所周知,在现代战争中很难将"后方"与"前方"区分开来,"指针和指针相关法案所规定的日本仅仅提供'后方支援'也只是一种理论上的可能性,一旦发生'周边事态',美、日和冲突的第三方事实上都会处于'交战'状态。"④显然,在日本本国未受到直

---

① 汪晓风、陈霞:《日本战后防卫政策的演变及走势》,载《现代国际关系》2002年第5期,第31页。
② 室山義正:『冷戦後の日米安保体制—「冷戦安保」から「再定義安保」へ』、载日本国际政治学会编:『日米安保体制—持続と変容』、有斐閣1997年版、138頁。
③ 『防衛ハンドブック』、朝雲新聞社2003年版、379頁。
④ 朱锋:《"周边事态":矛盾与问题——对日美防卫合作指针和相关法案的思考》,载《现代国际关系》1999年第8期,第25页。

接武力攻击的"周边事态"中，根据"新指针"及《周边事态法案》等的规定，自卫队在军事行动上具有与美军一体化的可能性，即突破了日本政府有关"禁止行使'集体自卫权'"的限制。对于"新指针"，曾任日本防卫大学教官的黑川雄三也坦然承认："在新指针的各部分都强调完善日美合作的'机制'，强烈主张努力使日美间的共同行动更加机制化且体系化"，"当朝鲜半岛'有事'、台湾海峡'有事'等亚洲危机发生之际，战后五十年来终于开辟了日本支援美军的道路。"①

另据报道，自1996年起，日本航空自卫队开始参加在美国阿拉斯加州举行"红旗阿拉斯加"（RFA）演习，并自2003年起派遣F-15战斗机参加，为执行轰炸任务的美国B-52战略轰炸机护航。对此，琉球大学教授我部政明表示："可以认为这是以行使集体自卫权为前提的训练。我了解到航空自卫队的这一训练，极为吃惊。难道日本的防卫需要战略轰炸机吗？这可能已经大幅超过专守防卫的框架。"②

在日美安保体制强化的机制建设取得新进展后，美国国内更加重视日本的地缘战略地位与经济实力，鼓励日本突破"禁止行使'集体自卫权'"的限制。例如，2000年10月，美国国防大学国家战略研究所发表特别报告《美国与日本：走向成熟的伙伴关系》认为："日本禁止行使集体自卫权制约两国的同盟合作。如果解除这一禁止，两国就可望更加密切、有效地进行安全合作。……我们考虑以美英特殊关系为美日同盟的模式。"③ 随后，2001年初上台的美国布什政府也多次表明欢迎日本行使集体自卫权。2011年1月18日，美国国会研究部向国会递交的一份研究报告中称，禁止日本行使"集体自卫权原则也是（日美）开展防务合作的障碍之一"。④ 与之相呼应，2001年3月23日，自民党国防部会（部会长为依田智治）决定提出政策建议，要求变更政府解释并行使集体自卫权，以便强化日美防卫合作。⑤

---

① 黑川雄三：『近代日本の軍事戦略概史』、芙蓉書房出版2003年版、286頁、292頁。

② 《日航空自卫队曾参加美轰炸演习》，载《参考消息》2013年8月14日。

③ [日] 《世界周报》2001年1月30日；刘世龙著：《美日关系（1791-2001）》，北京：世界知识出版社2003年版，第701页。

④ 钱文荣：《美国对日本修宪究竟是什么态度?》，载《和平与发展》2013年第4期，第30页。

⑤ 『東京新聞』2001年3月23日。

第一章 日美同盟与日本的基本防卫政策

2001年"9·11"事件发生以后,日本政府借口承担"盟友"的义务与责任,日美安保体制下的"集体自卫权"问题更加突出。

根据《反恐怖特别措施法案》等法案的规定,2001年11月,日本派遣自卫队舰艇前往印度洋地区进行"情报收集"和"后勤补给",对美军展开支援活动。此次日本大规模出动自卫队为美军提供军事援助,无疑是"新指针"的一次具体落实和双方"战时"合作形式的实战演习。对此,日本国内舆论指出:"在远东地区以外实施后勤支援,不仅是对美国,还扩大到英国等其他合作国家","也可认为后勤支援已经构成集体自卫权不可分割的一部分,日本实际上在反恐特别措施法下行使了集体自卫权"。① 即使是主张修改宪法的日本学者,也承认日本政府的安全保障政策自相矛盾,认为:"一般而言,提供基地即是行使集体自卫权。但是,与国际标准相比,日本政府采取了狭义解释,认为提供基地不属于行使集体自卫权。于是,事实上在周边事态法中集体自卫权的范围被缩小,在反恐怖对策特别措施法中又被进一步缩小。但是,内阁法制局在过去和现在都一直说禁止行使集体自卫权。"②

此后,随着2002年11月美朝核危机的再度凸显和2003年3月美国对伊拉克发动战争,日本政府仅仅抓住在上述问题中与美国的"合作机会":2004年1月9日,日本政府正式下达了向伊拉克派兵的命令。对此,日本民主党代表菅直人认为,自卫队队员是以作战为前提的、同美英军队一样的"盟军要员"。③ 在2004年3月9日举行的内阁会议上,日本政府通过了《国民保护法案》等7项与"有事法制"相关的法案,并全部递交国会审议。其中,《自卫队法修正案》规定有日本在遭到攻击之前就可以向美军提供弹药、允许对第三国船只进行危害性射击等条款。对此,在野的社民党、日本共产党认为上述条款违背了宪法有关放弃交战权的规定和政府迄今表示不实施集体自卫权的承诺,并加以反对。④

同时,在日美两国联合开发弹道导弹防御系统的过程中,日本国内主张行使"集体自卫权"的呼声不断高涨。例如,据报道,2005年1月日本

---

① 『日本は集団的自衛権を行使した』、載『産経新聞』2002年2月5日。
② 北岡伸一:『憲法改正の停滞をいかに打破するか』、載『中央公論』2002年6月号、59頁。
③ 『朝日新聞』2004年1月23日。
④ 苏海河:《日本政府通过"有事法制"相关七法案》,载《中国青年报》2004年3月10日。

政府又表示准备对导弹防御做出"新解释":如果对射向美国且经过日本上空的导弹进行截击,不属于行使"集体自卫权"的范畴。其理由是要提高截击的准确率就必须尽早发布截击命令,且从导弹头上分离的导弹部件也有落到日本的危险,所以拟将截击弹道导弹作为行使"个别自卫权"来加以解释。①

2006年10月朝鲜进行核试爆后,日本国内有关"集体自卫权"的讨论再一次普遍展开:10月11日,日本首相安倍晋三在参议院预算委员会上对"禁止行使'集体自卫权'"提出质疑,称"如果朋友在我的家中被打,我可以马上帮他,而他一旦迈出我家大门我便说'无能为力',这样能维持友情吗?";同月29日,《产经新闻》载文主张"目前日本至少要在与美国一起防御导弹袭击时行使集体自卫权,让日本自卫队能够迎击并非面向日本(可能是面向美国)的导弹"。② 2006年11月14日,日本首相安倍晋三又表示将"研究拦截飞越日本上空攻击美国的弹道导弹的可行性",被媒体普遍解读为是日本欲实施"集体自卫权"的重要暗示。此外,由于安倍内阁大力推动日本的修宪进程,实质上日本政府内部已经在研究有关集体自卫权的解释内容。

因此,冷战后日美同盟的强化历程表明,日本政府所谓的"集体自卫权"观念日趋模糊,与"个别自卫权"间的区别不断被缩小,从而导致自卫队正在"个别自卫权"的名义下行使"集体自卫权"之实质。需要指出的是,日本的大国地位与作用,应以深刻反省侵略历史、谋求亚洲各国的信任与支持为前提,并且其"国际贡献"也完全可以利用自身优势集中于非军事领域。否则,日本执意急于行使"集体自卫权",不但与《联合国宪章》中以反侵略为宗旨的"集体自卫权"精神相去甚远,而且也只能充当美国单边主义军事干涉行动的一翼,给国际安全环境造成消极影响。

需要指出的是,"禁止行使'集体自卫权'"仅仅是日本政府根据宪法第九条而做出的"政府解释",带有相当的法理脆弱性。一旦日本政府重新做出解释,该项政策瞬间即可发生变更,并不受限于任何法律规定。例如,2003年5月3日宪法纪念日之际,自民党资深政治家中曾根康弘和宫泽喜一在NHK电视节目中均表示在现行宪法下可以行使"集体自卫权",

---

① 『産経新聞』2005年1月14日。
② 《日本大阅兵冲着朝鲜》,载《环球时报》2006年10月31日。

督促政府变更解释,指出"只要小泉首相说能够行使就可以了"。① 2012年11月21日,日本自民党公布了该党众议院竞选纲领,关于安全保障问题提出实现"可行使集体自卫队权"。2012年11月23日,自民党总裁安倍晋三在讲演中再次强调了行使集体自卫权对日本的必要性,声称"如果在'尖阁诸岛'防卫的过程中美国船只受到攻击,而自卫队却不出手相助,那么日美同盟就将终结"。② 2013年8月,安倍内阁起用日本驻法国大使小松一郎担任内阁法制局长官一职,安倍希望通过任用对修改宪法解释、允许行使集体自卫权态度积极的小松来加快变更解释的工作。2013年9月,安倍首相的私人咨询机构"重建安全保障基础恳谈会"(安保法制恳谈会)在首相官邸召开会议,就修改宪法解释允许行使集体自卫权问题重新展开讨论。2014年1月24日,安倍首相在众议院发表施政演说时再次表示将积极推动修改宪法,为解禁集体自卫权等问题"铺路"。

目前,对于安倍内阁第二次执政后积极推动解禁集体自卫权的动向,美国大体上持支持态度。例如,2013年10月,岸田文雄外相、小野寺五典防相与美国的克里国务卿、哈格尔防长齐聚东京外务省饭仓公馆,举行日美安保磋商委员会会晤("2+2"会议)。根据会议发表的共同文件,提及日本考虑允许行使集体自卫权等事项,写明"美国欢迎采取这些措施,将与日本展开紧密合作"。在美国,前副国务卿阿米蒂奇等知日派一直要求允许行使集体自卫权,这也是美方此次表示"欢迎"的背景之一。但是,美国的支持力度与安倍内阁的政策取向或许还是有距离的。在论证解禁集体自卫权的同时,安倍政权还在讨论赋予自卫队攻击敌方基地的能力。对于美国而言,日本行使集体自卫权是对美军作战行动的一种辅助和补充,而不是超越同盟框架并摆脱美方限制。2013年5月,在参议院预算委员会上,安倍提到了拥有攻击敌方基地能力的必要性。美国政府人士对此表达了不快:"关于拥有攻击敌方基地能力一事,日本没有与美国进行事先协调。"③ 2013年10月举行日美"2+2"会议后发表的联合声明中,丝毫未提及安倍主张的攻击敌方基地能力一事,取而代之称"加强保卫本国主权以内范围的能力"。

---

① 『日本经济新闻』2003年5月4日。
② 『朝日新闻』2012年11月24日。
③ [日]安全保障问题研究会:《站在十字路口的安全保障》,载《世界》2013年12月号。

结果，2014年7月1日下午，日本安倍晋三召开临时内阁会议，通过了修改宪法解释、解禁集体自卫权的内阁决议案。这意味着日本战后以专守防卫为主的安保政策将发生重大变化。该内阁决议案推翻了日本历届内阁遵守的"自卫权发动三要件"，提出新的"武力行使三条件"：1. 日本遭到武力攻击，或与日本关系密切国家遭到武力攻击，威胁到日本的存亡，从根本上对日本国民的生命、自由和追求幸福的权利构成明确危险；2. 为保护国家和国民没有其他适当手段可以排除上述攻击；3. 武力行使限于"必要最小限度"。

四、《日美防卫合作指针》修订与日本"集体自卫权"立法

为落实有关解禁集体自卫权的内阁决议，安倍晋三内阁在2015年例行国会上又开启了新一轮的安保立法，此轮立法的核心内涵就是推动日本全面实施海外派兵的集体自卫权立法。2015年5月14日，安倍内阁通过了安保相关法案，并于次日提交国会审议。

安倍内阁向国会提交的安保相关法案，由1项新立法和10项修正法组成（参见表1-1）。1项新立法是《国际和平支援法案》，据此日本可以随时根据需要向海外派兵并向其他国家军队提供支援，其实质是"海外派兵永久法"；10项修正法统一"打包"为《和平安全法制整备法案》，要旨大多涉及行使集体自卫权、扩大自卫队海外军事行动范围等内容。因此，安保相关法案的核心就是赋予日本行使集体自卫权的法律权利，自卫队由此实现自由向海外派兵。

表1-1 安保相关法案

《国际和平支援法案》（新法）	自卫队可对多国部队实施后方支援的恒久法
《和平安全法制整备法案》（修正现行10部法律的一揽子法）	(1) 自卫队法 (2) 联合国维和活动（PKO）合作法 (3) 周边事态法→重要影响事态法 (4) 船舶检查活动法 (5) 武力攻击事态法→武力攻击·存立危机事态法 (6) 美军行动通畅化法案→美军等行动通畅化法案 (7) 特定公共设施利用法 (8) 海上运输规则法 (9) 俘虏对待法 (10) 国家安全保障会议（NSC）设置法

注：(3)(5)(6)的法律名称发生变更。

第一章 日美同盟与日本的基本防卫政策

在安倍内阁推动安保立法的过程中,2015年4月,日美两国政府修订了《日美防卫合作指针》。根据新版指针,未来日本自卫队将在全球范围内与美军开展更紧密的军事合作,实现所谓的"无缝"对接。因此,安保相关法案的制定,在相当程度上就是为自卫队协助美军行动提供国内法律保障(参见表1-2)。

表1-2 安保法制与《日美防卫合作指针》的关联性

目的		安保法制	新指针增设或强化的主要合作项目
日本的和平与安全	包含灰色事态的平时	修正自卫队法,通过武器等防卫来护卫他国军队	共同训练、警戒监视、装备护卫(以钓鱼岛、南海为想定)
	重要影响事态	重要影响事态安全确保法(修正周边事态法),扩充对美军等后方支援	对美军等后方支援的活动地域·内容进行扩充(以朝鲜半岛、南海为想定)
	危机存立事态	修正武力攻击事态法,有限行使集体自卫权	海面扫雷、海上限制、船舶护卫、弹道导弹防卫(以朝鲜半岛、海上运输线为想定)
	武力攻击事态(日本"有事")		岛屿防卫(以钓鱼岛等西南群岛为想定)
国际社会的和平与安全		制定国际和平支援法,对多国军队等实施后方支援	对应对国际纷争的美军及多国军队实施后方支援
		修正PKO合作法,实施人道主义复兴援助及安全确保活动	国际人道主义复兴援助活动、治安维持活动
		修正船舶检查活动法,平时参加国际性的船舶检查活动	旨在防止大规模杀伤性武器扩散的船舶检查等海洋安全保障

资料来源:安保协议、大筋决着…日米指针27日合意见通し[EB/OL]。
http://www.yomiuri.co.jp/politics/20150422-OYT1T50005.html?from=ycont_top_txt.

2015年7月16日,在民主党、维新党、日本共产党等主要在野党拒绝参加表决的情况下,由自民、公明两党联盟控制的众议院全体会议强行表决通过了安保相关法案。9月19日,不顾广大民众及在野党势力的强烈反对,参议院全体会议又强行表决通过了安保相关法案。

总之,冷战后日本政府的安全保障政策实践表明,其所谓的"集体自卫权"观念日趋模糊,与"个别自卫权"间的区别不断被缩小,从而导致日本正在"个别自卫权"的名义下行使"集体自卫权"之实质。但是，需要指出的是，日本的大国地位与作用，应以深刻反省侵略历史、谋求亚洲各国的信任与支持为前提，并且其"国际贡献"也完全可以利用自身优势集中于非军事领域。否则，日本执意急于行使"集体自卫权"，不但与《联合国宪章》中以反侵略为宗旨的"集体自卫权"精神相去甚远，而且也只能充当美国单边主义军事干涉行动的一翼，给国际安全环境造成消极影响。

第二节　日美同盟与核潜力威慑战略

日本政府在核武器开发领域一贯坚持所谓的"无核三原则"，即"不制造、不拥有、不运进"核武器。但是，在拥有强大的核武器开发潜力的条件下，近年来日本国内各种政治势力在核武器开发问题上的"复杂"声音，开始对外形成事实上的"核潜力威慑战略"。"核潜力威慑战略"是指在拥有强大的核武器开发潜力的条件下，在是否进行核武器开发的问题上保持"模糊状态"，或者明确表示能够迅速开发且拥有核武器，以此作为筹码并对其他国家产生牵制与威慑作用。

一、"无核三原则"与核潜力威慑战略的实力基础

战后，日本广大民众基于"唯一原子弹受害国"的立场形成了强烈的反核意识，并不断举行要求禁止原子弹的大众游行。受此影响，1955年日本政府制定了《原子能基本法》，规定原子能的研究、开发和利用必须限于和平目的，禁止制造和拥有核武器。随后，1967年12月11日，针对社会党国会议员成田知巳的质问，日本首相佐藤荣作首次明确提出了"无核三原则"，即"不拥有、不制造、不运进"核武器。这一政策要求日本不仅不能核武装自己，同时也将限制其他国家的核力量进入日本行政辖区。佐藤内阁所提出的"无核三原则"为其后历届政府所确认，成为日本防卫政策的基本原则之一。1976年6月8日，日本国会又正式批准政府加入了《不扩散核武器条约》（NPT），开始承担不制造、不拥有核武器的国际法义务；1996年9月24日，日本在开放签署《全面禁止核试验条约》（CTBT）的当天加入，并于1997年7月8日得到国会批准。

尽管日本政府一直对外公开坚持"无核三原则"，但在内部探讨过核武器开发问题。例如，1969年外务省的一份内部文件指出，"我们权且维

持不拥有核武器的政策",但"保留生产核武器的经济和技术可能性,同时确保日本在这方面不受干扰"。这种"技术威慑"姿态本质上是暧昧的,而外务省坚称这份文件是研究论文,不是政策声明,令此事更添一份暧昧色彩。①

在核武器问题上,日本是唯一既有能力也有意图,但未按照意图行事的国家。它开创了一种核威慑类型,其所依赖的不是任何明显的威胁,而是纯粹的潜在可能性。

在上述核政策框架的制约下,多年来日本政府一直积极开发商业用核技术,大力保障核物质和核设施。由于相当一部分商业用核技术可以转化为军事用途,结果日本的核武器开发潜力也得到了强化。

具体而言,日本的核武器开发潜力主要表现在以下三个方面②:1. 日本制造核武器的核材料已有足够的储量。日本众多核电站中的核燃料棒燃烧后,会生成制造原子弹的关键核材料钚-239。到2010年,日本钚的总储量将达到100吨(1000千克质量合格的钚-239可以制造出约120枚核弹头),从而成为世界第一大钚储存国;2. 日本的核技术研究已迈进核科学的前言。日本用10年时间,投入巨资60亿美元,建成"文殊"中子增殖反应堆,已于1995年8月试运行成功并正式发电。日本另一迈进核技术前沿学科的是对热核聚变技术的研究,已拥有大型螺旋核聚变实验装置,正在研究可控核聚变的超难技术;3. 日本可利用超高速计算机仿真核爆炸,无需进行核爆炸试验,即可研制出原子弹。

日本是无核武器国家中拥有核材料最多的国家。从技术角度看,日本拥有的大量武器级核材料已远远超出其民用核技术的需求,引发国际社会的疑虑和不安。关于日本储存的放射性物质钚,据日本共同社2014年1月26日报道,美国曾于冷战时期交给日本331千克钚,其中大多数为武器级丰度的钚,用于核研究,即在茨城县那珂郡东海村用作快中子反应堆核燃料,但亦可制造40—50枚核弹。2005年,日本政府又将原来的日本原子能研究所与核燃料循环开发机构合并,成立了日本原子能研究开发机构,主要从事核能的基础研究开发、量子发射技术、核燃料循环利用以及核废弃物处理技术等。

对于日本的核武器开发潜力,日本国内各种势力曾多次明确表示具有

---

① 《日本核政策或不再暧昧》,载《参考消息》2014年4月17日。
② 《光明日报》2005年9月21日。

信心。例如，日本原子能资料情报室代表高木仁三郎指出："日本如果决心制造核武器，一个月甚至两三星期就可以制造出来，日本实际上等于已经拥有了核武器"；1994年6月17日，日本首相羽田孜在国会称："日本确实有生产核武器的能力，但因签署了《不扩散核武器条约》（NPT）而没有制造。"① 对此，美国前驻日大使迈克尔·H.阿马科斯特也承认日本已完全具备迅速开发核武器的潜力，"没有多少人怀疑东京在遇到刺激的情况下迅速获取核力量的能力，而其先进的空间计划将使它能够立即把洲际导弹运载系统投入战场"。② 当然，即使是对日本的核武器开发潜力进行保守估计，那也只是所需的开发时间略长些而已。例如，2006年12月25日，日本《产经新闻》突然曝光了一份有关核武器制造能力的政府内部评估文件，认为"即使不存在法律和条约上的限制，利用目前日本拥有的核相关设施及核燃料，想要在一两年内实现核武器的国产化是不可能的。日本试制出小型核弹头最少需要3—5年的时间，并要花费2000亿至3000亿日元的经费和动员数百名技术人员。如果在不进行核试验的情况下进行开发，时间和费用将进一步增加"。③

因此，对于日本而言，是否拥有核武器仅仅是一个政治决定，并不存在根本性的技术障碍和物质材料问题。对此，日本政府高官也曾先后多次表态：2002年5月31日，内阁官房长官福田康夫公开声称"如果只用于防卫，日本就可以拥有核武器，日本不能拥有核武器是不合理的"，"现在，日本正处在将要修改宪法的时代，如果随着国际形势的变化，国民认为可以拥有核武器的话，说不定将要对宪法进行修改"④；2006年11月29日，外相麻生太郎在参议院安全事务委员会的会议上说："日本有能力制造核武器，但不代表我们有计划拥有核武器"，并指出宪法容许日本以核武器来防卫，"拥有最低水平的防卫用武器并没有违反宪法的第九条，即使是核武器，如果它们在规定范围之内，也不应被禁止"。

由此可见，日本拥有强大的核武器开发潜力是毋庸置疑的，是处在

---

① 袁蕴华、吕云：《日本的核能力及核政策》，载《国际资料信息》2003年第11期，第2页。
② [美] 迈克尔·H.阿马科斯特著：《朋友还是对手——前美驻日大使说日本》（中文版），于铁军、孙博红译，北京：新华出版社1998年版，第216页。
③ 『産経新聞』2006年12月25日。
④ 中国军控协会：《2004：国际军备控制与裁军报告》，北京：世界知识出版社2004年版，第101页。

"核门槛"外沿的第一个潜在核大国。日本政府采取拥有"核潜力"而非"核武装"的方式，事实上形成了一种间接性"核威慑"的效用基础。当然，这种效用的发挥，则更多地体现为日本国内各种政治势力在应对所谓"周边核威胁论"的过程中不断要求进行核武装。

二、"周边核威胁论"与核潜力威慑战略的升级倾向

在如何判断冷战后日本所处的周边安全环境方面，日本政府一贯持有"周边核威胁论"的观点。仅以冷战后日本政府对外公布的《防卫计划大纲》为例，1995年11月，日本安全保障会议和内阁会议通过的《防卫计划大纲》中明确指出，在日本周边地区"包括核武器在内的大规模军事力量依然存在，许多国家以经济发展等为后盾，正致力于扩充军事力量以及实现其现代化"。2004年12月，日本安全保障会议和内阁会议通过的《防卫计划大纲》中再次明确指出，在日本周边地区"依然存在着包括核力量在内的大规模军事力量，同时多数国家正致力于军事力量的现代化"，其中"北朝鲜在进行大规模杀伤武器及弹道导弹的开发、部署、扩散等的同时，还保持着大规模的特种部队。北朝鲜的这种军事动向是地区安全保障中的重大不稳定因素，同时也成为国际性防扩散努力的严峻课题。对本地区安全拥有重大影响力的中国正在推动核力量、导弹力量和海空军的现代化，并谋求扩大海洋活动范围，对这一动向今后仍需加以关注"。另外，进入21世纪后，日本国内对包括恐怖袭击等因素在内的非传统型核威胁的关注程度也在不断提高。

为了应对日本周边地区存在的所谓"核威胁"，日本政府在政策层面上依旧坚守"依靠美国的核威慑力量"的立场。同时，作为具体措施，日本又与美国共同开发弹道导弹防御系统。1999年8月16日，日美两国在东京签署了"共同研究开发战区导弹防御系统协议换文和列有具体研究项目的备忘录"，标志着日美联合开发战区导弹防御系统的计划正式启动。在2003年12月19日举行的"安全保障会议"上，日本政府又决定从2004年度开始建立弹道导弹防御系统。按照日本防卫厅的规划，日本的弹道导弹防御系统将分阶段建设，2007年建成第一个弹道导弹防御系统，2011年完成整个工程的建设。日本的弹道导弹防御系统将由在大气层外截击导弹的"宙斯盾"舰载"标准－3"型（SM－3）导弹系统和在地面附近截击导弹的地对空"爱国者－3"型（PAC－3）导弹系统两部分组成，从而构筑起由海基中段防御系统和地基末段防御系统组成的双层防御体系。日

建设弹道导弹防御系统,是美国弹道导弹防御战略的有机组成以及日本军事大国化的重要体现。此外,日本还积极开发使用固体推进剂火箭的空间发射技术,这可为其远程导弹计划奠定基础。例如,日本的 M-5 型火箭、H-2A 型火箭均较适合改装为洲际弹道导弹。值得指出的是,由于弹道导弹防御系统是个攻防兼备的作战系统,它的机载激光拦截系统和拦截导弹均具有强大的攻击能力,因此,对东亚地区安全形势造成了诸多消极影响,扩散了导弹防御技术,诱发新一轮地区军备竞赛。

毋庸置疑,随着弹道导弹防御系统建设的推进,日本的核武器开发潜力以及对核武器威胁的应对能力均将得到进一步提高,并以此来辅助美国的核遏制力量,共同应对所谓的"核威胁"。对此,在2005年度以后的《防卫计划大纲》中明确指出:"对于弹道导弹攻击,应通过确立包括发展弹道导弹防御系统在内的必要的体制,予以有效应付。对于针对我国的核武器威胁,应配合美国的核威慑力量,通过此种努力予以妥当应付。"从中可见,对美国的核威慑力量,日本正由全面"依靠"向着局部"配合"的方向转变,即日本的核潜力威慑战略在某种程度上具有转换为核威慑战略的升级倾向。

与此同时,更为直接的是,2002年底朝鲜核危机再度爆发后,日本政界主张政府改变其核政策的呼声不断高涨,许多政治家在核政策上的政策取向趋于右倾。例如,2003年11月,根据日本媒体对新当选的480名国会议员所进行的"政策取向"问卷调查,在"关于日本的核武装构想"这个问题上,占总数17%的83名议员认为,"如果国际形势需要,日本应当发展核武器,实施核武装";自民党籍议员中有30%表示应该解除核禁令。[①] 在2006年10月朝鲜宣布进行了核试验之后,日本国内爆发了新一轮关于"核武装"的争论:10月15日,日本自民党政调会长中川昭一在电视节目中称"宪法没有禁止日本拥有核武器。有核武器会降低受攻击的可能,即可以进行核报复。因此,可以(就日本的核武装)进行议论"[②];10月18日,外相麻生太郎在国会答辩中称:"邻国已经拥有(核武)时,我们不研讨、不交换意见——这当然是一种思考方式;但我认为就此展开讨论也是很重要的。"[③] 的确,日本政府也一贯坚持宪法并未禁止日本拥有

---

① 『每日新闻』2003年11月10日。
② 《美国担心日本"核武装"》,载《环球时报》2006年10月18日。
③ 《赖斯猛压日本核冲动》,载《环球时报》2006年10月19日。

核武器的统一见解。2006年11月14日,日本政府再次就拥核是否合法做出正式声明,一方面,表示"从纯粹的法理角度来看,宪法第九条没有禁止我国拥有自卫所必需的最低限度的核武器……即便是我国拥有核武器,我们也认为只要限制在这一程度内,拥有它们并不一定违反宪法",另一方面,又称"政府并没有对'无核三原则'进行修改的意向"。① 2012年11月20日,日本维新会代表、老牌右翼政治家宣称"不妨进行有关核武器的模拟演习,这将成为一种威慑力量"。②

日本政界的上述两面性政治表态,客观上只能是进一步增强了其核潜力的对外威慑效用。从实践中看,2006年11月9—16日,日美两国在日本海举行了为期约1周的海空联合军事演习,包括美国"小鹰"号航母和日本主力战舰"金刚"级导弹驱逐舰在内的102艘两国海军舰艇参加了演习,双方参演兵力超过1万人,演习科目主要为"反导""防核"和"反潜"。这在相当程度上更是日本核潜力威慑战略的对外公开宣扬。

值得指出的是,在拥有巨大核开发潜力的条件下,尽管日本国内不断涌现有关"核武装"的争论,但制约日本进行核武装的外部因素依然存在。其中,日美同盟是影响日本核政策走向的基本因素,是规范日本核潜力威慑战略未来如何嬗变的重要框架。

三、日美同盟与核潜力威慑战略的嬗变框架

最新解密的美军参谋长联席会议文件表明,1957年9月24—28日,日本自卫队与美军曾在日本国内进行了名为"富士"的联合图上演习,演习中假定使用核武器。美军参联会在演习后指出"美国希望日本自卫队引进合适的核武器,自卫队必须配备最先进的常规武器及核武器"。该结果被定为机密并传达给了美军太平洋司令部司令。③

同时,基于日美两国间的同盟密切关系,20世纪50年代末期,日本政府就向美国提出核能合作要求,试图通过钚的循环利用解决日本能源缺乏的尴尬局面。美国则试图通过向日本出口钚能源技术,既可以帮助日本发展民用核能,又可以在共产主义国家"门前"安放一种潜在的核威慑。在这项政策指引下,1955年,艾森豪威尔政府批准了美国国家安全委员会

---

① 《日本公开称拥核不违宪》,载《环球时报》2006年11月16日。
② 『朝日新聞』2012年11月24日。
③ 《美军曾提议日本自卫队配备核武器》,载《环球时报》2015年1月19日。

题为《美国对日政策》的"5516号文件",美日开始了核能项目的具体合作。在美国帮助下,1977年,日本在茨城县东海村第一个快中子反应堆开始运行。

对于日本政府而言,其"无核三原则"政策是以日美同盟和美国的核保护伞为支撑的。日美同盟并非普通意义上的同盟,其实质是日本把防御权和军事指挥权几乎全部交给了美国,换来美国保护日本的承诺。根据美国政府解密文件,美国首次向日本确认核保护伞是在1965年1月。当时,美国总统约翰逊对来访的佐藤首相表示:"日本不必拥有核武器。如果日本需要核遏制,美国将履行承诺提供给日本。"[1]

然而,日本政府的"无核三原则"政策在日美同盟的框架下却带有相当的模糊性与两面性。从日美同盟的视角看,一方面,防止核扩散是美国政府的基本对外政策,因此,同盟国日本"不制造"核武器是完全符合美国国家利益的;另一方面,正是由于日本的安全保障是建立在日美安保体制之上的,其"无核三原则"(特别是"不运进"核武器的立场)必然与美国的核保护伞之间存在着内在矛盾性。"这是因为美国在日本拥有的大量陆海空军基地随时都有可能带进核武器来","美国对日本的核保护伞与'无核三原则'是背道而驰的"。[2] "无核三原则"提出后不久,1969年11月,佐藤首相访美并与尼克松总统举行了会谈,双方达成了"1972年归还冲绳,冲绳无核化,与本土同等对待"的归还原则。但佐藤首相访美前曾派京都产业大学教授若敬泉赴美,与美国方面起草了一个密约,规定美国经与日本政府协商,有权在紧急事态时把核武器重新运进和通过冲绳。11月21日,佐藤首相与尼克松总统签此密约。[3] 另据2005年解密的美国国务院文件记载,因宣布日本坚持"无核三原则"而获得诺贝尔和平奖的日本首相佐藤荣作,在与美国驻日大使会谈时居然说"无核三原则纯属胡说八道"。[4] 此后,在冷战期间,美军核动力航母曾多次停靠驻日美军基地。例如,1983年3月,携带核武器的美军核动力航母进入佐世保港口,遭到当地居民和反战反核团体的强烈抗议。另外,1986年9月,日本政府明确表示参加"星球大战计划"研究,其国会论争关注的焦点就在于"星球大

---

[1] 《日本向美要核保护伞》,载《环球时报》2007年3月22日。
[2] 黄大慧:《论日本的无核化政策》,载《国际政治研究》2006年第1期,第161、162页。
[3] 『朝日新聞』1999年1月11日。
[4] 林治波:《日本核欲望令人担忧》,载《环球时报》2006年11月17日。

战计划是否包含核武器"。

事实上，关于冷战期间日美双边关系中的"核密约"问题，2010年3月9日，日本外务省有识者委员会会长北冈伸一面见外务大臣冈田克也，并提交了日美密约调查报告书。报告显示，在1960年日美修改安全保障条约之际，确实签订过《美核舰艇停靠、经过日本港口密约》：美国核舰艇停靠、经过日本港口时无须事前协商，属于"默许"范围内的"广义密约"。报告还显示，关于冲绳归还后继续允许美核舰艇进入日本的密约问题。1969年11月，首相佐藤荣作和美国总统尼克松确实交换过秘密讨论的文件《合意议事录》。①

冷战后，日本政府在继续坚持"无核三原则"的同时，依然在日美安保体制的框架下选择了"依靠美国的核遏制力量"来确保国家安全的道路。其间，1995年日本政府决定赞成无限期延长《不扩散核武器条约》，日本国内的核武装论一度偃旗息鼓。此外，在1995年村山富市内阁执政期间，防卫厅曾经就日本拥有核武器的可能性进行过内部探讨，并提交了报告书。该报告书认为日本一旦拥有核武器，"不仅降低美国核保护伞的可信赖性，而且很有可能被认为是（日本）对日美安保条约持有怀疑的表现"，综合考虑各种因素，日本的"最佳选择是依靠美国的核遏制力量"。此后，日本政府内部未再对该问题进行探讨。② 同时，美国政府也多次重申核保护伞并未失效，特别是在东亚，核保护伞依然是美国与日本维系盟约关系的基石。

但进入21世纪后，在朝鲜核危机加剧的背景下，2005年10月，日本政府正式对外宣布，将允许美军核动力航母常驻日本横须贺基地。目前，由于美军常驻横须贺基地的常规动力航母"小鹰"号的舰龄已超过40年，美军计划让其在2008年或2009年退出现役，并用最先进的"尼米兹"级核动力航母接替"小鹰"号。显然，美军核动力航母进驻日本将涉嫌违反日本的"无核三原则"。

在2006年10月朝鲜宣布进行了核试验之后，对于日本国内的"核争论"，美国国务卿赖斯明确表示美国不希望日本成为拥核国家，而日本首相安倍晋三也对外界多次表示日本将坚持"无核三原则"，并与美国一起加快导弹防御系统的建设。这表明美国政府至少在现阶段并不赞成日本独

---

① 《日本政府证实"日美核密约"存在》，载《环球时报》2010年3月10日。
② 『朝日新聞』2003年2月20日。

自开发（或是"制造"）核武器，一个具有危险性的核伙伴（日本）也是违背美国国家利益的。特别是自 2011 年日本大地震及海啸触发核泄露危机以来，美国多次表达对日本使用核材料安全性的担忧。并且，美国国内对日本政府进行核开发的前景预期也存有一定的判断与担心。例如，2007 年 1 月 22 日，美国参议院情报委员会主席约翰·洛克菲勒称："我了解日本人，我怀疑他们可能在五六年内获得一枚核弹，甚至可能更快。这是他们对中国和朝鲜总体局势的反应。"① 美国国内主张日本发展核武器者也不乏其人。例如，2006 年 11 月，美国学者哈罗兰就载文称，日本如果发展核武器，唯一能选择的核武器便是在离日本遥远的海域，通过核潜艇发射核导弹，这不仅难以被对手的声呐所捕捉，还可能在短时间内完成发射。②

同时，日本国内也存有各种判断与主张。例如，有的学者认为："日本在任何情况下都不会拥有核武器是不成立的。如果不光朝鲜连韩国都拥有了核武器，《不扩散核武器条约》失效、美国的核保护伞也由于某种原因其信赖性大打折扣，那时，情形也许会发生变化。"③ 有的学者主张，仰仗美国核保护伞的"英国型"核战略是日本最有望实施和效仿的，为此日本必须成为美国最值得信赖的同盟国，必须担负起美国核战略的一部分义务。④ 此外，2006 年 11 月 16 日，日本防卫厅长官久间章生公然提出："核武器紧贴着日本航行的行动不属于引进核武器"；17 日，他又表示可以允许美国搭载核武器的战略核潜艇在日本近海航行，近海的活动范围为沿岸 3 海里以外、12 海里以内的区域。⑤ 显然，上述讲话是对"无核三原则"中"不运进"原则的修正，偏离了日本政府不允许搭载核武器的外国舰艇在日本港口停泊、也不允许其在日本领海航行的传统立场，引起广泛关注。事实上，美军装备的 14 艘战略核潜艇分别部署在大西洋沿岸的金斯湾潜艇基地和太平洋沿岸的班戈潜艇基地，配有"三叉戟"潜射洲际弹道导弹，具备远距离精确打击能力，故从军事作战的角度讲并不需要抵近发射。

---

① 《日本 6 年内可能拥有核弹》，载《环球时报》2007 年 1 月 25 日。
② 《美学者：日本应选择核潜艇》，载《环球时报》2006 年 12 月 1 日。
③ ［日］北冈伸一：《日本应对"朝核"的五个选项》，载《环球时报》2006 年 12 月 1 日。
④ 『世界週報』2007 年 1 月 16 日。
⑤ 《日暗中找核武突破口》，载《环球时报》2006 年 11 月 20 日。

第一章　日美同盟与日本的基本防卫政策

另外，尽管钚元素危险且难于控制，又容易落入恐怖分子和急欲发展核武器的国家之手，但美国政府却在钚能利用上对日本采取"放任"态度。至20世纪80年代，全球只剩下英、法、日三国在发展钚能产业，形成了美国提供核废料、英法提供纯工厂、日本提供金钱的畸形产业链。在国际社会的压力下，2014年3月24日晚，日美两国政府发表一份声明，决定将美国提供给日本的高浓缩铀和分离钚，全部返还给美国。但是，4月11日日本内阁批准了生产钚的乏燃料回收项目，再度开始推进生产并储备钚的计划。

在可预见的短期内，日本政府独自开发核武器、将"核潜力"转化为"核力量"的可能性并不大。除受日本国民反核意识强烈、人口密集且国土狭小、国际社会反核扩散声音高涨等因素的限制外，只要美国在日美安保体制的框架下一直承诺向日本提供有效的核保护，日本政府很难悍然走上独自开发核武器的道路。因为日本一旦进行核武装，将会打破东亚地区的战略平衡，甚至诱发这一地区的核竞赛，这完全违背了美国在东亚地区的战略利益，对美国防止核扩散的努力也将产生负面作用。中国学者认为："防止全球范围内出现挑战对手是美国的重要战略目标，美国不希望作为第二经济大国的日本成为军事大国，更不会容忍其成为核大国"，日本进行核武装"会给对日本来说最重要的双边关系即日美关系带来巨大甚至致命打击"。[1]

无论如何，日本进行核武器开发的前景预期必将与日美同盟的未来演变密切相关。在日美同盟的框架下，日本政府采取核潜力威慑战略，除有利于同盟的维系以外，其益处在于：可向日本的所谓"假想敌"表明其拥有核武器开发技术潜力，从而震慑对方避免与日本及其盟国的利益发生冲突；有利于继续保持日本的和平形象，稳定与邻国的正常经贸关系，进而有利于日本实现大国目标。但从目前日美同盟的强化实践中看，在美国政府将日本视为"自由与民主"的盟友国家的情况下，特别是由于不断受到朝鲜"核威胁"的刺激，美国在日本列岛部署核武器的可能性并非丝毫不存在。因此，"无核三原则"中的"不运进"原则最有可能首先受到日美同盟强化的损害。

---

[1] 胡继平：《日本核武装？》，载《现代国际关系》2003年第9期，第43页。

第三节 日美同盟与"武器出口三原则"的嬗变

一、日美同盟与"武器出口三原则"的例外

1967年,日本国会对于东京大学开发的小型导弹(高空气象观测用)出口至印尼等国是否违宪这一问题展开了政策争论。在此背景下,1967年4月21日,首相佐藤荣作在众议院决算委员会宣布了日本出口武器的具体方针,即所谓的"武器出口三原则":1. 不向共产主义阵营国家出售武器;2. 不向联合国决议明文禁止出口武器的国家出口武器;3. 不向国际争端的当事者或有这类危险的国家出口武器。

此后,1976年2月27日,针对日本国会中关于川崎重工公司制造的C1运输机出口至海外后是否被当作军用飞机的争论,首相三木武夫在众议院预算委员会又表明了"政府统一见解":禁止向"武器出口三原则"中所规定的三类对象地区出口武器;对于上述三类地区以外的国家,根据宪法及外汇管理法、出口贸易管理法的精神,在出口武器问题上也要慎重对待;对于武器制造相关设备的出口,参照"武器"的标准执行。

在此基础上,1981年3月20日—21日,日本国会众参两院分别通过《有关武器出口等问题的决议》,指出"根据'武器出口三原则'及1976年政府统一方针,……政府应以严肃且慎重的态度对待武器出口,同时采取包括改善制度在内的有效措施"。[1]

然而,在日美同盟的框架下,出于分担盟友责任的现实需求,日本政府的"武器出口三原则"却不断受到蚕食。

在20世纪80年代以前,日美两国的军事技术合作基本上仅限于美国单方面向日本提供技术。但随着日本科学技术的进步,美国对这种状况日益不满,并于1981年6月和1982年3月先后两次提出,要求日本向美国提供可用于军事领域的通用技术。1982年底中曾根康弘内阁执政后,日美双方进行了多次协商,于1983年11月8日完成了有关对美提供武器技术的换文。该换文决定将美国作为"武器出口三原则"的一个例外,向其提供武器技术及其试制品,但不出口武器及进行共同生产。1984年1月,中曾根内阁以官房长官谈话的形式宣布,根据日美两国有关防卫领域开展技

---

[1] 『防衛ハンドブック』、朝雲新聞社2003年版、第746頁。

第一章 日美同盟与日本的基本防卫政策

术交流的协议，日本向美国提供武器技术不违反"武器出口三原则"。结果，1986年9月5日，日本决定向美国提供携带式地对空导弹（SAM）相关技术以及海军舰艇武器制造技术；同年12月30日，日本又决定向美国提供海军舰艇武器改装技术。1987年日美两国政府又共同签署合作开发新一代战机的协议，即"以美军现役F-15战机、F-16战机为基础，集合日美最优秀技术，共同开发新一代战机"。①翌年双方就开发计划框架签署了备忘录，确定以三菱重工为总包企业，美国通用动力（后为洛克希德·马丁公司）、川崎重工以及富士重工为配套企业的开发模式，至1995年10月该项目开发的F2战机正式下线。实际上，在20世纪80年代，日本公司出口至美国的半导体芯片和摄像机镜头等，也有许多被用于导弹及侦察系统。

冷战后，随着日美同盟的强化，日本向美国提供武器技术的力度明显加大，对美国而言的"武器出口三原则"已经名存实亡。

从1990—2002年期间，日本决定向美国提供的武器技术范围广泛，详情参见表1-3所示：

表1-3 冷战后日本决定向美国提供的武器技术（1990—2002）

项目名称	决定时间
下一代支援战斗机（FS-X）的相关技术	1990年2月20日
P-3C搭载用数字飞行控制系统的相关技术	1992年4月17日
涵道式火箭发动机共同研究的相关技术	1992年10月23日
先进钢技术共同研究的相关技术	1995年10月30日
支援战斗机（F-2）系统生产的相关技术	1996年7月29日
ACESⅡ弹射椅共同改装的相关技术	1998年4月10日
先进混合推进技术共同研究的相关技术	1998年6月10日
弹道导弹防卫共同技术研究的相关技术	1999年8月20日
野战炮用高安全性发射药共同研究的相关技术	2000年4月5日
海上巡逻机（P-X）及海上多用途飞机（MMA）的电子航空装置与指挥系统的共同研究的相关技术	2002年4月5日

---

① 张玉来：《战后日本军工产业发展与"美国因素"》，载《日本侵华史研究》2013年第2卷，第45页。

在日本政府不断向美国提供武器技术的过程中，1996年4月，日美两国签署了《日美相互提供物资与劳务协定》（ACSA），明确规定日美双方相互提供物资的范围包括"军用飞机、军用车辆、军用舰船的零配件等"在内。此后，随着日美两国共同开发弹道导弹防御系统的推进，2005年12月10日，日本政府以官房长官谈话的形式，决定将有关弹道防御系统的共同开发与生产作为"武器出口三原则"的例外。2013年3月，日本政府又批准出口F-35战斗机零部件，并将其作为"武器出口三原则"的特例处理。2013年11月5日，石川岛播磨重工（IHI）与美国普拉特·惠特尼公司签订联合生产合同，双方将联合生产美国F-35战斗机的发动机，IHI将生产的战斗机发动机零部件交付普拉特·惠特尼公司。

除此之外，有证据表明，近年来日本一直在私下里从事轻武器和军民两用品的交易。根据国际著名刊物《轻武器调查》的年度报告称，日本2002年出口了价值6500万美元的轻武器，是该年度出口轻武器最多的8个国家之一①；根据日本海关向联合国商品贸易统计数据库提交的信息，2001年日本出口了价值5570万美元的"炸弹、手榴弹、子弹、地雷和其他军用物资"，这其中绝大多数是出口美国的。②

值得注意的是，在美国的支持与鼓励下，日本对美国以外的其他国家也不断试图放宽"武器出口三原则"，以便与美国的对外战略相呼应。例如，2006年印度国防部长慕克吉在访日期间，与日本防卫厅长官额贺福志郎签署了一项加强两国军事合作的协议，希望日本的先进技术能够在印度军队现代化方面发挥"适当作用"。与之相呼应，2006年6月1日，日本政府决定将向印尼提供3艘巡逻艇。尽管日本方面存有"武器出口三原则"等条件限制，但印度学者认为日本对印度的武器技术出口"大门是关闭的但没有锁上"。③

二、日美同盟与"武器出口三原则"的修改

早在21世纪初，日本就借口本国船只在马六甲邻近水域遭到武装海盗袭击，用"政府援助贷款"的名义向印尼提供海上保安厅二手的巡视船，

---

① 《日本军火进口全球第三》，载《环球时报》2006年7月21日。
② 《日本偷偷摸摸卖军火》，载《参考消息》2005年12月2日。
③ 《军事合作：印度寻求日本先进技术升级本国武器》，载《中国国防报》2006年6月26日。

由于这些船只都带有防弹玻璃和防弹装甲,即使不搭载机关炮也算武器,因此被视为突破"武器出口三原则"规定的里程碑事件。

此后,日本国内主张修改"武器出口三原则"的声音不断高涨。特别是在2009年民主党上台执政后,"武器出口三原则"的修改被纳入政治议程。

在探讨制定新《防卫计划大纲》的进程中,2010年8月,日本首相菅直人的咨询机构——"新时代的安全保障与防卫力量恳谈会"提出报告书,认为"唯独日本禁止武器出口才是为世界和平做贡献的观点是片面的,应当认识到适当的武器装备合作及援助的效果","共同开发与生产,有利于获得尖端技术以及降低武器装备的开发费用",提议修改"武器出口三原则"。① 2010年10月10日,日本防卫大臣北泽俊美声称"武器出口三原则"阻碍了日本参与国防工业跨国技术研发,可能令国防工业处于竞争劣势,主张"基于和平国家的理念,提出符合时代需要的、类似'新武器出口三原则'之类的文件"。② 2010年11月29日,日本民主党外交与安全保障调查会出台了《防卫计划大纲》提案,建议在"武器出口三原则"问题上允许日本参与国际联合开发。

2011年9月7日,日本执政的民主党政调会长前原诚司在华盛顿发表演讲,更是明确主张修改"武器出口三原则",认为它不利于日本防卫产业的技术革新与降低开发成本,进而阻碍了日美同盟的强化。前原的发言获得日本政府的认可。

同时,在日本防卫省内部,为了能够参与新一代主力战斗机(F-X)、潜艇、太空等领域的联合开发,也大力推动"武器出口三原则"的修订进程。例如,2010年11月29日,日本防卫省宣布将成立官民联合研究会,以维护防卫产业的基础。此举意在为修改"武器出口三原则"、实现装备的国际共同开发铺平道路。

巩固防卫产业基础,是此次日本政府修改"武器出口三原则"的主要背景。20世纪90年代曾是日本防卫产业发展的最辉煌时期,但进入21世纪后日本防卫产业面临的市场需求开始缩减。即便日本政府防卫预算总额

---

① 『武器輸出3原則、緩和方針で一致…民主党調査会』、http://www.yomiuri.co.jp/politics/news/20101023-OYT1T00021.htm。
② 《日防相寻求放宽武器出口禁令》,http://japan.people.com.cn/35469/7080362.html。

不变，其实际的订货需求也是在减少的，这源于防卫费用自身结构的重要变化：一是人工及粮食费用上涨、相关设备维持费用不菲，导致军工产品采购受到挤压；二是美军基地维持费用即搬迁费用也在增加；三是2005年以后装备品维修费用超过新装备品采购额。① 另据报道，日本国内的防卫相关企业队伍比较庞大，包括约1300家坦克相关企业、约2500家护卫舰相关企业、约1200家战斗机相关企业在内，自2003年以来，由于防卫费的逐年递减与国内采购装备数量的减少，与坦克相关的35家企业、与舰船相关的26家企业以及与战斗机相关的21家企业纷纷退出行业或宣布倒闭。② 为了摆脱市场容量对日本防卫产业发展的束缚，日本政府试图通过修改"武器出口三原则"来参与国际共同开发与生产，进而巩固日本防卫产业基础。

经过一系列的前期酝酿，2011年12月27日，日本政府安全保障会议通过了《防卫装备物品转让标准》，主要内容包括：制成品的海外转移限于构筑和平及人道目的；可与美国及北约成员国等进行共同开发；整备防止向第三国转移及情报泄漏的体制。③ 这是日本政府首次以官方文件形式放宽了武器出口限制，是对"武器出口三原则"的修改。日本大幅放宽"武器出口三原则"的意图在于：促使日本军工产品走向世界市场，从而彻底突破其国内需求"封顶"的困境；通过参与国际共同开发，打开技术进步的新路径；通过广泛参与全球军工产业链而为国内企业寻求发展"新机遇"。④

在国际共同开发领域，日本决定首先与美国盟友——英国之间开展合作。这主要是因为英国在许可证生产和技术转移方面的限制较少，日本与英国合作有利于本国防卫产业吸收最新技术。2012年4月10日，日本首相野田佳彦与英国首相卡梅伦举行会谈，双方就共同研发武器装备达成协议。这是日本自2011年年底大幅放宽武器出口禁运以来，首次与他国就共同研发武器达成协议，同时也是第一次与美国以外的国家共同研发武器。

---

① 张玉来：《战后日本军工产业发展与"美国因素"》，载《日本侵华史研究》2013年第2卷，第45—46页。

② 新华社东京2011年9月9日日文电，载《参考资料》2011年9月15日。

③ 『武器共同開発国を限定…政府、3原則緩和表明へ』，http://www.yomiuri.co.jp/politics/news/20111212-OYT1T01128.htm。

④ 张玉来：《战后日本军工产业发展与"美国因素"》，载《日本侵华史研究》2013年第2卷，第47—48页。

第一章　日美同盟与日本的基本防卫政策

2013年3月1日，日英两国达成了一项联合开发"化学防护服"的协议，以提高应对恐怖袭击的能力。2013年7月4日，英国外交和英联邦事务部发表声明称，日本与英国已签署了《国防装备合作框架》和《信息安全协议》，"为英国和日本之间机密信息的安全保护设定了标准和方案"。① 除英国之外，日本政府还与法国、澳大利亚、土耳其等国家就联合研发与生产武器装备展开了磋商。

在武器出口领域，2013年2月，安倍内阁已经决定允许日本国内生产的F-35战斗机零件出口到他国。F-35是日本与美国等国共同生产的自卫队下一代主力战斗机，拥有最为先进的隐身性能。尽管F-35战斗机预计将被以色列引进，但政府仍然认为这与"避免可能助长国际冲突"方针并不矛盾。② 2013年3月，安倍内阁又开始准备对印度出口US-2水陆两栖救援用水上飞机。此前该飞机作为海上自卫队装备而一直被禁止出口，但在政府放宽"武器出口三原则"后开始允许出口符合"和平贡献与国际合作"理念的装备，并将US-2水上飞机从禁止出口名单上剔除，以求促进国防产业发展，提高采购效率。③

另外，在武器出口领域，还有部分产品被日本政府有意模糊其"军品"属性，从而规避"武器出口三原则"的限制。例如，据共同社2013年10月14日报道，日本政府已允许川崎重工向英国海军军舰提供一种发动机部件。该部件正用于海上自卫队的护卫舰。这引发该产品出口是否突破"武器出口三原则"限制的争议。日本政府坚称该部件曾用于民间焚烧厂的发电机，认为不能完全将其定为武器，出口没有问题。④

在上述过程中，日本政府进一步酝酿修改"武器出口三原则"，实现全面修正。2013年7月，日本政府公布的《防卫计划大纲》中期报告明确提出："将会考虑'武器出口三原则'应用现状，采取必要的措施。"2013年8月3日，日本防卫省相关人士透露，防卫省正在考虑在与自卫队防卫装备供应商签约时加入灵活条款，使企业可以向其他国家或地方政府销售同样装备。迄今的做法是企业在接受防卫省的订单后承包生产，销售对象也仅限于防卫省。此举旨在通过拓宽防卫装备的销路来促进量产并控制采

---

① 《英日正式签署防务合作协议》，载《参考消息》2013年7月7日。
② 《日有意"破例"允许F-35零件出口》，载《参考消息》2013年2月5日。
③ 《日将向印出售水上飞机》，载《参考消息》2013年3月25日。
④ 《日突破武器出口三原则引争议》，载《环球时报》2013年10月15日。

购成本，同时保护与培养国内的防卫产业。① 因此，随着日本国家安全战略转型与防卫产业发展需求，"武器出口三原则"的彻底修改已经势在必行。

三、"防卫装备转移三原则"的提出与实践

在历经政策局部调整后，2014年4月1日，安倍晋三内阁决定通过"防卫装备转移三原则"，取代始于1967年的"武器出口三原则"。新的三原则规定：1. 不允许向争端当事国或在违反联合国决议的情况下出口（转移）武器；2. 仅限有利于和平贡献和有助于日本安全的情况下出口武器，在确保透明度的同时进行严格审查；3. 仅在能够确保妥善管理的情况下，允许出口的武器被用于其他目的或转至第三国。这一"以新换旧"，意味着日本大幅放宽了对外输出日本武器装备和技术的限制，并可以与其他国家合作生产先进武器。

为了落实新"三原则"，2014年5月9日，日本加入了限制常规武器交易的国际准则《武器贸易条约》（ATT），以此宣告日本正式进入防卫装备国际市场。2014年5月12日，日本政府召开有关具体运行方针的政策说明会，防卫产业相关企业约240人出席了会议。在会上，政府明确表示将向海外积极转让装备和技术，推进建立有助于实现军民两用产品生产的机制。2014年6月19日，日本政府决定了今后10年的"防卫生产和技术基础战略"。这是自1970年政府在"防卫装备品生产开发基本方针"中提出国产化以来，首次作出修改，转而寻求推进国际共同开发，增强防卫产业的国际竞争力。根据新战略，日本将进一步与拥有庞大防卫产业的美、英、法、澳等国开展合作，探讨建立通过防卫省预算向大学及企业提供研究经费的援助机制，并考虑对防卫省的装备设施本部和陆海空自卫队的装备采购本部进行整合。②并且，日本相关防卫省还积极研究创设对武器出口提供金融援助的制度，旨在通过利用国家资金设立的特殊法人等机构，对武器出口企业提供低息贷款，并建立根据进口国的要求而派遣退役自卫官等人员，提供训练、维修和管理等支持的制度。③

---

① 共同社2013年东京8月4日电，《日本拟大力推进防卫装备出口》，载《参考消息》2013年8月5日。

② 《日本首次修改防卫产业战略欲增强国际竞争力》，载《参考消息》2014年6月20日。

③ 《日本拟以低息贷款促武器出口》，载《参考消息》2014年12月18日。

第一章　日美同盟与日本的基本防卫政策

同时，为了向国际市场推介日本的武器装备，2014 年 6 月，日本 13 家企业首次参加了名为"欧洲陆军展"的世界最大国际武器博览会。在两年一度的世界最大规模武器交易会上，此前一直是欧美防卫产业唱主角，但这次除三菱重工外，川崎重工业、日立制作所、东芝、富士通、NEC 等日本防卫企业纷纷亮相。2014 年 9 月，日本防卫省面向正在日本访问的东盟成员国外交和防卫部门负责人，举办了国内防卫装备用品展览会。来自文莱以外东盟 9 个成员国的 24 名官员参观了展览，川崎重工、三菱重工、富士通等国内 7 家大型防卫相关企业对各自公司的产品进行了介绍。① 2015 年 5 月 13—15 日，在日本防卫省及防卫企业的大力支持下，一家英国公司在横滨负责举行了名为"MAST Asia 2015"的防务展览。作为在日本首次举办的全球性防务展览，日本防卫企业展出的各种武器装备成为最受关注的部分。

这样，在日本政府多措并举的大力推动下，日本不仅对外防卫装备合作呈现迅猛发展的新动向，且对亚太安全形势产生消极影响。

第一，新"三原则"立即获得美国方面的积极呼应。例如，2014 年 5 月上旬，约 25 家日本防卫企业在华盛顿召开了一次非正式会议。美国陆海空三军的装备采购部门和负责开发军事技术的国防高级研究计划局（DARPA）的相关负责人出席了会议，日本企业向美国方面介绍了装备交割和日美联合开发的手续等情况。

第二，新"三原则"促使日本与英法等欧洲国家拓展装备合作。例如，2014 年 5 月 5 日，日本首相安倍晋三在巴黎与法国总统奥朗德举行会谈。为推进用于警备监视的无人潜水器等防卫装备的日法联合研发，双方就启动缔约谈判达成共识。2014 年 7 月 17 日，日本安倍内阁召开国家安全保障会议决定同英国开展战斗机机载导弹技术的共同研究，并向美国雷神公司出口三菱重工制造的"爱国者-2"导弹的零部件。2015 年 1 月 21 日，日英两国在伦敦举行了首次由外交、防卫阁僚参加的"2+2"会议。考虑到向英国出口海上自卫队 P-1 国产巡逻机的问题，双方就扩大防卫装备领域的合作达成一致，提议推进最新型战斗机 F-35 所搭载的空对空导弹的联合研发。② 2015 年 3 月 13 日，日法两国第 2 次"2+2"会议在东京举行，双方确定了加强防卫领域技术交流合作，签署共同开发防卫装备

---

① 《日防卫省首次办展会推销武器》，载《参考消息》2014 年 9 月 27 日。
② 《日本全面扩大与英防卫合作》，载《参考消息》2015 年 1 月 23 日。

协定，并就加强反恐合作达成一致。法国是继美、英、澳后第四个与日本签署防卫装备协定的国家。

第三，新"三原则"导致亚太安全形势更趋复杂。由于日本原本就在常规武器的众多领域处于技术领先地位，如果再与强大的美欧国家联手，其结果势必对周边邻国的安全保障造成巨大压力。日本此举难免破坏地区军力平衡和安全秩序，直接迫使周边邻国增加防务投入，造成彼此军备竞赛、相互戒备的恶性循环和安全困境。

第四，新"三原则"在相当程度上含有对华遏制色彩。例如，关于日法两国间的防卫装备合作，日本外务省官员就曾表示："装备合作和出口管理是互为表里的，此举将有助于减少法国的对华武器出口。""日本提出的合作前提是不提供有利于中国的技术转让。"[①] 2014 年 6 月 11 日，日澳两国在东京举行外长和防长磋商（"2+2"会议）并发表共同文件，就缔结防卫装备领域合作的相关协定达成了共识。此举旨在促进日本向澳大利亚转移低噪音引擎的潜艇建造技术，并针对南海争端表明"在公海航行和飞行自由的必要性"，对华遏制色彩明显。[②]

[①] 《安倍鼓吹日法安全合作防范中国》，载《参考消息》2014 年 5 月 7 日。

[②] 根据澳大利亚政府制定的长期防务战略，澳海军将斥资 370 亿美元，逐步更换现役"科林斯"级常规潜艇。从澳海军的需求来看，新一代潜艇最重要的战技指标是最大续航力、低廉的操作维护成本以及较高的自动化水平。从这些特性上看，日本最新型"苍龙"级潜艇非常符合澳大利亚的心意。

第二章

日美同盟与日本的军备扩张

军备合作是军事装备的国际合作的简称,指国家与国家(特殊情况下可以是国家和地区或政治集团)之间进行的军事装备包括军事技术转移活动的统称,包括军事装备援助、贸易、技术合作和联合研发与生产等。因此,军备合作的含义不仅指武器的国际买卖,它还指政治基础上的武器转让以及军备工业的国际运转。①

第一节 日美军备合作的演变进程

二战结束后,世界迅速陷入以美苏为首的东西方阵营的冷战对抗中。由于日本地理位置的重要性,美国对日本逐渐重视。1951年9月8日,日美两国签订了《日美安全保障条约》,日本正式成为美国重要的盟国。在此背景下,两国于1954年4月签订了《相互防务援助协定》(Mutual Defense Assistance Accord,MDAA),正式开始军备合作,并不断发展。截至目前,日美军备合作经过了近60年的发展,在此期间,美国与日本在军备领域的合作方式日趋多样,合作项目日渐增多,合作层次不断提高。总体而言,日美军备合作共经历了三个不同的发展阶段,首先是美国单方面援助阶段,其次是双向交流的过渡阶段,最后是双向交流阶段。

一、美国单方面对日援助阶段(1954—1980年)

1954年4月,美国与日本签订了《相互防务援助协定》,为美国武装日本自卫队(JSDF)提供了法律基础和行动框架,这也成为美国与日本正式开始军备合作的开端。根据这一协定,美国向日本提供军事装备和技术,形式包括无偿援助、有偿援助和许可证生产等。虽然该协定定义为"相互援助协定",但由于日美两国当时实力相差巨大,以及日本战败国的身份限制其发展国防产业,因此这一协定实际成为美国单方面武装日本的

---

① [英]巴里·布赞、埃里克·海凌著:《世界政治中的军备动力》,薛利涛、孙晓春等译,长春:吉林人民出版社2001年版,第59页。

"幌子"和借口。这种实际上由美国单方面向日本提供军事装备和技术的状况持续到了20世纪70年代末。

在美国单方面援助阶段，日美军备合作的侧重点也有所不同。1951年，美国国会通过《共同安全法》（Mutual Security Act，MSA），该法标志着美国对外援助的重点从经济援助转向以军援为主，主要手段是赠与性军事援助，即通过向盟友赠与军事设备、服务、训练和管理等方面的援助来支持盟国，主要方式则是军事援助项目（Military Assistance Program，MAP）。因此在20世纪50年代（1954年《相互防务援助协定》签订以后），日美军备合作绝大部分是美国在军事援助项目下提供剩余防务系统，除此之外还有保养和维修在日本的军事装备系统。1954年《相互防务援助协定》签订时，冈崎胜男外相就指出：我国的防卫力量将基于本协定所得到的援助而进一步强化起来。① 从1953年年初《共同安全法》开始执行到1961年终止，美国向外提供的援助达521亿美元，其中亚洲得到247亿美元。②

1961年，美国终止实施《共同安全法》。因此，在20世纪60年代，美国大幅减少了对日本的军事援助项目，取而代之的是对日本进行对外武器销售（Foreign Military Sales，FMS），日本也开始向美国购买生产许可证，通过自主生产获得少部分装备，甚至开始自主研发基本的军事装备系统。造成这一转变的原因有二：一是20世纪60年代随着日欧经济的复苏，美国在世界经济中的超强地位开始面临挑战，美国的国际收支出现逆差，美国的财力已经不允许继续进行大规模军事援助项目；二是经过近10年的军事援助项目，美国在二战期间剩余的军事装备已经所剩无几，继续进行援助必须生产新的军事装备，将会耗费巨大的资源。

20世纪70年代，日美军备合作是以美国大量对外武器销售为主，同时增加了日美之间的合作生产，主要是美国增加了对日本生产本土化（在日本进行许可证生产）以及本土研究和开发（R&D）的支持。主要原因是在20世纪70年代，深陷越南战争泥潭使得美国持续衰落，不仅使美国在与苏联的全球争霸中渐渐力不从心，也使美国在与日本的经济竞争中的优

---

① ［日］吉泽清次郎主编：《战后日美关系》，上海无线电三厂业余日语学习班译，上海：上海人民出版社1977年版，第18页。
② 王绳祖主编：《国际关系史》（第8卷），北京：世界知识出版社1996年版，第149页。

势相对削弱。为了应对这一情况，美国一方面加大对外武器销售力度，以此来换取外汇，另一方面则鼓励亚洲盟友发展自己的防务能力，以此来减少自身承担的压力。正如尼克松所说："在军事防务方面，除非面临拥有核武器大国的威胁，美国要鼓励而且有权利期待，这个问题将越来越多地由亚洲国家自己来处理，而且这样做的责任也由他们自己来承担。"①

截至20世纪70年代末，日美军备合作仍然是以美国单方面向日本提供军事装备和技术为主，主要方式是对外武器销售和许可证生产，主要项目参见表2-1。

表2-1　美国单方面对日援助阶段军备合作主要项目

系统名称	项目起始时间	采购方式
68艘军舰	20世纪50年代	军事援助项目
Sidewinder-9B, 9E, 9P, 9L（"响尾蛇"导弹）	20世纪50年代	对外武器销售
ASROC（反潜鱼雷）	20世纪60年代	许可证生产
F-104战斗机	20世纪60年代	对外武器销售、许可证生产
F-4战斗机	20世纪70年代	许可证生产
P-3C反潜机	20世纪70年代	对外武器销售、许可证生产
HARPOON（"鱼叉"导弹）	20世纪70年代	对外武器销售
"麻雀"防空导弹	20世纪70年代	许可证生产
"海麻雀"防空导弹	20世纪70年代	许可证生产
"萨姆"防空导弹	20世纪70年代	对外武器销售

资料来源：[美] 迈克尔·格林、帕特里克·克罗宁主编：《美日联盟：过去、现在与将来》，北京：新华出版社2000年版，第292页。

二、日美军备合作双向交流的过渡阶段（1980—1996年）

经过20世纪五六十年代日本经济的高速增长，以及美国在20世纪六七十年代对日本军事装备研究、开发和生产等方面的支持，使得日本的军事工业在短时期内获得了突飞猛进的发展。进入20世纪80年代后，日本在某些军工领域的技术水平已经接近美国，在个别领域甚至已经超过了美国，比如半导体技术等。美国也注意到了这一点，希望能从日本获得这些

---

① [美] 亨利·基辛格著：《白宫岁月》（第一册），陈瑶华译，北京：世界知识出版社1980年版，第292页。

技术，来促进自身军事装备的发展。而在以前，美国"对技术转让的兴趣集中在把美国先进技术用于特许生产项目上面，几乎没有意识到必须注意从日本转让技术"。① 1980年9月，日美两国举行首次"日美装备和技术定期协商会议"（Systems and Technology Forum，S&TF），协调两国在军备合作中的立场。1981年6月，美方向正在美国访问的日本防卫厅长官大村襄治提出希望改变过去美国单方面向日本提供军事装备与技术的局面，加强双向交流。在1981年12月的第二届"日美装备和技术定期协商会议"上，美方又表达了这一愿望，同时还表示双方的合作不应仅仅停留在技术交流上，而且应该向军事装备联合研发与生产这一更高层次发展。

然而，在增强日美双向交流这一问题上，美国与日本面临一系列的障碍。其中最大的障碍是1967年由佐藤首相提出的"武器出口三原则"，即"不向共产主义阵营国家出售武器""不向联合国禁止的国家出口武器"以及"不向发生国际冲突的当事国或者可能要发生国际冲突的当事国出售武器"。1976年2月，三木首相对这一原则进行了扩展，表示对"三原则"对象国以外的地区也不出售武器。1981年1月，日本国会做出了《关于武器出口问题的决议》，此后，日本一直实行禁止对任何国家出口武器的方针。正是这一禁止出口武器的原则使得美国几乎不可能从日本获得先进的军事装备和技术。中曾根康弘首相上台以后，面对美国越来越大的压力，在国内经过激烈地争论后为了顾全日美同盟关系的大局而在对美出口武器技术问题上做出变通。日本把向美国提供军事装备与军事技术列为"武器出口三原则"的例外，不受《关于武器出口问题的决议》的制约。1983年11月，美国与日本正式交换了日本向美国提供军事装备与技术的政府文本，并成立了"武器技术共同委员会"，负责具体事务。1985年12月27日，双方正式签署了《关于日本向美国提供武器技术的细则》，阻挠日美相互交流的最大障碍终于得到解决。美国随即提出在微波元件、人工智能、声音识别和翻译装置、火箭推进技术和计算机技术等16个尖端技术领域与日本展开合作。1986年9月，日本正式签署了关于日本向美国提供导弹追踪技术和补给舰建造技术的文件，这也成为日美两国签署细则后日本向美国转移的第一批军事技术。

解除障碍后，日美军备合作的发展速度明显增快，双方有关武器与技

---

① ［美］迈克尔·格林、帕特里克·克罗宁主编：《美日同盟：过去、现在与将来》，华宏勋、孙苗伊、丁胜幸等译，北京：新华出版社2000年版，第293页。

术的交流迅速增加。1986年，日本防卫研究所向美国提供了便携式"萨姆"导弹技术，同年9月份，日本决定参加美国的"星球大战"计划（SDI）等。在整个20世纪80年代，日美军备合作有两个极为重要的项目：一是日本引进美国的F-15J战斗机；二是日美联合研发日本的实验性支援战斗机（FSX）。F-15战斗机是美国麦克拉斯·道格公司在20世纪60年代末、70年代初研制的双发重型超声速制空战斗机，主要用于夺取战区制空权，同时兼具很强的对地攻击能力。1978年日美达成谅解备忘录（MOU），决定引进美国的F-15战斗机，采购总数为224架，其中前14架由美国麦克拉斯·道格公司生产，其余由日本三菱重工公司根据许可证生产制造。1982年首架F-15J开始装备日本航空自卫队，现今所有战斗机已经全部生产完毕，装备8个飞行队，目前仍是日本航空自卫队的主力战斗机型。

FSX是日本为了替换老旧的F-1支援战斗机而决定开发的项目。经过日美两国激烈的斗争，该项目最终确定由美国与日本在F-16战斗机基础上进行联合研制与生产。1988年11月，日美两国正式签署谅解备忘录（MOU）并确定了主要参加联合研发企业的名单，其主承包商是日本三菱重工公司，美国通用动力公司（现改为洛克希德·马丁公司沃斯堡工厂）和日本川崎重工、富士重工为合作厂商。相对于F-15J战斗机的引进来说，FSX的联合研发遇到的障碍更多，这主要是由于联合研发与生产是军备合作中更高级的合作形式，日美在主导权上发生了争夺，也使得日美在军备合作中积累的矛盾爆发。

20世纪90年代前期，美国与日本在军备合作领域的矛盾进一步爆发，这主要是受到日美同盟进入短暂的"漂流"时期的影响。首先，冷战结束导致日美同盟的共同的敌人消失，双方在战略上的相互需要减弱，美国不再看重日本作为敌对国家"后门老虎"的地理位置[1]以及反共"防波堤"的作用，而日本也不再需要美国所提供的强大的军事保护以防止苏联阵营的入侵。其次，是日本大国意识的抬头，而美国国内也正对应地掀起一股批判日本的风潮，甚至提出要使用武力"封锁日本"，逼迫日本进行政治、

---

[1] Buckley, Roger US-Japan Alliance Diplomacy 1945-1990, New York: Cambridge University Press, 1995, p. 256.

经济改造。①

经过近30年的高速发展，到冷战结束时日本已经成为仅次于美国的第二经济和科技强国，并且其军事实力也位居世界前列。在军事工业领域，日本的一些技术甚至已经超过美国。美国五角大楼从1988年开始对日本的高技术进行了5次周密的调查，得出的结论是：在构成安全保障的20种基础高技术领域中，日本有5种高技术全面领先于美国，这5种技术是光电技术、半导体技术、智能机器技术、生物技术和超导技术，而且在碳素纤维等高强度复合材料、高性能雷达、计算机模拟设计等领域，日本的一部分技术也领先于美国。② 美国国会军事委员会在其1988年提交的一份报告中指出："考虑到日本巨大的经济实力，它在防卫方面的贡献和能力是远远不够的。"③ 因此美国要求日本加大向美国转移军事装备和技术的力度，而这也间接促进了日美在军备合作领域双向交流。1990年3月，日美两国达成协议在导弹雷达/红外引导头、潜艇反探测磁场分析技术等领域展开合作。1992年9月，日美两国以"涵道火箭发动机"合作协议的缔结为开端，开始了新一轮的合作，先后缔结了联合研究"先进钢材技术""战斗车辆陶瓷发动机""无害激光雷达"等的政府间协议。④

日美军备合作的其他项目在这一时期进展也较为缓慢，这一点集中体现在日美联合研制的实验性支援战斗机（FSX）上。1988年，日美两国签订谅解备忘录后，双方又在FSX生产份额上进行了激烈的争夺，最终确定美国生产40%，日本生产60%。此外，美国还坚持拒绝转让核心技术，日本由于无法获得机载设备线控技术源代码导致整个FSX计划拖延了两年。1996年，FSX项目正式投入生产，日本确定编号为F-2，生产数量为130架。

总体而言，日美军备合作在20世纪80年代以及90年代前期获得了较大的发展，已经由原来美国单方面向日本提供军事装备与技术向日美间相

---

① 刘艳著：《冷战后的日美同盟解读》，北京：中国政法大学出版社2008年版，第45页。

② 李友申：《日美军事技术合作新进展》，载《世界经济与政治》1992年第9期，第37页。

③ Ted Galen Carpener, *A Search for Enemies – America's Alliance after the Cold War*, Cato Institute, Washington D. C., 1992, p. 62.

④ ［日］日本防卫厅编：《日本防卫白皮书（1998年度）》，李春江等译，北京：国防大学出版社1999年版，第157页。

第二章　日美同盟与日本的军备扩张

互交流与转让过渡，并且军备合作的层次也由最低级的武器援助、对外武器销售向许可证生产以及更高层次的联合研发与生产转变。但由于国际局势的变化（冷战结束）以及日美两国在合作中对利益的争夺（项目主导权、先进技术等），所以合作并非一帆风顺，两国合作中的矛盾在20世纪90年代前期表现的更为突出。截至1996年，日美两国在军备合作双向交流的过渡阶段的主要合作项目参见表2-2。

表2-2　双向交流过渡阶段日美军备合作主要项目

项目	年份	转移方向	方式
AH-1S 直升机	1982年	美国→日本	对外武器销售、许可证生产
F-15J 战斗机	1982年	美国→日本	对外武器销售、许可证生产
Mk-46 发射器	1982年	美国→日本	许可证生产
PATRIOT	1985年	美国→日本	许可证生产
E-2C 预警机	1981年	美国→日本	对外武器销售
C-130 运输机		美国→日本	对外武器销售
便携式"萨姆"导弹技术	1986年	日本→美国	对外武器销售
CH-47J 直升机	1986年	美国→日本	商业特许（DCS）
MH-53 直升机		美国→日本	对外武器销售
FSX	1988年	美国日本相互	联合研发
UH-60J 直升机	1988年	美国→日本	许可证生产
导弹雷达/红外引导头	1990年	美国日本相互	联合研发
涵道火箭发动机	1992年	美国日本相互	联合研发
VLS 反潜导弹系统	1993年	美国→日本	对外武器销售
RGM-84 反舰导弹系统	1993年	美国→日本	对外武器销售
Mk-15 近防武器系统	1993年	美国→日本	对外武器销售
Mk-48 舰空导弹系统	1993年	美国→日本	对外武器销售
M-270 多管火箭炮	1993年	美国→日本	对外武器销售、许可证生产
E-767 预警机	1994年	美国→日本	对外武器销售
先进钢技术	1995年	美国日本相互	联合研发
RGM-84 反舰导弹系统	1995年	美国→日本	对外武器销售
战斗车辆陶瓷发动机	1995年	美国日本相互	联合研发

资料来源：《美日联盟：过去、现在与将来》，北京：新华出版社2000年版，第292页；《SIPRI 年鉴1999：军备·裁军和国际安全》，北京：世界知识出版社2000年版，第592—293页；《日本防卫白皮书（1998年度）》，北京：国防大学出版社1999年版，第157页。

三、日美军备合作双向交流阶段（1996年至今）

20世纪90年代中期，由于国际国内形势的变化，日美同盟也走出了"漂流期"，被"再次确认"。促使日美同盟"再确认"的原因主要有两个：一是在国际层面，由于朝鲜核危机的爆发、中国的快速崛起等"共同威胁"使日美两国认识到了日美同盟的重要性。二是在日美同盟内部，日本经济由于"经济泡沫"的破灭而陷入了长期的衰退之中，美国经济则因克林顿上台后提出的经济刺激计划而持续快速增长，这一升一降使得日美之间的经济差距越来越大，日本在20世纪80年代末、90年代初膨胀的国民自信心也消失了，为日美同盟"重新定义"扫清了障碍。1995年2月，美国发表的《东亚及太平洋地区安全战略报告》中指出，对美国来说"没有比日美关系更为重要的双边关系"，"绝不允许贸易摩擦损害我们的安全同盟"[1]，并表示"华盛顿无意从该地区（东亚）撤出，也无意减少与东京的安全合作"。[2] 1996年4月，克林顿访问日本，两国于17日发表了《日美安全保障联合宣言》，对《日美安保条约》予以"再次确认"。

日美同盟的"再确认"，为两国军备合作提供了有利的政治环境，自此之后日美军备合作快速发展。以1996年的《日美安全保障联合宣言》为标志，日美军备合作进入了双向交流阶段，并且首次实现了在弹道导弹防御系统这一战略武器系统中的合作。在《日美安全保障联合宣言》中，专门有一条针对日美军备合作的条款，指出"两国政府注意到自卫队与美军之间在合作的所有方面相互通用的重要性，决定在以共同研究下一代支援战斗机（F-2）等装备为主的技术与装备领域加强相互交流"。[3] 以此为指导，美国同日本签订了一系列的合作协议，加强在军备领域的双向交流与合作。其中较为重要的包括1996年日美两国签订的《日美民间企业联合研究军民两用技术协定》（该协定用于指导两国间军民两用技术的具体合作），2003年2月举行的日美装备和技术定期协商会议上达成的《互换技术人员协议》（该协议确定了两国军事装备研发技术人员的交流方针，

---

[1] Department of Defense Office of International Security Affairs, *United States Security Strategy for the East Asia Pacific Regiom*, February 1995, p. 45.

[2] Inojuchi Takashi, Purnedra Jain, *Japanese Foreign Policy Today*, New York. PALGRAVE, 2000, p. 56.

[3] 徐万胜等著：《冷战后的日美同盟与中国周边安全》，北京：社会科学文献出版社2009年版，第353页。

第二章 日美同盟与日本的军备扩张

建立了两国间定期交流军事科技人才的机制），以及2007年5月两国签订的《互换国防技术信息协定》（该协定允许两国民间防务公司可直接交换国防技术信息）。正是在这些协议的指导下，日美两国之间双向交流的军备合作项目迅速增加。

除共同研发弹道导弹防御系统之外，这一阶段的日美军备合作主要项目可参见表2-3。

表2-3 双向交流阶段日美军备合作主要项目表

项目	年份	数量	方式	备注
无害激光雷达	1996年		联合研发	主要是联合研发技术，并没有实际采购数量
超级空中大王-350运输机	1997年	20	对外武器销售	日本国内代号LR-2
先进混合推进技术	1998年		联合研发	主要是联合研发技术，并没有实际采购数量
AN/SPG-62火控雷达	1998年	12	对外武器销售	装备4艘金刚级驱逐舰
ACES弹射座椅改进技术	1998年		联合研发	主要是联合研发技术，并没有实际采购数量
AN/SPY-1D监视雷达	1998年	4	对外武器销售	装备4艘金刚级驱逐舰
AIM-120B空空导弹	1998年	40	对外武器销售	装备F-15战斗机
浅水音响设备	1999年		联合研发	主要是联合研发技术，并没有实际采购数量
低损耗性弹药	2000年		联合研发	主要是联合研发技术，并没有实际采购数量
AH-64D直升机	2001年	60	对外武器销售、许可证生产	前20架引进，后40架日本制造
战术无线电系统	2002年		联合研制与生产	主要是联合研发技术，并没有实际采购数量
KC-767加油机	2003年	4	对外武器销售	
PAC-3导弹	2005年	124	对外武器销售、许可证生产	前32枚引进，后92枚日本制造
F-35A战斗机	2012年	42	对外武器销售	首批提供4架，预计2017年交付
RQ-4B无人机	2015年	3	对外武器销售	已被编入2015、2016年度预算案

资料来源：《SIPRI年鉴1999：军备·裁军和国际安全》，北京：世界知识出版社2000年版，第592—593页；《SIPRI年鉴2006：军备·裁军和国际安全》，北京：时事出版社2007年版，第708—713页；《SIPRI年鉴2009：军备·裁军和国际安全》，北京：时事出版社2010年版，第421—425页。

需要注意的是，进入 21 世纪第一个十年，二手武器装备销售在日美军备合作双向交流过程中所占的比重有可能加大。例如，2011 年 2 月，日本政府决定将海上自卫队救灾飞艇的二手螺旋桨出售给美军，以支持美军清剿阿富汗塔利班势力的行动。据称，美国准备向阿富汗派遣 C-27 运输机，为输送物资及伤员提供便利。但该型号运输机在美国已停产，正面临螺旋桨不足问题。① 2011 年 10 月，日本防卫省发言人证实，日本计划从美国海军购买 6 架二手 KC-130 加油/运输机，以取代海上自卫队日趋老化的 YS-11 运输机（已于 2014 年 10 月退役），并表示"对替代飞机的研究和测试结果，证实再次利用和购买二手 KC-130 加油/运输机，符合交付日期和所需能力的要求"。②

第二节 日美军备合作的个案研究

一、日美联合开发弹道导弹防御系统

在双向交流阶段，日美军备合作项目中规模最大、程度最深、最具代表性的就是日美两国联合开发弹道导弹防御系统。日美联合开发弹道导弹防御系统，不仅是两国在军事高技术领域合作的典型代表，而且将大幅提高日本军事装备的整体攻防水平。

弹道导弹防御系统的开发，源于 1983 年 3 月美国总统里根提出的战略防御计划（即"星球大战"计划）。稍后，1987 年日美两国曾签署了《关于日本参加研究战略防御计划的协议》。但至 1993 年 5 月，美国政府终止了战略防御计划，并以开发战区导弹防御系统（TMD）的计划取而代之。

与此同时，1993 年 5 月底，朝鲜在日本海首次成功地进行了"劳动一号"弹道导弹试验。在所谓朝鲜"导弹威胁"的背景下，日美两国间不断就联合开发战区导弹防御系统问题进行磋商。其间，1993 年 12 月，设立了"美日 TMD 工作小组"；1996 年 2 月，日美两国交换了关于美国无偿向日本提供战区导弹防御情报的公文；1998 年 2 月，日美两国就联合进行战区导弹防御系统技术研究问题达成了基本协议。

由于政治和经济原因，日本国内部分势力对建立日美联合战区导弹防

---

① 《日向美军出售飞机螺旋桨》，载《参考消息》2011 年 2 月 23 日。
② 《日本首次订购美二手军用运输机》，载《参考消息》2011 年 10 月 20 日。

御系统原本存有疑虑。恰在此时，1998年8月31日，朝鲜用其自行研制的三级运载火箭发射了人造卫星。但日本政府却坚持认为朝鲜发射的是"大浦洞1号"弹道导弹，并借此加快了与美国联合开发战区导弹防御系统的步伐。1999年8月16日，日美两国在东京正式签署了"共同研究开发战区导弹防御系统协议换文和列有具体研究项目的备忘录"，标志着日美联合开发战区导弹防御系统的计划正式启动。

美国政府所推进的战区导弹防御系统，即是在美国本土以外的美军利用军事卫星跟踪敌方弹道导弹，并通过发射迎击导弹将敌弹拦截击毁的高技术导弹防御系统。它主要由军事卫星、地面雷达和战斗指挥管理系统三部分组成。依据部署方式的不同，战区导弹防御系统又可分为陆基、海基和机载防御系统。根据日美两国的协议，双方联合开发的是"海基弹道导弹拦截系统"（NTW），计划依靠美国早期预警卫星提供的情报，在海上自卫队的宙斯盾驱逐舰上配备"标准-3"导弹，以实现公海上空拦截。

从1999年度起，日美联合开发的战区导弹防御系统进入技术研究阶段。在技术研究领域，日美两国的合作范围主要体现在新型"标准-3"导弹的研发上，包括新型导弹头鼻锥、动力弹头、红外线跟踪传感器、3级火箭中第2节火箭推进装置四部分。其中，日本方面主要负责开发第一和第四部分，剩余部分由美国负责开发。为此，日本政府在1999年度的防卫预算中追加了9.6亿日元，此后又分别于2000年度、2001年度、2002年度拨款20.5亿日元、37.1亿日元、69.4亿日元，用于实施上述四个导弹构成部分的设计及试验。

至2001年底，美国政府又将战区导弹防御系统（TMD）和国家导弹防御系统（NMD）合并为统一的弹道导弹防御系统。

尽管如此，日美两国的联合开发，仍促使日本政府部署导弹防御系统的进程加速。2002年12月，在美国国防部宣布将从2004年开始部署导弹防御系统之后，日本防卫厅长官石破茂也随即声称日本将把日美两国正在研制中的弹道导弹防御系统推进到开发和部署阶段。在2003年12月19日举行的"安全保障会议"上，日本政府正式决定从2004年度开始建立弹道导弹防御系统。按照日本防卫厅的规划，日本导弹防御系统将分阶段建设，2007年建成第一个导弹防御系统，2011年完成整个工程的建设。日本的弹道导弹防御系统将由在大气层外截击导弹的"宙斯盾"舰载"标准-3"型（SM-3）导弹系统和在地面附近截击导弹的地对空"爱国者-3"型（PAC-3）导弹系统两部分组成，从而构筑起由海基中段防御系统和地基末段防御系统组成的双层防御体系。

为落实上述决定，日本政府在2004年度的防卫预算4.96万亿日元中，专项拨款1068亿日元用于部署战区导弹防御系统，以便改造"宙斯盾"舰和"爱国者"导弹系统，并购进舰载"标准-3"型导弹和"爱国者-3"型防空导弹。该项支出在2005年度的防卫预算中增为1442亿日元，涨幅达35%。① 今后几年里，日本若要具备全面的反弹道导弹能力，至少新增4艘"宙斯盾"导弹驱逐舰、4架大型空中预警机、新型地对空监视雷达以及大量的"爱国者-3"型导弹与"标准-3"型导弹等。另据日本国内的保守估计，导弹防御系统从技术研究到实战部署完毕，费用将高达1万亿日元。②

2007年3月30日，日本航空自卫队在位于埼玉县的入间基地首次部署"爱国者-3"型导弹（共两座发射架，每座发射架最多可搭载16枚"爱国者-3"型导弹），这标志着日本正式开始部署导弹防御系统。

具体而言，在"爱国者-3"型导弹的部署计划方面，日本政府计划在2010年前部署124枚"爱国者-3"型导弹，其中，首批32枚将由美国制造，其余92枚将根据协议由日本三菱重工制造。③ 在"标准-3"型导弹的部署计划方面，2006年1月，日本政府计划从2007年开始至2010年，将以每年9枚的速度从美国购买总共36枚"标准-3"型导弹，并在2007年末实现首舰配备"标准-3"型导弹的驱逐舰部署工作。在新型预警雷达系统的部署计划方面，从2008年开始，日本每年部署一座"FPS-XX"雷达④，部署地点分别是青森县的大凑、新潟县的佐渡、鹿儿岛县的下甑岛和冲绳县的与座岛，共计4部。

与此同时，日美两国还不断进行弹道导弹防御试验。2007年12月18日，日本海上自卫队"金刚"号"宙斯盾"驱逐舰在美国夏威夷附近海域发射一枚美国"标准-3"导弹，成功地侦探并拦截了美方发射的一枚中程导弹。此次拦截试验获得成功，使日本成为继美国之后第二个掌握海基导弹拦截技术的国家。2008年9月18日，日本航空自卫队在美国成功试

---

① http://news.163.com/2004w09/12684/2004w09_1095911016068.html.
② 于庭：《日本导弹防御计划解析》，载《外国军事学术》2004年第2期，第40页。
③ 共同社东京2005年11月12日电，转引自《环球时报》2005年11月14日。
④ 这种雷达可以探测并跟踪速度为10马赫（约11000千米/小时）的弹道导弹，探测能力将是日本现有固定雷达站（共28个）所主要配备的"FPS-3"雷达的3倍。

射了"爱国者-3"型导弹。试射在新墨西哥州白沙导弹靶场举行,美军从120千米外发射模拟目标导弹,日本航空自卫队的雷达迅速探测到目标导弹,两分多钟后两枚"爱国者-3"型导弹升空,将目标摧毁。

此后,为了提升早期探测弹道导弹的能力,进入21世纪10年代,日本将着力加强广域警戒监视体系。2010年12月17日,日本内阁会议通过了《2011—2015年度中期防卫力量整备计划》,其中明确规定"根据包括无人机在内的各种技术动向,探讨广域综合警戒监视态势的应有状态"。2012年4月26日,日本航空自卫队航空总队司令部迁入东京都的驻日美军横田基地并启动运行。日美新设作为反导系统中枢的"共同综合运用调整所",争取加强情报共享和运行方面的合作。

2013年2月23日,日美两国政府作出初步决定,计划在本州岛中部的京都府京丹后市的航空自卫队经岬分屯基地部署X波段雷达。这是美国在日本境内部署的第二座X波段预警雷达,它将由日美共同管理。美军曾将第一座X波段雷达于2006年部署在日本北部青森县津轻市航空自卫队车力基地。X波段雷达对弹道导弹的最大探测范围超过4000千米,能提前发现来袭导弹、精确计算和跟踪导弹轨迹,还能测算导弹的瞄准目标,并为反导系统提供情报支持。

需要说明的是,日本的弹道导弹防御系统也面临着一个不断升级改造的过程。例如,2013年11月,日本政府已决定在下一个财年就引进正在美国研发和部署的末端高空防御系统(THAAD)和陆基型"标准-3"拦截导弹进行研究。如前所述,日本的导弹防御系统主要包括两方面,即先从"宙斯盾"舰上向大气层外发射海基型"标准-3"拦截导弹,若拦截失败再发射"爱国者-3"型地对空导弹击落目标。而政府有意引进的THAAD,既能在大气层内又能在大气层外拦截弹道导弹。在使用"标准-3"拦截失败时,THAAD可以在更广阔的区域内进行补充拦截。陆基型"标准-3"拦截导弹可以在任何时刻发射导弹实施拦截。

这样,随着日本弹道导弹防御系统的部署进入实质性阶段,日本通过从美国购入先进的导弹拦截及指挥系统,以及加强自身的早期预警、导弹技术方面的研发能力,使得自卫队对传统武器装备的依赖度进一步降低,其军事装备的数字化、信息化程度显著提高。

二、日本选定"F-35"为新一代主力战斗机

进入21世纪10年代,由于日本航空自卫队的F-4战斗机(1971年

引进）日益老化且已到飞行时限，日本政府面临着新一代主力战斗机（F-X）的机种选定课题。

从 2009 年底起，日本防卫省正式启动了关于航空自卫队新一代主力战斗机的机种选定工作。作为候选机种，防卫省主要锁定了 3 个机种：美制 F/A-18 战斗机、美国等九国共同研发的 F-35 和欧洲四国共同研发的"欧洲战斗机"（Eurofighter）。2011 年 4 月 13 日，日本防卫省举行说明会介绍有关新一代主力战斗机在性能、规格等细节方面的要求，美英两国政府和开发企业相关人士参加了会议。日本对于新一代战斗机的选择是有着多重考虑的，包括机体和武器的性能、维护管理等经费、国内企业参与方式、售后支持体系等评估标准在内。显然，对于日本而言，上述 3 个机种的选择各有利弊：F-35 战斗机虽是隐身性能优越的第五代战斗机，但恐难以许可生产；"欧洲战斗机"虽具有许可生产的可能性，但恐影响日美武器装备的相互通用性；美制 F/A-18 战斗机虽具备量化生产体制且性价比较高，但超声速作战能力处于劣势（具体情况参见表 2-4）。

表 2-4　F-X 后续机种比较

机种	开发·生产国（开发企业）	价格（估算）	特征
F-35 战斗机	美、英等九国共同研发中（美国洛克希德·马丁公司等）	200 亿日元	隐身性能优越的第五代战斗机，但列装时间不明确，且难以许可生产
欧洲战斗机	英国、德国、意大利、西班牙（英国 BAE 系统公司等）	90 亿日元	具有许可生产可能性，但令人担心日美武器装备的相互通用性
美制 F/A-18 战斗机	美国（波音公司等）	60 亿日元	具备量化生产体制，性价比较高，但超声速作战等处于劣势

资料来源：『次期戦闘機選び　混迷』、载『読売新聞』2010 年 8 月 29 日。

为了获得日本新一代战斗机的巨额订单，3 个候选机种的制造商展开了激烈竞争。例如，2011 年 10 月，美国的波音公司与洛克希德·马丁公司、英国 BAE 系统公司在日本纷纷召开新闻发布会，就自身机种的性能特点及优势进行了宣传。

2011 年 9 月 27 日，日本最后一架国产战斗机 F-2 交付航空自卫队。至此，作为唯一日本国内生产的战斗机，自 1997 年以来航空自卫队所采购的 94 架 F-2 已经全部交付使用。这样，日本正面临着国内战斗机生产 50

多年来第一次中断的局面。这也促使日本政府进一步加快新一代战斗机的选定进程。

经过反复权衡，2011年12月20日，日本政府召开安全保障会议与内阁会议，决定购买42架美国生产的F-35隐形战斗机，作为航空自卫队下一代主力战斗机，并力争自2016年度起交付使用。实际上，日本选定F-35战斗机，既是出于对该机种优越的隐形能力、运动性能及情报处理能力的重视，也是为了对抗在战斗机实力上日益崛起的中国及俄罗斯等周边国家，更是满足武器装备相互通用性的同盟战略需求。的确，F-35隐形战斗机不仅具备良好的隐身性能，还拥有强大的网络沟通能力，飞行员能分享来自"宙斯盾"导弹驱逐舰、路基雷达的信息，内置武器舱可装4枚导弹或小型制导炸弹，兼有空战和对地攻击职能。对于日本政府的决定，同一日，美国国防部发言人约翰·科尔比表示欢迎，声称"对于强化我们的同盟合作关系及努力增进本地区安全，日本购买42架F-35战机将会成为一个重要因素"。①

在日本政府决定购买F-35隐形战斗机的同时，防卫省在2012年度预算中按照每架飞机99亿日元的单价列入了4架飞机的费用，并估计未来20年间的采购及维持费总额为1.6兆日元。② 2012年6月29日，日本防卫省又对外公布，已经决定以102亿日元的单价购买4架美国F-35隐型战斗机，并与美国签署了合同。该价格比最初提出的采购单价高出3亿日元。

但是，由于F-35的研发进程一再推迟，日本的采购计划可能会遭受价格上涨和推迟交货等问题。2012年3月，美国国防部发表一份报告，写明隐形战斗机F-35的研发和采购计划延长两年，启动量产时间将推迟到2019年以后。这意味着日本于2017年3月前引进4架成品机的原采购计划将难以实现，届时首批4架F-35的战斗性能很可能尚处于半成品状态。同时，由于研发迟滞与采购数量的变化，F-35战机的单价必然上涨。2012年4月，美国国防部向国会报告称，日本拟购买的42架F-35总价100亿美元，包括飞行员训练费用等各项费用在内，单机价格平均约为

---

① 《五角大楼欢迎日本购买F-35战机》，http://japan.people.com.cn/35469/7683398.html。
② 『次期戦闘機、F-35に正式決定　野田内閣』、http://www.asahi.com/politics/update/1220/TKY201112200167.html。

2.38 亿美元。① 在此前的 2012 年 2 月 29 日，日本防卫相田中直纪在众议院预算委员会上表示，有关为航空自卫队引进美国新型隐形战斗机 F-35 一事，若无法避免交货延迟或涨价的情况，"就必须考虑是否取消合同或重新选择其他机型"。② 另据报道，2013 年 1 月，美国国防部基于内部的"应用测试和评估"，决定将 F-35 接近超声速飞行时的加速性能调低，但日本防卫省仍决定"按原计划在新年度预算中拨出 308 亿日元（约合 3.42 亿美元）用于购买 2 架 F-35 战机"，美国售日 F-35 战机被疑质次价高。③

事实上，日本采购 F-35 战机的现行合同属于美国的"有偿军事援助"（FMS）性质。FMS 是美国政府以国防部下属的"相互防御援助事务所"作为窗口，从事武器出口的交易方式。以这种方式与美国进行武器交易的国家多达 160 个。与买卖双方都满意地签订合同的普通武器交易方式不同，FMS 在以下三个方面对美国政府有利：一是价格和交货期限只是估计，美国不受约束；二是提前支付货款；三是美国政府可以解除合同。尽管如此，各国依然以 FMS 方式采购武器，是因为美国武器的性能高，可靠性也高。④

因此，美方即便更改销售价格和交货时间也不算违反协议。况且，可能出现仅仅在文件上交货而不实际交付战斗机的情况，即美方只向日方移交战斗机的所有权，但战斗机因不具备"初期使用能力"（IOC）而不能被运往美国国外。所以，日本政府既然选定了研发迟缓的 F-35 隐形战斗机，就不得不忍受战斗机交付时间的一拖再拖和价格变贵的可能。

此外，如何保持采购 F-35 战机与发展防卫产业之间的平衡，也是日本政府所面临的严峻课题。在日本的军事航空航天制造业，既有诸如三菱重工业公司、石川岛播磨重工业公司之类的大企业，也有成百上千家小型制造企业发挥着重要作用。由于日本并没有参与 F-35 战机的共同研发，美国也不愿与日本共享相关的隐形技术和武器联网技术，因此，日本企业未来在 F-35 战机生产过程中的参与程度必将受到限制。在日美两国围绕 F-35 战机的交涉过程中，据说美国方面做出了让步，日本

---

① 《日忧 F-35 推迟交货导致防空漏洞》，载《参考消息》2012 年 5 月 15 日。
② 共同社东京 2012 年 2 月 29 日电，载《参考消息》2012 年 3 月 1 日。
③ 《美售日 F-35 被疑质次价高》，载《参考消息》2013 年 1 月 20 日。
④ 《日媒：美国售武方式霸道欺人"老主顾"敢怒不敢言》，载《参考消息》2014 年 12 月 24 日。

国内企业的参与程度可能达到四成左右。①若日本国内无法进行 F-35 战机的许可生产，较为现实的途径则是日本企业参与 F-35 战机的零部件制造。2012 年 8 月，日本政府初步决定，将同意日本企业从 2017 年度开始，与美英等国企业共同制造 F-35 战机的零部件。参与制造的零部件包括战机机体的一部分、主机翼、尾翼以及处理信息的航空电子系统等。②尽管如此，防务问题分析人士清谷信一认为，对其中很多企业而言，选定 F-35 战机可能成为最后一击，采购 F-35 战机可能"导致我国军工业崩溃"。③

第三节 日美军备合作的机制、方式与特点

美日军备合作近 60 年来已经形成了完善的合作机制，经历了由低级向高级、由单方面转让向相互转让的过程。就军备合作而言，其方式多种多样，最主要的方式有三种，由低级到高级依次为直接的武器销售、许可证生产、联合研制与生产。冷战结束后，双方主要通过武器销售、许可证生产、联合研制与生产等不同方式进行军备领域的合作，这些合作也具有突出的特点。

一、日美军备合作的机制

所谓机制，泛指一个复杂的工作系统和某些自然现象的物理、化学规律。④ 日美军备合作的机制则是指日美军备合作的工作系统，而在这一系统中，合作的机构与合作的程序是机制中最重要的两部分内容。正是由于具有成熟的机制，保证了日美军备合作能够顺利进行。

（一）日美军备合作的机构

日美军备合作所涉及的机构非常多，其中既有美国与日本之间的协调机构，又有日美两国国内的决策机构、管理机构以及实行机构。在本节中，只对其中几个重要的机构进行介绍。

---

① 『次期戦闘機 F-35 最新鋭機の着実な導入を図れ』、載『読売新聞』2011 年 12 月 21 日。
② 《日拟参与 F-35 零件制造》，载《参考消息》2012 年 11 月 9 日。
③ 《购买 F-35 战机将重创日本军工业》，载《参考消息》2011 年 12 月 23 日。
④ 中国社会科学院语言研究所词典编辑室编：《现代汉语词典》，北京：商务印书馆 1992 年版，第 523 页。

1. 日美两国之间的协调机构

由于日美军备合作是由美国和日本共同完成，所以两国之间的协调机构必不可少。目前两国之间的协调机构分为内阁级及具体事务级两个层次。内阁级协调机构主要是指日美国安全协商委员会（U. S. – Japan Security Consultative Committee，"2+2"会议），具体事务级协调机构主要是日美装备和技术定期协商会议（Systems and Technology Forum，S&TF）。

日美安全协商委员会是日美两国外交部长和国防部长出席的安全磋商会议，美国由国务卿和国防部长出席，日本由外务大臣和防卫大臣出席，即"2+2"会议。这一机构主要协调美国和日本在战略层次的立场和政策，其中也涉及日美军备合作的内容，并且是在战略高度上对日美军备合作做出指导与规划。在 2005 年 2 月日美安全协商委员会发表的声明中就指出，"日美双方对建立导弹防御系统（BMD）充满信心"，"双方重申，日美将在政策方针及整个运作上更紧密的合作，继续加强两国在导弹防御系统研究领域的合作"。①

日美装备和技术定期协商会议开始于 1980 年 9 月，每年举行一次，在东京和华盛顿轮流召开，截止到 2010 年已经举行 30 次。日美装备和技术定期协商会议是日美两国关于装备技术共同研发的最重要机制，为双方讨论和促进互利的合作提供了平台，该机构的具体工作包括表达各自需求、协调两国立场、进行可行性分析以及咨询工作等。该会议设两名主席，美国方面由国防部负责采办、技术与后勤的副部长担任，日本方面由防卫省装备设施本部长担任。其成员包括美国各军种和日本自卫队的代表。日美装备和技术定期协商会议下设 5 个职能部门，分别为防空技术评估委员会、通信技术评估委员会、航空器技术评估委员会、技术控制委员会以及公共业务局。自 20 世纪 80 年代后两国之间有关军事装备的合作项目基本上都是在此框架下进行协调的，而 1992—2007 年间，经该会议决定的日美共同研发项目多达 15 项。

2. 美国国内的机构

美国国内涉及日美军备合作的部门很多，其中包括国务院、商务部和国防部等。在这些部门中国防部的作用最大，全面负责对外军备合作工作。在国防部中有一名副国防部长专门负责领导对外军备合作工作。并且

---

① 徐万胜等著：《冷战后的日美同盟与中国周边安全》，北京：社会科学文献出版社 2009 年版，第 367 页。

国防部下设一个"军备合作指导委员会",具体负责领导和协调对外军备合作的相关事宜,包括确立合作领域、加强合作计划的组织领导、确保合作项目符合美国国家安全政策、保证合作项目得到适当的优先安排以及解决合作中出现的问题等。

1993年,美国国防部又设立"国际武器装备合作领导委员会",该委员会的主席由国防部负责采办、技术与后勤的副部长担任,成员包括负责政策的国防部副部长、参谋长联席会议副主席、军种采办执行官以及国防部长办公室和国防业务局的部分人员。该委员会的主要工作包括制定和实施对外军备合作政策、评估所有进行的对外军备合作以及对国内军工企业的影响、评估进行对外军备合作的技术基础以及合作协议的制定、签署和执行等。

以上分析可以看出,国防部及国际武器装备合作领导委员会不是授权合作的审批机构,而是负责合作政策的制定和实行及合作影响评估的机构。而国务院和商务部主要发挥监督审核作用。其中国务院政治军事事务局国防贸易管制办公室主要负责军火公司的登记、颁发出口许可证、审查合作项目等以确保美国国家安全不受损害,商务部出口管理局主要负责通过商业渠道进行的合作以及军民两用产品和技术的审核监督工作。

3. 日本国内的机构

在日本的国防采办系统中,分为"中央采购"和"地方采购",日美军备合作一般通过"中央采购"实现。其中作用最大的为防卫省下属的装备设施本部(也称经理装备局)。该机构最早的前身为防卫厅采购实施本部,成立于1954年7月,2001年经过大幅调整成立合同本部,下设进口课,专门负责在军备合作领域与外国进行协调,并负责制定相应政策。2006年合同本部调整为装备本部,2007年同防卫设施厅合并成立装备设施本部。装备设施本部目前设有本部长1人、副本部长7人,下设17课1室1官,其中输入调配课专门负责与外国进行协调军事合作的相关事宜。装备设施本部的基本职责包括签订合作合同、督促合同履行、检验产品、办理收货手续以及支付合同费用等。从功能上看,日本有关日美军备合作的机构功能更加集成,所以日本涉及的机构要比美国少。

(二)日美军备合作的程序

日美军备合作有一套既定的操作流程,因为在合作中美国处于主导地位,所以这一套流程主要以美国对外军备合作程序为主,主要由制订计划、提出申请、项目审核、签订合同和项目执行五个步骤组成。在这五个

步骤中,美国和日本共同完成第一、第二、第四和第五个步骤,而第三个步骤由美国单独完成(参见图2-1)

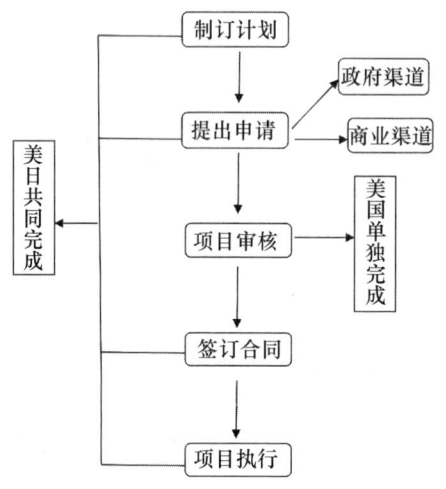

图2-1 日美军备合作流程图

1. 制订计划

每年日本的装备设施本部会根据防卫需要提出采购基本计划,如果计划中涉及美国就会将通报到日美装备和技术定期协商会议进行协商,同时日美装备和技术定期协商会议也会将相关要求向美国和日本的国防部门进行通报。当日美装备和技术定期协商会议中的两国代表意见达成一致后,就会通报两国有关部门制订具体实施计划。日本方面由装备设施本部(经理装备局)等共同制订,美国方面则由国防部三军安全援助机构和国防后勤局等制订。在制订过程中,两国制订部门将会进行沟通,达成一致的实施计划。

2. 提出申请

美国规定所有与外国进行的军备合作项目必须接受政府的严格审查,审查项目包括所需武器类型、用途、重要性和费用等。因此日美制订计划后必须由日本装备设施本部向美国国防部提出申请。美国对外军备合作可以通过政府渠道和商业渠道两种方式实现,但这两种方式都需提出申请。根据美国的政策规定,由于日本属于美国的盟国,所以与日本的军备合作项目申请可以直接向国防部提出。

3. 项目审核

美国相关部门接到申请后,会对军备合作项目进行审核。通过政府渠道进行合作的项目,根据项目大小、重要性、技术难度以及金额多少划分为"一般军事装备"项目和"重大军事装备"项目。其中"重大军事装备"项目由国务院军政事务局和国防部安全合作局审核,"一般军事装备"项目由国防部三军安全援助机构、国防合同审计局、国防后勤局以及参谋长联席会议下属各司令部审核。通过商业渠道进行的合作也要受到国防部和商务部根据《武器出口控制法》(AECA)中有关商业出口项目的规定进行审核,并且所有这些合作如果金额超过2500万美元还要提交美国国会审批。

4. 签订合同

当日美军备合作项目通过审核后,日美两国的国防采办部门将会通过协商确定合同的具体价格以及合同详细条款。当合同价格与交货日期等细节确定以后,将填写军备合作的正式文件《报价与接受书》,该文件为美国政府对国际军备合作申请的正式答复文件。最终双方签订合同,美方一般由负责采办、技术的副部长签订,日方一般由装备设施本部长签订。

5. 项目执行

当合同签订以后,日美两国所涉及的军工企业将按照合同执行合作项目,进入项目执行阶段。而在此过程中,两国有关部门将会对执行过程进行监督,美国主要是国务院下属的国防贸易控制处、商务部企业安全局下属的出口实施办公室以及国防部下属的安全合作局负责,日本主要是由装备设施本部下属的成本管理课、监查课以及地方防卫局负责。最终双方完成整个合作项目。

二、冷战后日美军备合作的方式

冷战后,美国与日本的军备合作大多通过武器销售、许可证生产、联合研制与生产三种方式进行。具体而言,对于日本尚不具备技术能力,并且需求较少的武器装备,日美几乎采取直接武器销售的合作方式;对于研制周期长并且需要大量装备的武器装备,日美之间一般采取引进生产线进行许可生产的合作方式;对于耗费巨大、需要大量装备、对于安全具有重要影响并且双方具有各自相对优势的装备,日美之间采取联合研制与生产的合作方式。

（一）日美之间武器销售方式的状况

武器销售一般指狭义上的军火贸易或武器贸易，指武器、武器系统和军事技术器材等作为商品在不同国家或地区间的买卖或流通。[①] 这是军备合作出现最早、最基本也是最简单的一种方式，在美日军备合作初始阶段被广泛采用。随着日美军备合作的不断发展，虽然合作形式不断翻新，但这种最基本的合作方式依然在日美军备合作中占有一定的比重。冷战结束后日美之间的武器销售其方向绝大部分都是由美国向日本转移，其范围主要是日本尚不具备技术能力，并且需求较少的军事装备。由于这类军事装备需求数量较少，日本独立开发将承担大量的研发成本，从美国引进将会节省大量研发时间和成本，同时使日本拥有了所需的军事装备，因此具有更高的性价比。冷战结束以来，日美主要武器销售项目的详细情况可参见表2-5。

表2-5　冷战后日美主要武器销售项目表

项目	年份	数量	备注
Beechjet-400T 轻型飞机	1992年	10	日本代号T-400，用于飞行训练
VLS 反潜导弹系统	1993年	9	装备9艘"村雨"级护卫舰，用于反潜
RGM-84 反舰导弹系统	1993年	4	装备4艘"金刚"级驱逐舰，用于反舰
Mk-48 舰空导弹系统	1993年	9	装备9艘"村雨"级护卫舰，用于舰只防空
M-270 多管火箭炮	1993年	72	装备陆上自卫队，提供中程打击火力
RGM-84 反舰导弹系统	1995年	11	装备9艘"村雨"级护卫舰，用于反舰
超级空中大王-350 运输机	1997年	20	日本国内代号LR-2
AIM-120B 空空导弹	1998年	40	装备F-15战斗机，中程对空导弹
AN/SPG-62 火控雷达	1998年	12	装备4艘"金刚"级驱逐舰，"标准"防空导弹的火控雷达
AN/SPY-1D 监视雷达	1998年	4	装备4艘"金刚"级驱逐舰，"宙斯盾"系统的一部分
标准-2 地空导弹	1999年	16	装备4艘"金刚"级驱逐舰，用于防空
AN/APS-145 预警雷达	2000年	13	用于E-2C预警机的现代化改装

[①] 罗永光：《论军工国际合作的国家利益与战略博弈》，国防大学（博士论文），2006年，第25页。

续表

项目	年份	数量	备注
AH-64D 直升机	2001年	20	共引进60架，后40架日本通过许可证生产，前20架通过武器销售购买
标准-2 地空导弹	2001年	16	装备4艘"金刚"级驱逐舰，用于防空
AN/SPG-62 火控雷达	2002年	6	装备2艘"爱宕"级驱逐舰，"标准"防空导弹的火控雷达
标准-2 地空导弹	2002年	16	装备4艘"金刚"级驱逐舰，用于防空
AN/SPY-1D 监视雷达	2002年	2	装备2艘"爱宕"级驱逐舰，"宙斯盾"系统的一部分
KC-767 加油机	2003年	4	引进美国波音-767的改装型号
标准-2 地空导弹	2003年	18	装备2艘"爱宕"级驱逐舰，"宙斯盾"系统的一部分
PAC-3 导弹	2005年	32	共购买124枚，后92枚日本通过许可证生产，前32枚通过武器销售购买
F-35A 战斗机	2012年	42	首批提供4架，预计2017年交付
RQ-4B 无人机	2015年	3	已被编入2015年、2016年度预算案

资料来源：《SIPRI年鉴1999：军备·裁军和国际安全》，北京：世界知识出版社2000年版，第592—593页；《SIPRI年鉴2002：军备·裁军和国际安全》，北京：世界知识出版社2003年版，第590—592页；《SIPRI年鉴2006：军备·裁军和国际安全》，北京：时事出版社2007年版，第708—713页；《SIPRI年鉴2009：军备·裁军和国际安全》，北京：时事出版社2010年版，第421—425页。

（二）日美许可证生产方式的状况

许可证生产也可称为许可证合作或许可证贸易，其是指在国际军贸市场上，技术先进的武器出口国在出口武器的同时，应武器进口国的要求提供与武器有关的技术图纸、主要部件和必要的生产设施，并提供武器生产许可证，允许输入国建立生产军事装备的许可证生产线，自己组织生产的一种军备合作方式。其核心就在于许可证这种特殊知识产权的出让，使得输入国能够按照许可证自主生产。对于进口国来说采取许可证生产的方式获得所需的军事装备有两点好处：一是进口国受到的限制要较武器销售小，主要依靠自主生产与组装，只在部分关键零部件对出口国有依赖；二是进口国可以通过许可证生产吸收和消化武器出口国的先进技术，将其转移到自主研发的军事装备中。因此，许可证生产是国际军备合作中更高级的方式，也是现在国际军备合作中最常用的方式之一。

冷战后许可证生产已经成为日美军备合作中最重要的方式，其在日美军备合作中所占比例最高，每年两国都通过许可证合作生产大量的武器装备。许可证生产方式在每日军备合作中所占比例最高主要表现在两个方面：一是生产数量多；二是合同金额巨大。以日本1995年引进的UH-60J直升机项目为例，日本通过许可证生产80架，合同金额高达27亿美元[①]；1998年，日美两国又确定日本通过许可证生产SH-60J反潜直升机，数量为101架，交易金额更是超过30亿美元。而日美两国通过武器销售渠道完成的项目无论在数量还是金额上都无法与之相比。现阶段美日间许可证生产绝大部分是美国向日本提供许可证，主要原因是美国的军事技术较日本更加先进。其合作主要集中于航空领域，以战斗机、直升机等为主，因为航空领域的军事装备对技术要求高，经费投入大，研制周期长，日本并没有能力进行独立研究与生产，所以必须通过军备合作从美国获得，又因为此类装备需求较多，直接进口又不能满足数量需求，所以采取许可证自主生产成为日本最佳的选择。冷战结束后，日美主要许可证生产项目的详细情况可参见表2-6。

表2-6 冷战后日美主要许可证生产项目表

项目	年份	数量	备注
Sea Vue 飞机雷达	1992年	27	装备 BAe-125-800 搜索飞机
UH-60J 直升机	1995年	80	
SH-60J 直升机	1998年	101	装备海上自卫队，用于反潜作战
AH-64D 直升机	2001年	40	共引进60架，前20架日本直接从美国购买，后40架由日本按许可证生产
Mk-45 舰炮	2003年	2	装备2艘"爱宕"级驱逐舰
PAC-3 导弹	2005年	92	共购买124枚，前32枚日本直接从美国购买，后92枚由日本按许可证生产

资料来源：《SIPRI年鉴1999：军备·裁军和国际安全》，北京：世界知识出版社2000年版，第592—293页；《SIPRI年鉴2002：军备、裁军和国际安全》，北京：世界知识出版社2003年版，第590—592页；《SIPRI年鉴2006：军备、裁军和国际安全》，北京：时事出版社2007年版，第708—713页；《SIPRI年鉴2009：军备、裁军和国际安全》，北京：时事出版社2010年版，第421—425页。

---

① [瑞典] 斯德哥尔摩国际和平研究所编：《SIPRI年鉴2004：军备·裁军和国际安全》，中国军控与裁军协会译，北京：世界知识出版社2005年版，第647页。

第二章 日美同盟与日本的军备扩张

（三）日美联合研发与生产方式的状况

联合研发与生产是联合研发与合作生产的统称。联合研发是指在军事工业的技术领域，两国或多国在改进旧装备、研发新装备等方面所进行的双边或多边技术合作。合作各方按照专业分工，发挥各自特长和优势，进行优化组合，共同完成某项高新装备的研究、开发工作，并按照政府协议设计、开发改进已有军事装备的新技术。在联合研发中，技术合作通常处于主要地位。合作生产是指两个或两个以上国家的军工企业在其政府指导下，按照预先商定的分工，分别生产某种武器装备的零部件，然后通过总装的形式完成武器系统的一种军工国际合作形式。从上面的定义中可以看出，联合研发与合作生产是相辅相成的，二者是跨国联合研制一种装备的两个阶段，联合研发是合作生产的前提与基础，而合作生产则是联合研发的必然结果。因此在分析美日军备合作途径时将这两者合并作为统一途径进行研究。

1996年日美两国发表《联合宣言》后，两国还签订了一系列促进双方在军备领域的双向交流的协议，建立了两国军备领域双向交流的政策与体制，两国合作进入双向交流阶段。但是，日美之间联合研发与生产的项目并不多，这主要是由于联合研发与生产是军备合作中更高层次的合作方式，需要相互间具有更大的信任，并且合作的条件更加严格。然而目前在美日军备合作领域的趋势是随着双方双向交流的不断增强，两国采用联合研发与生产这一方式进行军备合作的趋势也在不断增强。双方通过联合研发与生产合作的项目都是耗费巨大、需要发挥各自优势并且需要大量装备的项目，并且这些项目对于日美两国安全均具有重要影响。至2010年，日美联合研制与生产的项目主要有FSX战斗机、战术无线电系统、弹道导弹防御系统等。除此之外，日美两国还在涵道火箭发动机、先进钢材技术、战斗车辆陶瓷发动机、无害激光雷达等技术领域进行了联合研究，这些合作项目以联合研发技术为主，并没有直接投入合作生产。日美联合研发与生产项目的详细情况可参见表2-7。

表2-7 冷战后日美联合研发与生产项目表

项目	通过年份	生产年份	生产数量	目前状态	备注
F-2A/B	1988年	1996—2007年	94	完成	预计生产130架，由于经费问题在2007年生产98架后停止

续表

项目	通过年份	生产年份	生产数量	目前状态	备注
战术无线电系统	2002 年	2003 年		完成	用于取代美军所有的 25 种不同的无线电系统
弹道导弹防御系统	1998 年	2008 年至今	124	进行中	主要是指海基弹道导弹防御系统

资料来源：《SIPRI 年鉴 2009：军备·裁军和国际安全》，北京：时事出版社 2010 年版，第 421—425 页。

三、冷战后日美军备合作的特点

冷战后，特别是 20 世纪 90 年代后半期进入双向交流阶段以来，日美军备合作发展较为稳定，形成了比较明显的特点。这些特点形成是国际形势、日美同盟关系、美国与日本综合实力对比等诸多因素共同作用的结果。具体而言，就性质来说，日美军备合作具有强烈的斗争性；就合作的领域来说，日美军备合作集中于高技术性的海空军领域；就合作中转移情况来说，日美军备合作具有明显的不平衡性。

（一）日美军备合作具有强烈的斗争性

日美军备合作第一个突出的特点是具有强烈的斗争性。所谓斗争性，是指日本与美国在这一合作中，并非是一帆风顺，而是充满了不信任、争议甚至是对抗。从 20 世纪 50 年代日美军备合作开始以来，两国之间就充满了对抗与斗争，但由于当时处于美国单方面援助阶段，日本没有太多选择，所以这种斗争性表现得并不明显。在 20 世纪 80 年代，这种斗争性表现的突出起来，主要是因为此时日本的军事力量以及综合国力已经突飞猛进，已经不满足在军备领域被美国制约和操控，而美国则需要继续控制日本的军事力量与军工企业，并且双方在合作中经济利益分配及核心技术转让等问题上出现分歧，两国的诉求直接发生了冲突，对抗明显升级。

日美军备合作中的斗争性最突出的表现是在合作中存在的控制与反控制的斗争。美国希望通过军备合作能将日本的军事力量发展纳入自己的发展战略中，而日本则希望通过军备合作获得先进的技术来发展独立的军事工业，但是这是美国所绝对不允许的。由于在合作中美国和日本的地位不平等，美国居于主导地位，而日本居于从属地位，所以美国控制着日本军备的发展方向，美国不"鼓励"（实为限制）日本发展同美军的非互补性武器系统，即战略进攻性武器等。① 并且美国在合作项目中也处处限制日本，这一点在 FSX 项目中表现无疑。美国认为"它已经成为日本膨胀了的航空领先者的标志"②，日本人则认为"这是一种足以使美国震撼的战斗机，恐怕世界上的任何一种战斗机都无法与其媲美。当然，美国的 F-15、F-16 战斗机也不是它的对手"。③ 以高速盘旋性能为例，美国 F-15、F-16 战斗机高速盘旋最小半径为 5000 米，而 FSX 战斗机则可小于 1600 米，因此其机动性能远远优于 F-15、F-16 战斗机。所以，美国坚持这一项目要在美国战机的基础上进行开发并以此来制约日本，但日本却认为这是美国在蓄意破坏，认为其害怕日本制造出"一种足以威胁美国的武器"。④

除此之外美国与日本在军备合作中还互不信任，彼此怀疑与提防。这主要是因为美国害怕日本通过与美国的军备合作发展成为威胁到自己的军事大国，并且害怕日本的军事装备在世界军火市场抢占本国的份额，威胁到自己通过军售所获得利益，就像当年在世界高技术市场日本抢夺美国份额一样。日本某一研究机构研究认为，一旦解除武器出口限制，日本厂商将可以控制世界舰船建造业的 60%，军用电子信息市场的 40%，军用汽车市场的 46% 和航空航天市场的 25%—30%，而这是美国军工企业所不能接受的。⑤ 日美两国在技术相互转让方面也有所保留，美国在 2005 年 2 月的"2+2"会议中坚决拒绝了日本要求获得 F-22 战斗机的要求。除此之外，美国对日本许可生产的 F-15J 战斗机也进行了改造，屏蔽了 F-15J 战斗机雷达的对地扫描功能，并对飞机的武器挂架进行改装，使其不能挂载对地攻击武器，因此日本许可生产的 F-15J 战斗机并不具备对地攻击能力，成为了"缩水"版本。日本方面也不例外，对于美国在 20 世纪 90 年代希望获得日本可以 360°扫描的主动相控阵雷达技术的要求，日本为了保护技术优势而在相当长的时间里也持否定态度，最终在美国的强大压力面前才

---

① 陈效卫主编：《合作与冲突——战后美国军事联盟的系统考察》，北京：军事科学出版社 2001 年版，第 65 页。

② [美]迈克尔·格林、帕特里克·克罗宁主编，华宏勋、孙苗伊、丁胜幸等译：《美日联盟：过去、现在与将来》，北京：新华出版社 2000 年版，第 295 页。

③ [日]盛田昭夫、石原慎太郎著，孙晓燕、谢鹏译：《日本应该直言不讳——日美关系的新变化》，北京：中信出版社 1990 年版，第 86 页。

④ 同上，第 87 页。

⑤ 李霖、刘汉荣著：《世界武器贸易》，北京：解放军出版社 2004 年版，第 264 页。

被迫妥协。

（二）日美军备合作集中于高技术的海空军领域

日美军备合作的另一突出特点是项目集中于高技术的海空军领域。这是由于美国和日本是世界上首屈一指的军事强国，又是科技领域的第一、第二号强国，两国军事装备体系完善（美国尤其如此），所以日美军备合作的主要集中于高技术的海空军领域，并且是以双方互补的高技术装备或高技术本身的转让与联合研发为主。除此之外，由于日本自卫队数量较少，并且限于和平宪法以及国内外舆论的压力，很难通过扩充自卫队人数的方式来提高战斗力，因此只能通过提高军事装备的技术含量来弥补数量的不足，如果日本无法在本土获得（没有能力生产或是限制无法生产）就需要从美国这一途径获得，这反映在日美军备合作中就体现为美国向日本出售的多为高技术的海空军军事装备。早在20世纪六七十年代，日本就提出了质量建军的思想，并在1995年的《防卫计划大纲》中明确提出实现防卫力量的"合理化、效率化、精锐化"，谋求防卫力量"质的提高"，不断更新军事装备是日本质量建军的主要措施，而通过美日军备合作获得高技术的海空军装备成为最主要的途径。此外，由于现在海军与空军武器系统的研制费用巨大，即使像日美这些经济强国也无法单独负担，国际间军备合作由于能够分担巨额的研制费用，因此成为日美研制与装备海军、空军军事装备的发展趋势。

日美军备合作集中于高技术的海空军领域这一特点在空军表现的更加明显。日本自卫队组建以来绝大部分空军装备都是通过日美军备合作获得的。日本航空自卫队飞机获得方式的具体情况（参见表2-8），从中可以看出，日本航空自卫队飞机90%以上是从美国引进或是通过许可证生产。航空工业是公认的高科技行业，以航空发动机技术为例，长期以来，世界上只有美国、俄罗斯、英国和法国掌握涡轮风扇发动机的设计制造技术（中国也是在近期刚刚掌握），日本并没有能力独立研制。日本在航空工业中与美国的合作程度如此之高，充分反映了美日军备合作的高技术性特征。此外，即使在空军领域，日美军备合作也集中于高端项目。日本航空自卫队中虽然有很少飞机是自主开发和生产的，但基本都是于航空工业中较低技术的教练机领域，而对技术要求更高的战斗机和运输机等主要通过与美国的军备合作获得。

表2-8 日本航空自卫队飞机获得方式一览表

飞机种类	飞机型号	原产国	获得方式
战斗机	F-86F	美国	援助及许可证生产
	F-86D	美国	援助
	F-104J	美国	许可证生产
	F-104DJ	美国	引进
	F-4EJ、F-4EJ改进型	美国	许可证生产
	F-1	日本	自主生产
	F-15J	美国	许可证生产
	F-15DJ	美国	许可证生产
	F-2A、F-2B	美日	联合研发与生产
侦察机	RF-86F	美国	改进援助机型（18架）
	RF-4E	美国	引进（18架）
	RF-4EJ	美国	改进F-4EJ
	E-2C	美国	引进（13架）
	E-767AWACS	美国	引进（4架）
运输机	C-46D	美国	援助
	YS-11	日本	自主生产
	C-1	日本	自主生产
	C-130H	美国	引进（16架）
	波音747-400	美国	引进（2架）
教练机	T-11	英国	引进（1架）
	T-6G	美国	援助
	T-28B	美国	引进（1架）
	T-33A	美国	援助、许可证生产
	T-34B	美国	援助、许可证生产
	T-1A、T-1B	日本	自主生产
	T-2	日本	自主生产
	T-3	日本	自主生产
	T-4	日本	自主生产
	T-7	日本	自主生产
	T-400	美国	引进

续表

飞机种类	飞机型号	原产国	获得方式
直升机	H-19A、H-19C	美国	许可证生产
	H-21B	美国	援助
	S-62A	美国	许可证生产
	V-107、V-107A	美国	许可证生产
	UH-60J	美国	许可证生产
	CH-47J、CH-47JA	美国	许可证生产
	AH-64D	美国	许可证生产

资料来源：『軍事研究』2003年9月号、第77、81、84頁。

在日本海上自卫队中，虽然各种大型舰艇装备都由日本自行建造，但严格意义上说只是作战平台的国产化，其装备的很多关键高技术武器系统都是通过日美军备合作获得。以现在日本海上自卫队的主力舰艇"金刚"级驱逐舰为例，其雷达系统是引进的美国的 AN/SPY-1D 相控阵雷达，导弹发射系统是引进美国 Mk-41 垂直发射系统（VLS），防空导弹是获得美国许可生产的"标准-2"型导弹，近程防空系统是美国引进的 Mk-15 近防武器系统（CIWS），反舰导弹是获得美国许可生产的"鱼叉"导弹等等，这些顶级的高技术武器系统都是日本通过日美军备合作获得的，从而使"金刚"级驱逐舰获得了强大的战斗力。

（三）日美军备合作具有明显的不平衡性

日美军备合作第三个特点就是具有明显的不平衡性。虽然日美军备合作已经进入了双向交流阶段，并且不断发展完善，但是不平衡的现象一直存在于日美军备合作之中。这种不平衡性主要表现在美国和日本在合作中转移方向与数量的不平衡性。由于美国的军事技术相对于日本要更加先进，所以在武器装备的转移方向上绝大部分都是美国向日本转移，并且大部分都是以整体引进（通过对外销售渠道）或是引进技术和生产线在本土生产（通过许可证生产渠道），这些通过许可证渠道进行合作的项目通常数量较多，金额较大。以 1990 年日本许可证生产 AIM-7 空空导弹为例，生产数量为 1330 枚，合同金额高达 4.77 亿美元。日本的一些军事装备也向美国有所转移，但是数量相对较少，并且多以技术或子系统的方式向美国输出。这一点可以从每年美国向日本转让主要常规武器的金额可以看出（参见表2-9），每年日本都要从美国引进大量的军事装备，占到其军事装备进口额的95%以上。相比而言，日本每年向美国转移的军事装备则是少之又少，在SIPRI年鉴中该部分统计甚至被忽略。

表2-9　美国向日本转让主要常规武器金额表

时间	金额	每年平均金额	占日本总进口额百分比
1994—1998年	3965	793	96.9%
1999—2003年	1789	357.8	99.6%
2004—2008年	2153	430.6	98.2%

注：数字以百万美元为单位，按1990年美元的不变价格进行统计。
资料来源：《SIPRI年鉴1999：军备·裁军和国际安全》，北京：世界知识出版社2000年版，第376、579页；《SIPRI年鉴2004：军备·裁军和国际安全》，北京：时事出版社2005年版，第447、577页；《SIPRI年鉴2009：军备·裁军和国际安全》，北京：时事出版社2010年版，第421、437页。

造成日美军备合作不平衡性的原因有很多，但其中最重要的决定因素是美国与日本军事实力的差异。就实力而言，虽然美国与日本都是一流的强国，但是在军事实力方面美国具有明显的优势。这一点从两国军费开支就能反映出来。美国的军费开支一直是世界第一，远远超过日本。2008年美国军费开支为6070亿美元，占世界军费总额的42%，同年度日本的军费开支为463亿美元[①]，甚至远远低于美国用于军事装备开支的1417.79亿美元。正是由于美国在军费开支上远远超过日本，所以美国无论是在军事装备的制造或是军事技术的研发上都对日本具有明显的优势，因此在美日军备合作中通常都是美国向日本转移。虽然目前美日军备合作主要是由美国向日本转移，但是两国之间双向交流依然存在，这种不平衡是双方在双向交流中的不平衡。在双方互换军事技术人员以及互换国防技术信息等制度的保障下，双方双向交流将会逐渐增多，这种不平衡性将会被减轻。

第四节　日美军备合作的促因

军事装备及其技术是一国的核心机密，也是一个国家在世界中维护自身安全、拓展自己利益的最终保障。任何国家在同别国进行军备方面的合

---

① [瑞典] 斯德哥尔摩国际和平研究所编，中国军控与裁军协会译：《SIPRI年鉴2009：军备·裁军和国际安全》，北京：时事出版社2010年版，第225页。

作时都会进行慎重的考虑,只有通过军备合作获得的利益大于军事装备及技术外流所遭受的损失时合作才能成功。对美国与日本而言,军备合作只是一种手段,而从中得到的利益才是最终目的,而这些利益即是日美军备合作不断向前发展的促因。具体而言,在政治领域,美国与日本同盟战略的需求促进日美军备合作;在安全领域,日美两国先进的军事技术基础促进日美军备合作;在经济领域,军工企业与利益集团的推动也促进日美军备合作。

一、同盟战略需求拉动日美军备合作

美国与日本都极为重视同盟战略。在日美同盟中,由于美国与日本军事实力相差较大,所以在防务问题上存在"薄弱环节",这就需要加强两国军备合作来增强日本的军事力量。与此同时,由于中国军事力量不断增强,日美同盟对中国的关注也在逐渐增加,这种遏制中国的需要也要求美国与日本加强在军备领域的合作。

(一) 同盟"薄弱环节"理论促进日美军备合作

在美国的战略思维中,同盟是维持霸权统治、实现战略目标的重要手段。美国认为,同盟的基本功能是平衡权力,在增加自己权力的同时防止将其他国家的权力增加到战略对手身上,并实现与同盟之间的安全利益互补。[1] 日本也和美国一样,是具有浓重"同盟情节"的国家。在明治维新后日本曾三次与欧美强国结盟,结盟时间约占明治维新至今总体时间的3/5,这些"与强国为伍"的结盟都是为了应对周边对自身的威胁。虽然冷战结束后日美同盟进入了短暂的"漂流期",但随着日美两国对中国防范心理的增强,双方很快即在1996年对日美同盟进行了"再确认"。

在同盟防务问题上,存在一种"最薄弱环节"理论。该理论认为,联盟的防务力量并不是联盟各成员的防务力量的简单相加,而应该是以防务力量最薄弱的盟国的力量为标准。在该理论看来,军事联盟就是要保证每个成员国的安全,但是如果联盟中防务力量薄弱的国家被攻破,那么这一联盟就没能履行保护成员国安全的职责,其就是失败的联盟,其他盟国的防务力量再强大也无济于事。

在日美同盟中即存在这一"薄弱环节"。在日美同盟中,防务是由美

---

[1] 许嘉著:《美国战略思维研究》,北京:军事科学出版社2003年版,第200页。

第二章 日美同盟与日本的军备扩张

国提供的一种公共产品，日本自身提供防御能力的强弱对于本国的安全并没有太大的影响。同时，由于资源的有限性，所以日本选择了"重经济、轻军事"的发展路线，在防务上采取"搭便车"的选择。因此，虽然日本的军事力量相当强大，但是与美国相比仍存在相当的差距，这点可以从每年两国的军费投入中看出，美国的军费开支约占其国内生产总值的3%—4%，到2008年已经高达5400多亿美元（按2005年美元固定价格），日本的军费开支则只有其国内生产总值不到1%，每年在400多亿美元左右（参见图2-2）。所以，在日美同盟中日本就成为防务中的"薄弱环节"，而要消除这一"薄弱环节"只能依靠日本增强自己的防卫能力。日美两国认为军备合作是解决同盟防务中"短板效应"的有效方式。通过日美军备合作，日本获得了先进的军事装备，军事力量显著增强，日美同盟在防务上的"薄弱环节"将会被弥补。

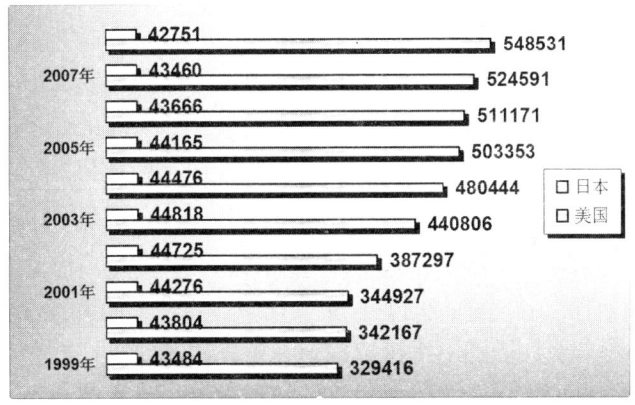

图2-2 1999—2008年日美军费开支对比图

注：图中数字以百万美元为单位，按2005年美元固定价格及汇率计算。

资料来源：《SIPRI年鉴2009：军备·裁军和国际安全》，北京：时事出版社2010年版，第278、280页。

（二）日美同盟遏制中国的需要促进日美军备合作

冷战结束后，美国成为世界上唯一的超级大国，希望能够维持一超多强的世界格局，达到"美国治下的和平"，但是美国认为要实现这一目标仍然存在挑战。这种挑战一部分是来自于前对手的继承国——俄罗斯，老布什政府认为，苏联虽然已经解体，但是苏联（俄罗斯）仍然有可能威胁美国的安全，其在1991年的《国家安全战略报告》中指出："苏联仍是拥有以一次灾难性袭击摧毁美国社会的实际军事能力的唯一国家,尽管苏联面临严重的经济紧张局势,但苏联战略力量几乎全面继续实现现代化。"① 但与之相比,美国更加担心的是来自中国的威胁。

冷战结束后,虽然苏联衰落了,但令美国"忧心忡忡"的是中国的崛起,中国随即成为美国的"敌人"。这主要源于美国人战略思维中强烈的"危机感"。正是这种"危机感",使得美国总觉得自己不安全,时刻感觉处于危险之中,这种"危机感"体现到国际政治领域就表现为即使美国取得绝对优势的地位之后,仍然会想到自己将如何面临威胁。正是这种强烈的"危机感",使得美国时刻处于"找敌人"的状态中。此外,美国是现有国际秩序的缔造者、维护者和获益者,其希望现行国际秩序能够持续运转下去。然而随着中国国家力量的强大,美国认为有可能打破亚太地区战略平衡、对美国霸权形成挑战的国家只有中国。1995 年美国国防部发表的《东亚太平洋地区安全战略报告》和 1997 年美国的《四年防务评估报告》都认为,"中国是新兴的霸权力量",在 2015 年后,"可能会成为美国新的全球性对手"。美国认为自己应该未雨绸缪,防止亚太地区出现不利于美国的形势。② 正如《中国大战略》中所描述的:"中国的经济和军事力量的相对持续增强,加上它日益注重海上战略取向,长此以往,……,这将直接或间接地对美国及其盟国的现有权益提出挑战。"③ 因此,小布什政府上台后,美国明确将中国定位为"战略竞争对手",而不再是克林顿时期的"战略性伙伴"。《华盛顿时报》记者比尔·格茨更明确指出:美国正在亚洲全面集结兵力,以应对中国"威胁"。④ 因为到 2025 年,"随着中国和印度的崛起,世界将进入多极时代,这种结构性的变化将给美国主导的全球体系带来挑战"。⑤

在美国加强防范中国的同时,日本也将中国列为主要的防范对象。日

---

① 许嘉著:《美国战略思维研究》,北京:军事科学出版社 2003 年版,第 231 页。

② 陈效卫主编:《合作与冲突——战后美国军事联盟的系统考察》,北京:军事科学出版社 2001 年版,第 46 页。

③ [美] 迈克尔·斯温、阿什利·特利斯著,洪允息、蔡焰译:《中国大战略》,北京:新华出版社 2001 年版,第 5 页。

④ Bill Gertz, "More Muscle, with Eye on China," *Washington Times*, April 20, 2006.

⑤ Danny Roy, "The New New World Order," *Foreign Affairs*, Vol. 86, No. 2, 2007, pp. 34 – 36.

本在1996年版《防卫白皮书》中就提到要对中国军队的现代化建设予以关注和警惕,在1995年的《防卫计划大纲》中日本也指出:"许多国家以经济发展等为后盾,正致力于扩充军事力量以及实现其现代化,……,稳定的安全保障环境尚未确立",表现了日本对中国军事力量发展的不安。①在2004年的《防卫计划大纲》中,日本更是直接表明了对中国军力发展的关注,指出"对本地区安全拥有重大影响力的中国正在推动核力量、导弹力量和海空军的现代化,并谋求扩大海洋活动范围,对这一动向今后仍需加以关注",并在2004年版《防卫白皮书》中指出"日本始终有必要在海空力量方面保持对中国的优势"。2005年12月,日本外相甚至公开声称"(中国)不仅拥有核弹,而且12年来其军费开支不断递增。它开始构成一个相当大的威胁。"②

为了应对所谓的"中国威胁",日美同盟一方面保持驻日美军以保持美国的前沿存在,另一方面加强军备合作以此来增强日本的军事实力和遏制中国的能力。通过日美军备合作,适当增强日本的防御性军事力量,这样既可以减少日美同盟中在防务上的"短板效应",减轻美国自身的防务负担,又可以增强遏制中国的能力。

随着日美同盟中防务"短板效应"被弥补,美国所需要承担的防卫日本的负担减轻,其遏制中国的能力相应地增强,如在2010年7月美韩联合军演中就出动了驻扎日本的"华盛顿"号核动力航母,针对中国的意味明显。而日本通过军备合作增强军事力量,本身就是遏制中国的需要。日本目前拥有超过100架P-3C反潜机,远远超过其防卫的需要,其根本目的还是为了监视中国的潜艇的活动。除此之外,日美军备合作还进行了一些专门针对中国的项目,如联合研制弹道导弹防御系统。虽然日本参与这一计划时声称是为了应对朝鲜导弹的威胁,但其真实目的显然是针对中国,因为凭借朝鲜的导弹性能与数量根本无法对其防空体系构成威胁。

二、军事技术基础夯实日美军备合作

美国与日本都很重视高技术武器在维护国家安全(这里所指的安全指

---

① [美]迈克尔·格林、帕特里克·克罗宁主编,华宏勋、孙苗伊、丁胜幸等译:《美日同盟:过去、现在与将来》,北京:新华出版社2000年版,第389页。
② 吕川:《冷战后日本军事战略思维的基本规律探析》,载《日本学刊》2006年第3期,第47页。

传统意义上的军事安全,并不包括政治安全、经济安全等)中的重要作用,所以日美两国都将高技术军事装备列为优先发展对象,致使两国军事技术世界领先。与此同时,日美两国在军事技术方面有较强的互补性,两国在军事装备领域合作会有效提高两国军事装备的性能,这也有力地促进了日美军备合作。

(一) 美国与日本均重视军事装备的技术性

美国极其看重军事装备与技术在获取安全中所占的作用,这主要是源于美国在近代取得的军事胜利大都是依赖于先进武器这一经验。"在第一次世界大战之后,特别是海军完全相信现代技术在战争中的效力了……海军认识到在20世纪他们的力量也将依托在高技术上面:在导航、火炮的改进、新型战舰设计、潜艇和鱼雷以及无线电通信的进步。"① 在冷战中,美国也是依靠高技术武器的质量优势对抗苏联的武器装备数量的优势,美国前国防部长卡斯帕·温伯格(Cspar Weinberger)曾指出:"美国不断依靠它军事技术上的优势去抵消威胁其安全利益的数量上的更大力量。"② 在海湾战争后,美国国防部在总结经验时指出:"海湾战争的第二条基本经验教训是,高技术系统极大地提高了我军的战斗力。"③ 正是这些历史的经验,使得美国对于先进的军事技术极其看重,认为"技术战争为长期斗争中的决定性斗争,在技术战争中的胜利,足以给其他一切方面优势"。④ 因此美国政府明确表示,其军事装备的先进程度要优于盟国0.5—1代,超出发展中国家1—2代,即保障美国武器装备技术领先发展中国家10—30年以上,从而保证美军装备在世界范围内处于绝对领先位置。⑤

与美国相同,日本也注重提升军事装备的技术性,谋求通过先进军事装备弥补自卫队数量不足的缺陷。日本自卫队由于数量有限,所以一直实施"质量建军"原则,寻求高技术武器装备是"质量建军"的重要内容。

---

① 许嘉著:《美国战略思维研究》,北京:军事科学出版社2003年版,第81页。
② 军事科学院外国军事研究部等译:《美国国防部报告:海湾战争》(上),北京:军事科学出版社1991年版,第13页。
③ 军事科学院外国军事研究部等译:《美国国防部报告:海湾战争》(上),北京:军事科学出版社1991年版,第12页。
④ [美]约翰·柯林斯著,钮先钟译:《大战略》,台北:黎明文化视野股份有限公司1975年版,第350页。
⑤ 何奇松:《冷战后美国国防工业的重组》,载《美国研究》2005年第4期,第123页。

日本早在 1976 年的《防卫计划大纲》中就提出"为有助于保持和提高防卫力量的质量水平,要努力加强技术研发水平"。在 1995 年的《防卫计划大纲》中日本明确提出推进防卫力量"合理化、效率化、精锐化",谋求防卫力量"质的提高",并指出"须努力完善技术研究开发态势"。在 2004 年的《防卫计划大纲》中日本指出在军事装备领域"谋求研究开发的有效和高效实施"。

(二) 军事技术互补性促进日美军备合作

正是由于对军事技术高度重视,所以美国成为世界第一军事科技大国,日本成为仅次于美国的世界第二大军事科技国家。与此同时,日美两国在军事技术领域具有较强的互补性,两国在技术层面具有很好的合作基础。众所周知,美国在大部分军事技术领域世界领先,但日本的某些军民两用技术的先进程度令美国也自叹不如。造成这一结果的根本原因在于美国和日本研究与开发的方式不同。美国的科技人员通常重视基础研究,而日本的科技人员却更为重视将技术用于产品开发。例如,1950 年 3 月,美国无线电公司 (RCA) 最早研制出了显像管电视机,但日本索尼公司却在随后的 20 年中夺取了世界电视机销售的冠军;1976 年美国无线电公司研发出世界上第一个非晶硅太阳能电池,但日本三洋公司在 1980 年率先利用非晶硅太阳能电池研发了袖珍计算器,将其变为商品等。截至 1990 年,美国一共获得了 154 项诺贝尔奖,而日本只获得了 5 项,两国获奖比率为 31∶1,但是两国在世界高技术出口市场的占有率却相差无几,美国为 33%,日本达到了 24%,比率仅为 1.4∶1,远远低于两国获得诺贝尔奖的比率。[①] 并且,日本强调民用技术对军事装备的"溢入"(spin - on)效应,使得这些先进的两用技术在军事装备中广泛应用,显著提高了日本的军事技术的水平。

根据美国国防部专门机构在 1992 年进行的调查显示,在影响国家安全的 20 种基础高技术领域中,日本有 5 种高技术领先于美国,并且在其他领域两国的差距也在缩小(参见表 2 - 10)。根据美国加利福尼亚大学统计分析资料显示,日本在世界高技术产品比较优势中名列第二,得分为 133 分,仅比美国低 59 分,其中电子产品名列第一,得分 200 分,高出美国 32

---

① 张轩:《从美日军事合作与竞争看科学技术的威力》,载《国际科技交流》1992 年第 4 期,第 38 页。

分。① 而美国最为担心的正是日本在电子技术方面的领先。因为随着现代武器装备的智能化程度越来越高，对于半导体技术的依赖也越来越大，在20世纪末电子配件占武器系统的比重已经超过了40%，并且这一比例还在不断增加。但目前半导体国际市场的67%已经被日本控制，② 所以石原慎太郎曾尖锐地指出："（要想缩小导弹的误差）只有大大超前地掌握了先进的生产管理技术的日本堪胜此任。总而言之，事情已经发展到非使用日本的半导体不能保证精确度这一步。"③

表2-10　日美基础高技术先进程度对比表

技术名称	领先国家	技术名称	领先国家
半导体材料和微电子电路	日本	软件技术	美国
并行计算机系统构架	美国	计算流体力学	美国
智能机器	日本	发动机吸气技术	美国
模拟和模型化技术	美国	脉冲电源	美国
光电技术	日本	超高速火箭弹	美国
敏感雷达	美国	复合材料	美国
无源传感器	美国	超导技术	日本
信号处理技术	美国	生物技术	日本
数据合成技术	美国	武器系统环境	美国

资料来源：张轩：《从美日军事合作与竞争看科学技术的威力》，载《国际科技交流》1992年第4期，第39—40页。

正是由于美国与日本这种对于先进军事装备的追求，并且美国与日本在军事技术领域有互补的优势，两国都可以在合作中受益，促进了两国在军备领域的合作。对于美国来说，联合研发能够更快获得和吸收日本先进的技术，因此，日美两国在20世纪最后的10年就签署了9项联合研发的

---

① http://www.chinavalue.net/Archive/2008/4/5/107767-2.html.
② 李霖、刘汉荣著：《世界武器贸易》，北京：解放军出版社2004年版，第174页。
③ [日]盛田昭夫、石原慎太郎著，孙晓燕、谢鹏译：《日本应该直言不讳——日美关系的新变化》，北京：中信出版社1990年版，第5页。

谅解备忘录，其中就包括弹道导弹防御系统。① 在这些合作项目中，美国都能够提升相应的技术，从而推动美国的高技术军事力量不断发展。最明显的例子是在FSX项目中，日本独立研制的"主动相控阵雷达"（Active Phased Array Radar，APAR）和复合材料的成型技术（Carbon－Fiber Re-strengthened Plastic，CFRP）等都领先于美国。以主动相控阵雷达为例，日本采用镓化砷元件生产主动相控阵雷达的天线单元，价格只有1000美元，而美国生产一个天线单元的成本则高达8000美元，并且日本主动相控阵雷达性能更出众。美国通过联合研发不仅获得了这两种技术，并且还通过开发FSX在日本的"资助"下将这些新技术在FSX项目上进行了实验。最终，美国将这些技术用于F－15和F－18战斗机的改进型号上，显著提高了这两种作战飞机的性能。在美国最新研制的F－22战斗机中，其AN/APG－77主动相控阵雷达就是采用日本的技术。该雷达需要2000多个天线单元，日本的雷达技术使每架F－22战斗机节约1000多万美元费用。而日本更是通过与美国的军备合作显著提高了军事装备的水平，如前文所述，日本90%的航空装备都是通过日美军备合作获得。除此之外，日本海上自卫队和陆上自卫队的先进装备都同日美军备合作有联系。

三、军火利益集团推动日美军备合作

军事装备具有商品的属性，军备合作归根到底是国家间的经济活动，只要在不损害国家政治利益、安全利益的前提下，经济利益必然成为军备合作追求的目标。在美国与日本，军事工业在经济中占有重要的地位。通过军备合作，美国与日本的军工企业能够降低研究成本，并降低军事装备的单位价格，增进企业的利润。与此同时，军火利益集团是美国最为强势的利益集团之一，对政策制定具有强大的影响。由于军备合作能够降低武器研发成本和风险，增进军工企业的利益，所以军工企业与军火利益集团极力推进日美军备合作。

（一）军事工业在美国和日本经济中占有重要地位

美国的军事力量世界第一，日本的军事实力也极为强大，这主要得益于日美两国拥有完善、先进的军事工业体系。日美两国的军事工业规模庞大，涉及各个领域与行业，并且军火公司多是寓军于民的公司，产值巨大，在经济中占有重要地位。以美国为例，美国的军事工业每年大约要耗

---

① 李霖、刘汉荣著：《世界武器贸易》，北京：解放军出版社2004年版，第441页。

费全美 75% 的镁，50% 的锻钢、不锈钢和镍，15%—20% 的有色金属，10% 的石油和 23% 的工业用电。① 这也造就出了世界上最为强大的军事工业，截至 2007 年，在全球军火公司 100 强中，美国公司占了 47 家，在前 10 名中美国更是占据了 7 席，美国军火公司的实力可见一斑（参见表 2-10）。如此庞大的军事工业，为美国提供了大量的就业机会。二战结束后，美国从事国际军贸的公司有 1 万多家，出口武器的从业人员有 100 万人②，到 20 世纪 90 年代初从事与军火以及军事物资有关的生产的人数为 250 万③，2007 年仅排名在世界军火公司前 10 的美国公司雇员人数就达到了近 70 万人（参见表 2-11）。并且，在美国有近 1/3 的工程师和科学家在从事与军事相关的工作④，每 10 亿美元的军火出口将为美国提供 2.4 万小时的就业机会。⑤ 日本的军事工业同样发达，在 2007 年全球军火公司 100 强中，日本占有 4 席，在 2007 年军火销售额近 48 亿美元，其雇员人数超过 35 万人。⑥ 正是由于军事工业的庞大就业人数缓解了日美两国的就业压力，有利于两国经济的持续发展。

表 2-11　2007 年世界军火公司排名表

排名	公司名称	国家	军火销售额	雇员人数
1	波音公司	美国	30480	159300
2	BAE 系统	英国	29850	97500
3	洛克希德·马丁	美国	29400	140000
4	诺斯罗普·格鲁曼	美国	24600	122000
5	通用动力公司	美国	21520	83500
6	雷声公司	美国	19540	72100
7	BAE 系统公司	美国	14910	51300
8	EADS 公司	西欧	12600	116490

① 王逸峰、王中文：《后冷战时期美国军火贸易动态及动机分析和展望》，载《西北第二民族学院学报》2004 年第 2 期，第 115 页。
② 李霖、刘汉荣著：《世界武器贸易》，北京：解放军出版社 2004 年版，第 237 页。
③ 杜农一编著：《国际军贸论》，北京：军事谊文出版社 1993 年版，第 35 页。
④ Jennifel del Rosario - Malonzo, "US Military - Industrial Complex: Profiting from War," http://www.nadir.org/nadir/initiativ/agp/free/9 - 11/military - complex.html.
⑤ 王逸峰、王中文：《后冷战时期美国军火贸易动态及动机分析和展望》，载《西北第二民族学院学报》2004 年第 2 期，第 115 页。
⑥ [瑞典] 斯德哥尔摩国际和平研究所，中国军控与裁军协会译：《SIPRI 年鉴 2009：军备·裁军和国际安全》，北京：时事出版社 2010 年版，第 371—379 页。

第二章 日美同盟与日本的军备扩张

续表

排名	公司名称	国家	军火销售额	雇员人数
9	L3 通信	美国	11240	64600
10	芬麦卡尼卡	意大利	9850	60750

注：表中销售额以百万美元为单位，按当年美元价格和汇率计算。

资料来源：《SIPRI 年鉴 2009：军备·裁军和国际安全》，北京：时事出版社 2010 年版，第 371—372 页。

然而，现代高技术武器装备高额的研究费用对军工企业构成了严峻的挑战。现代高技术军事装备的一个重要特征就是研制与装备的成本极高，一个武器系统从研发到装备动辄就要花费数十亿、上百亿美元。以美国装备的 B-2 隐形轰炸机为例，这种轰炸机性能先进，隐身性能突出，在历次战争中从没有被击落过，但价格极其昂贵，每架高达 20 亿美元，连美国这种军费大国也仅仅装备了 22 架。美国每年军费开支位居世界第一，用于装备费用的开支也是世界第一，并且在军费开支中占有较高的比例。从表 2-12 中可以看出，美国用于装备费用的开支从 1999—2008 年几乎翻了一倍，但即使是花费上千亿美元在面对数量巨大的研发与装备的费用时也是有限的。据统计，国防武器装备的实际单位成本每年递增大约 10% 左右，这意味着每过 7.25 年国防武器装备的成本就会增加一倍。[1] 日本每年的军费开支在 400 亿美元左右，而 FSX 的研发经费就高达 3000 多亿日元，每架飞机的价格更是高达 100 亿日元（约 1 亿美元），因此日本在军事装备的研发与装备上更加力不从心。军备合作则成为日美两国军工企业解决高技术武器与高额研发与装备费用矛盾的有效途径。

表 2-12　1999—2008 年美国军费开支及装备费用开支表

	1999	2000	2001	2002	2003	2004	2005	2006	2007	2008
军费开支	290969	301697	312743	356720	415223	464676	503353	527660	556961	607263
装备费用开支	82072	74988	88547	106232	108017	118189	123321	128304	135870	141779
所占比例	28.2%	24.9%	28.3%	29.8%	26.0%	25.4%	24.5%	24.3%	24.4%	23.3%

注：表中数字以百万美元为单位，按当年现值美元价格计算。

资料来源：《SIPRI 年鉴 2009：军备·裁军和国际安全》，北京：时事出版社 2010 年版，第 317 页。

---

[1] [美] 托德·桑德勒、[英] 基思·哈特利著，宫鲁鸣、罗永光译：《国防经济学》，北京：北京理工大学出版社 2007 年版，第 105 页。

(二) 军备合作有利于提高军工企业的利益

军备合作之所以能够有效提高军工企业的利益，主要得益于军备合作能够大幅降低武器研发成本和风险，并且通过军备合作扩大了生产规模，从而有效降低生产成本。

第一，军备合作能够大幅降低武器研发成本和风险。军备合作最直接的好处是可以在合作对象之间分担武器研发的费用，每个参加国通过费用的减少而减低研究失败所要承担的风险。假设一个武器开发项目需要投入100 亿美元研发费用，如果 A 国独立研发，则这 100 亿美元就需要 A 国单独承担，如果 A 国失败将会损失这 100 亿美元。但如果 A 国同 B 国两个国家通过军备合作进行研发，那么每个国家分摊的费用就为 50 亿美元，失败损失的风险也降低为 50 亿美元，都只有原来的 1/2。如果合作国家变为 4 个，A 国和 B 国、C 国、D 国合作，每个国家分摊到费用就降低到 25 亿美元，失败损失的风险也降低到 25 亿美元，只有原来的 1/4。以上的分析是建立在每个国家负担相同的费用的理想基础上的，这种情况在现实情况中较为少见，但据研究表明，在现实情况中两国合作研制比一国单独研制可节省经费 30% 以上，多国联合研制则可节省经费 50% 以上。[①] 除此之外，由于通过军备合作几个参加国可以进行技术交流，在研发项目中可以使用各个国家相对具有优势和成熟的技术，能够显著缩短研发时间并能降低因技术研发受阻而导致失败的风险。

第二，军备合作还能使武器装备的生产获得规模效应，从而有效降低生产成本。规模效应是指在生产规模（产量）的某一范围内，平均成本随着产出的增加而递减。根据美国经济学家保罗·克鲁格曼提出的"新贸易理论"，规模效应是促进各国进行专业化生产和国际贸易并使各国获益的起因，这一理论同样可以用来说明军备合作的动因。规模效应理论可以用公式表示为：

$$\begin{aligned} C &= TC/Q \\ &= (VC + FC)/Q \\ &= VC/Q + FC/Q \end{aligned}$$

上式中 C 表示单位成本，TC 表示总成本，Q 表示产量，VC 表示变动成本，FC 表示固定成本。变动成本是指那些随生产数量增减而按比例变动

[①] 包赋民、李京京：《从国际武器贸易的经验教训谈中国装备的生产与采购》，载《装备制造技术》2008 年第 10 期，第 98 页。

的成本，包括原材料、工人工资等；固定成本是指与生产数量增减无直接联系，在一定程度上保持不变的成本，如厂房、生产线等。

根据这一理论，由于生产一个产品的总成本 TC 由固定成本 FC 和变动成本 VC 构成，固定成本在一定规模下是固定不变的，其会随着产量的增加而平均分摊到每个单位产品上，因此在一定的生产限度内，生产数量增加，分摊到单位产品上的固定成本就越少，而单位变动成本则一直保持不变，不会因为生产数量的增加而降低。因此，在一定的生产规模限度内，一个产品的生产规模越大，单位固定成本减少（总固定成本不变），单位变动成本不变（总变动成本增加），所以可以有效降低产品的单位成本 C。

在军备合作中，由于合作的武器系统要满足多个国家的需求，其数量要较一个国家单独研制与生产多，所以按照规模效应理论，其单位价格会降低。以生产战斗机为例，其固定成本不变，单位变动成本不变，当产量增加时，单位成本减低，具体情况可以从图 2-3 中反映出来。

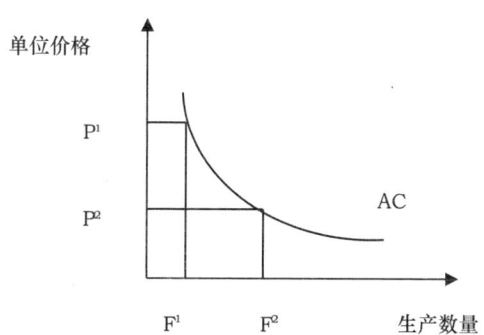

图 2-3　军备合作规模效应曲线图

在图 2-3 中，AC 为战斗机的单位平均成本曲线，F^1 为单独一个国家需要的战机数量，此时战机的单位价格为 P^1，此时这一国家需要花费 $F^1 \times P^1$；当其与其他国家进行合作后，对战斗机的总需求数量变为 F^2，此时单位价格沿 AC 曲线向右移动，变为 P^2，此时这一国家需要装备数量为 F^1 花费为 $F^1 \times P^2$，节省了 $(P^1 - P^2) \times F^1$ 的费用。

（三）军火利益集团的游说

美国是一个利益集团政治高度发达的国家，而军火利益集团是其中最为强势的利益集团之一。美国著名政治学者戴维·杜鲁门把利益集团界定为"是任何建立在单个或多个共同观点基础上，并向社会其他组织提出某种要求的组织"。① 美国的军火利益集团是美国部分特殊的经济利益部门（主要为军工企业），与相关的国家公共权力部分紧密结合而形成的一个利益集团，具体而言其应包括"武装部队、文职的国防官僚机构、立法机关、军火制造商及其工作人员的某些成员"。② 军火利益集团的要求概括而言就是在国内增加军费开支，保持美国庞大的军事工业规模，"从我们的政府寻求特别的关注——在这里寻求合同，又在那里寻求税收利益，试图改变政府条例去方便攫取金条，最终是要使他们更加有利可图"③；在国外则是加强军备合作，扩大市场，降低成本，获得超额利润。

从前文的分析中得知，通过军备合作可以有效地降低武器装备的单位成本，从而使得美国的军工企业能够在对外军售中获得超额利润，这是军火利益集团推动军备合作的最主要的原因。正如美国通用动力公司的官员所说："销售武器对维护美国国防工业，对通用动力公司都至关重要"，"为了使工厂继续开工，销售武器是唯一的选择"。④ 1997 年洛克希德·马丁公司的销售额为 280 亿美元，其中武器出口占了相当的比重（参见图 2 – 4）。美国其他军工企业的情况与洛克希德·马丁基本相同，日本正是这些企业在对外军备合作中的主要市场之一。如洛克希德·马丁公司与日本三菱重工等公司联合研发与生产 F – 2 战斗机，全部合同价值超过 100 亿美元；波音公司向日本出口了 4 架 E – 767 预警机，合同价值超过 15 亿美元；雷神公司向日本发放 AIM – 7 "麻雀"空空导弹生产许可证，合同金额为 4.77 亿美元；西科斯基公司向日本发放 UH – 60J 和 SH – 60J 直升机的生产许可证，总价值近 60 亿美元等。正是由于军工企业能从日美军备合作中获得如此高额的回报，军火利益集团极力促进日美军备合作。

除了拥有强烈的意愿推进日美军备合作外，军火利益集团也具有极强的游说和推动能力。由于军火利益集团中存在着由军方、国会议员和军工企业所组成的"铁三角"（The Iron Triangle），所以军火利益集团对美国政策的制定具有强大的影响力。其实施影响的方式主要有以下几种：一是通

---

① David Truman, *The Governmental Process*, New York·Knopf, 1971, p. 33.
② [美] K. J. 阿罗、M. D. 英特里盖特著，《国防经济学手册》（第 1 卷），官鲁鸣等译，北京：经济科学出版社 1993 年版，第 35 页。
③ Paul A. C. Koistinen, *The Military – Industrial Complex：A Historical Perspective*, New York, Praeger Publishers, 1980, p. vi.
④ 汤水富：《美国军工企业：霸权急先锋》，载《半月谈》2001 年第 7 期，第 80 页。

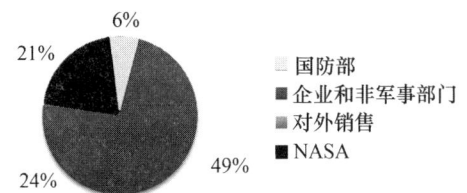

图 2-4 洛克希德·马丁公司销售分布

资料来源：http：//www.foreignpolicy-infocus.org/papers/micr/index.html。

过"旋转门"式（revolving door）的人事制度，使得军工企业与军方、议会之间人员流动密切，利用其政治影响和在上层社会的人脉关系间接影响决策。二是利用政治捐献影响政策的制定。由于美国的选举政治需要大量的金钱支持，而军工企业财力雄厚，自然成为政治捐献的主要来源之一，无论是在总统选举中还是在国会议员选举中，都能看到军火利益集团的身影。在 2004 年大选中，布什募集了 3.3 亿美元的选举资金，其中军工集团就贡献了 3000 多万美元，克里募集了 2.99 亿美元的选举经费。最终，选举经费更充裕的布什赢得了选举，军工集团的贡献不可忽视。这些受到支持的候选人上台后，必定在政策上对军火利益集团进行关照。三是通过游说影响政策的制定。军火利益集团可以派遣其高层人员直接与官员或议员接触进行游说，也可以聘请说客或公关公司为其进行政策辩护，或是促使军火输出许可的通过等。此外，军火利益集团还通过资助相关智库或研究机构，通过智库发布研究报告来制造有利于己的舆论，从而达到影响政策的效果。如弗兰克·格福尼安全政策研究中心（Frank Gaffney's Center for Security Policy）自 1988 年成立以来接受的公司捐款超过 200 万美元，绝大部分来自于弹道导弹防御系统的主承包商洛克希德·马丁公司和波音公司，所以该研究中心积极推动弹道导弹防御系统的研制与部署。[1]

军火利益集团正是凭借其雄厚的财力，与军方、政府官员和议员的良好关系以及孜孜不倦地游说和制造舆论，在推进美国进行国际军备合作方面获得了一定的成果。虽然军火利益集团并没有直接推进日美军备合作，

---

[1] William D. Hartung, "Military-Industry Complex Revisited: How Weapons Makers are Shaping U.S. Foreign and Military Policies," in special report No.1, *Foreign Policy in Focus*, Nov. 1998, p. 10.

但其推进美国国际军备合作也间接使日美军备合作受益。2000年5月,克林顿的国务卿奥尔布赖特宣布了《国防贸易安全倡议》(DTSI),准备把长期以来美国对加拿大实行的《国际武器交易条例》(ITAR)许可证豁免制度扩大到其他盟国,这是冷战后美国出口管制政策的第一次重大调整。2005年7月,国务院修改了《国际武器交易条例》,加快了向盟国出口的防务物资和服务的许可证的审批速度。[1] 这些正是军火利益集团长期游说的结果,日美军备合作也将在这些政策调整中受益。

---

[1] 刘子奎:《冷战后美国出口管制政策的改革和调整》,载《美国研究》2008年第2期,第111页。

第三章

日美同盟与日本海外派兵

对于日本政府而言,"海外派兵"与"海外派遣"是有区别的:"海外派兵"是指任何人以使用武力为目的,向别国领土、领海、领空派遣武装部队的行为。这种海外派兵属于超越自卫所需最小限度的派兵,是宪法不允许的;"海外派遣"与之不同,宪法并非不允许带有行使武力之目的而向别国派遣部队的行为。① 但是,作为本课题研究对象的日本"海外派兵",并不受日本国内上述概念内涵区分的限制,而是指广义上的"海外派兵",即自卫队部队派往日本行政主权管辖以外的区域。

冷战后,日本自卫队可以实施海外派兵的法律依据及行动领域主要包括:1. 依据《联合国维和行动等合作法案》,实施停战监督等联合国维和行动与人道主义国际救援活动;2. 依据《反恐特别措施法》(后来改为《补给支援特别措施法》),实施支援美国等为消除"9·11"恐怖袭击事件带来的威胁而采取的军事行动;3. 依据《支援伊拉克重建特别措施法》,实施伊拉克重建支援活动、维护安全支援活动;4. 依据《国际紧急援助队派遣法》,在外国发生灾害时实施国际紧急援助活动;5. 依据《应对海盗法》,在索马里海域实施打击海盗与护航活动;6. 依据《周边事态法》《限制外国军品海上运输法案》等实施的活动以及运送在外日侨等其他活动。

上述仅仅是依据法律类别加以归纳而已,并未能反映出日本政府实施海外派兵政策的实质性内涵。

实质上,冷战后日本海外派兵的缘起与发展,主要受到以下三方面战略需求的推动:第一,是争当政治大国的战略需求。为实现争当政治大国的国家发展目标,海外派兵成为日本政府推行大国外交、展示国家实力的有效手段。第二,是强化日美同盟的战略需求。日美同盟既是日美两国亚太安全战略的基石,更是日本军事大国化的主要途径与重要平台,海外派兵成为日本政府分担美军负担、深化日美军事合作的典型象征。第三,是

---

① 军事科学院世界军事研究部编:《日本军事基本情况》,北京:军事科学出版社2006年版,第715页。

巩固地缘政治的战略需求。日本是一个资源匮乏、国内市场有限的岛国，海外资源与市场对日本而言至关重要，海外派兵成为日本政府影响地缘政治态势、获取国家利益的非常方式。

冷战后日本海外派兵的基本特点是形式多样，但不均衡。其中，联合国与日美同盟是日本海外派兵的主要框架，且海外派兵的任务领域日趋多样化。因此，本课题采取实证的研究方法，在概述冷战后日本海外派兵发端的基础上，分别论述了联合国框架下的日本海外派兵、日美同盟与日本海外派兵、多样化任务与日本海外派兵，并对海外派兵与日本防卫体制的关联性进行了分析。

第一节 冷战后日本海外派兵的发端

冷战期间，日本国内曾多次出现有关海外派兵问题的探讨。以冷战的终结与海湾危机的爆发为转机，1991年4月，日本政府派遣海上自卫队赴波斯湾地区执行扫雷任务，从而开启了冷战后日本海外派兵的进程。

一、冷战期间海外派兵问题的探讨

战后，《日本国宪法》第九条规定："日本国民衷心谋求基于正义与秩序的国际和平，永远放弃以国家权利发动的战争、武力威胁或使用武力作为解决国际争端的手段。为达到前项目的，不保持陆海空军及其他战争力量，不承认国家的交战权。"它成为规范当代日本坚持走和平发展道路的主要法律依据。

20世纪50年代初期，日本政府开启了渐进式再军备进程。鉴于宪法第九条的规定，1954年6月2日，在日本国会通过《防卫省设置法》和《自卫队法》之际，参议院曾通过一项"关于禁止向海外出动自卫队的决议"，指出："在自卫队得以设置之际，本院考虑到现行吾国宪法之条款，以及吾国国民热爱和平之夙愿，在此确认并重申自卫队决不实施向海外出动之举。"[①]

但是，在1956年11月日本正式加入联合国以后，日本国内逐步深化了有关自卫队海外派兵问题的探讨，并在冷战结束前夕将其提上政府议事日程。

---

① 第19回国会参議院外務委員会会議録第57号、1954年6月2日、第1267頁。

第三章　日美同盟与日本海外派兵

作为日本政府首次面临的现实性问题，1958年7月30日，联合国秘书长向日本提出了派遣10名自卫队军官参加联合国黎巴嫩停战监督团（UNOGIL）的要求。由于涉嫌违反《自卫队法》以及考虑到普通民众的情感，日本政府于8月最终拒绝了联合国的邀请。尽管如此，随着日本经济的高速增长和国际地位的日益提高，在20世纪60年代，日本政府寻求在联合国框架内发挥更大作用的意愿也显著增强：1961年3月4日，池田勇人首相在众议院答辩中明确指出，自卫队参加联合国的维和行动从理论上来说并不违宪；① 1966年，椎名悦三郎外相首次把"海外派兵"和"海外派遣"区分开来，并表示日本以"派遣"而不是"派兵"形式参加PKO活动是可能的。②

进入20世纪70年代，日本政府有关自卫队海外派遣问题的讨论更加细化。例如，1974年5月24日，大平外相在国会答辩中指出："在参加联合国维和行动时，日本也应考虑到提供人的贡献。文官等并不隶属于自卫队的人也可以作为要员派往国外执行任务。"③ 1978年3月22日，园田直外相列举了"医疗、补给、卫生和通信部队"等日本对联合国维和行动"人员贡献"的具体设想。④

1980年10月28日，日本政府对自卫队海外派兵问题提出了正式见解。见解认为，除了以自卫为目的的最小规模的武力抵抗以外，基于集体自卫权以及联合国决议的任何形式的武力行使都是违宪的。⑤ 此后，1987年8月，日本政府收到了来自美国的关于派遣自卫队前往波斯湾扫雷的请求。海外派兵问题再次成为日本国内争论的实际性焦点问题。对此，首相中曾根康弘及外务省均表明"日本要在波斯湾安全航行问题上做出一定贡献"的积极姿态，但官房长官后藤田正晴却强烈反对，认为"波斯湾已经是交战水域了，日本派遣武装舰艇到那里去，我方可以说是为了保卫油轮，属于正当防卫。但是当战争打响以后，我们无论怎样强调自己的舰艇

---

① 第38回国会衆議院予算委員会会議録第20号、1961年3月4日、第11頁。
② Oh Kie-Pyung, "The United Nations and Contemporary Japan's Foreign Policy," University of Minnesota (University Microfilms International: Ann Arbor 1971), p. 149.
③ 第72回国会衆議院外務委員会会議録第28号、1974年5月24日、第17頁。
④ 第84回国会衆議院外務委員会会議録第7号、1978年3月22日、第10頁。
⑤ 第93回国会内閣衆議院質問第6号、1980年10月28日。

是自卫舰,对方仍然会认为日本参加了战争"。① 结果,在政府内部出现严重分歧的背景下,此次自卫队海外派兵最终未能成行。②

冷战期间,日本自卫队始终未能实现海外派兵,其原因是多方面的,但最本质的制约性因素还是来自于日本国内政治:由于朝野政党势力在安全保障领域的严重分歧、宪法第九条所体现的防卫理念以及战后和平民主运动的发展等,都促使日本政府难以实施海外派兵,而更多地停留在内部讨论与法律论证的层面上。尽管如此,此种讨论与论证却为冷战后海外派兵的实现奠定了基础。

二、《联合国和平合作法案》成为废案

1990年8月2日,伊拉克地面部队在空军支援下悍然入侵科威特,并由此引发海湾危机。8月29日,日本首相海部俊树宣布了"为中东做贡献"的措施,提出了关于起草《联合国和平合作法案》(简称"和平合作法")的构想。随后,在美军进驻沙特并要求日本提供"人力"支援的背景下,日本政府内部着手起草《联合国和平合作法案》。

1991年10月16日,日本内阁会议决定了以创建联合国和平合作队为核心的《联合国和平合作法案》,并提交给第119届临时国会审议。该法案由总则、联合国和平合作会议、联合国和平合作本部、和平合作业务、物资合作、杂项共6章、32条及附则组成。该法案规定自卫队队员以"和平合作队员与自卫队员"的双重身份参加和平合作业务(第22条),并可携带小型武器用于"防护自己的生命及身体"(第27条),其所从事的"和平合作"业务包括:停战监督,战争结束后对临时政府等行政事务的建议与指导,战争结束后议会选举及居民投票的监督与管理,与物资合作相关的物品运输及其他运输、通信及机械器具的装配、检查及修理,医疗活动,对遭受战争灾害的居民及其他人的救援活动和因战争而导致的灾后重建活动。与之相对,10月15日,社会党发表了《联合国和平合作机构法案》的大纲,主张仅限于对非军事与民生领域的联合国维和活动展开合作,且规定在实施业务的过程中遵守"不以武力相威胁或行使武力的非武

---

① [日]后藤田正晴著:《情与理——后藤田正晴回忆录(下卷)》,王振宇、王大军译,北京:世界知识出版社2003年版,第424页。
② [日]加藤秀治郎著:『日本の安全保障と憲法』、南窓社1998年版、第62页。

装"原则。

在国会关于《联合国和平合作法案》的审议过程中，朝野政党势力围绕着法案的具体内容展开了激烈论争。

1991年10月16日，首相海部俊树对社会党委员长土井多贺子提出的质询进行了答辩，双方的分歧点概括如下：第一，关于"海外派兵"问题，土井委员长认为已超越了关于"禁止自卫队海外派兵"的政府见解，而海部首相却表示联合国和平合作队"以不进行武力威胁及武力行使为前提，当然不属于海外派兵"；第二，关于国会决议问题，土井委员长认为违反了1954年参议院通过的"关于禁止向海外出动自卫队的决议"，而海部首相却表示"当时并未能设想到将自卫队派往海外参与和平合作业务、维持和平活动"。① 同时，其他在野党代表又就海外派遣与海外派兵的区别、武器携带、合作队的指挥权等问题进行了质询。对于海部首相的答辩，社会党参议员浜本万三认为"首相的作法是对和平宪法的政治性政变"。②

1991年10月19日，在众议院预算委员会上，针对社会党书记长山口鹤男"是否考虑派遣合作队支援多国部队"的提问，政府的统一见解为"对于多国部队根据联合国决议实施的维护和平与安全的活动"，合作队将予以合作。10月22日，在参议院预算委员会上，海部首相再次表示向海外派遣联合国和平合作队并不违反1954年参议院"禁止海外派兵"决议，认为国际形势与当时相比已经发生巨变，且该决议所禁止的是以行使武力为目的的海外派兵。相反，在野党方面则表示该决议并非是暂时的，首相的解释是越权。③ 10月24日，在众议院联合国和平合作特别委员会上，对于社会党议员川崎宽治提出的联合国和平合作队能否进行武器弹药运输的问题，政府方面的答辩一度出现混乱：外相中山表示"原则上不进行武器弹药运输"，但外务省条约局局长柳井却表示法律上存有进行武器弹药运输的可能性，政府发表的统一见解为"仅限于非战斗地区进行武器弹药运输"。④

整体上，《联合国和平合作法案》在国会审议过程中遭到各在野党的

---

① 『新聞ダイジェスト』1990年12月号、第22頁。
② 同上、第25頁。
③ 同上、第28頁。
④ 同上、第30頁。

普遍异议。不仅日本共产党坚决表示反对，而且社会党、公明党亦均反对现职自卫队人员加入"合作队"，反对携带武器，反对为多国部队做后勤支援，只同意"合作队"从事医疗、通信、救济难民、建设等非军事性活动。即使在自民党阵营内部，河本敏夫、后藤田正晴等资深政治家也纷纷表示反对。据调查，自民党内35%的人认为根据"和平合作法"派自卫队前往海湾地区有违宪之嫌，持慎重态度。①

此外，《联合国和平合作法案》的提出还遭到了广大国民的反对。例如，1990年10月22日，《每日新闻》实施的全国舆论调查显示：反对向海外派遣自卫队的国民占53%，赞成者仅为13%；10月31日，日本共同社发表的全国"电话方式"舆论调查结果进一步表明，67%的国民持反对态度。②

这样，由于朝野双方在《联合国和平合作法案》上分歧严重，且基于该法案难以在参议院获得通过的前景预期，1990年11月18日，执政的自民党与在野的社会党、民社党进行协商后，不得不宣布该法案作为废案处理。

三、自卫队扫雷艇的派出

1991年1月，海湾战争爆发后，如何使自卫队介入其中，依旧是日本政府面临的迫切难题。为了实现海外派兵的突破，日本政府暂先采取了"绕开走"（即"不直接立法"）的方式。

1991年1月17日，海部首相在紧急召开的记者会中，表示坚决支持美国等多国部队行使武力，作为具体援助对策，还正式表明"根据需要将探讨派遣自卫队运输机"，以便运送难民。对此，在18日的众议院全体会议上，社会党委员长土井多贺子认为其有损日本与亚洲各国间的信赖关系而加以反对，而海部首相认为这是运输难民属于非军事行为，应与海外派兵分开考虑。

1991年1月19日，防卫厅提出了派遣航空自卫队飞机前往海湾地区运送难民的具体设想：1. 派遣航空自卫队C130H型战术运输机5架；2.

---

① 刘江永主编：《跨世纪的日本——政治、经济、外交新趋势》，北京：时事出版社1995年版，第389页。

② 刘江永：《谈"和平合作法"成为废案》，载《世界知识》1990年第23期，第25页。

第三章　日美同盟与日本海外派兵

派遣机组人员 45 人，地面及后方支援人员 200 人；3. 以埃及的开罗为据点，从约旦的安曼将难民运往开罗或叙利亚。1 月 22 日，航空自卫队着手对飞机检修，随时待命起飞。

1991 年 1 月 24 日，日本政府决定以修改特例政令的方式，即修改依据《自卫队法》第 100 条第 5 项①制定的该法施行令第 126 条第 16 项，将难民列入自卫队的运输对象。此前，日本政府一贯持有"对于自卫队法没有规定的任务，就必须修改法律才能派遣"的立场。但是，海部内阁认为这次运送难民属于从人道主义立场出发的临时应急举措，像这种针对个别具体事态的措施是在《自卫队法》第 100 条第 5 项规定的预想范围内的。显然，日本政府是在钻法律条文的空子。

事实上，伴随着海湾战争的终结，海湾战争期间所产生的难民运送问题很快就得以解决了。为此，日本政府颁布的特例政令，即"基于人道主义立场的临时应急举措，属于《自卫队法》第 100 条第 5 项预想的范围"，也以自然消亡的形式失效了。1991 年 4 月 19 日，日本政府正式决定废止以派遣自卫队运输机运送难民为目的的特例政令。同日，防卫厅长官池田行彦向航空幕僚长铃木昭雄传达了解除准备派遣 C130 运输机的命令。结果，该特例政令自同年 1 月 25 日内阁会议通过以后一次也未曾实施过即告废止。

与此同时，日本政府依旧在不断寻求向海外派兵的其他途径。1991 年 3 月 13 日，自民党政调会长加藤六月证实，在海湾战争终结后美国政府向日本提出了派遣海上自卫队扫雷舰的请求，以清除波斯湾内残留的水雷。对此，自民党内主张"派遣"的呼声强烈。4 月 8 日，日本财界代表"经团联"也发表见解，主张向波斯湾地区派遣自卫队扫雷舰。

1991 年 4 月 24 日，日本政府正式决定向波斯湾派遣海上自卫队扫雷部队。此次派兵，是依据《自卫队法》第 99 条"海上自卫队承担扫雷任务"的规定。该条规定的制定背景是：第二次世界大战结束之际，日本海军使用水雷封锁了纪伊水道、丰后水道和津轻海峡，美国军队为控制日本经济也用水雷封锁了东京湾入口。美军占领日本后，鉴于日本旧海军擅长处理水雷，美军便下令日本方面同美方共同在上述水域扫雷。显然第 99 条规定的实施前提应是在日本近海，但也正是由于法律条文本身没有载明是

---

① 该项规定自卫队飞机的运输对象范围为"国宾、内阁总理大臣及其他政令所决定者"。

"在日本近海",所以又一次被日本政府钻了空子。

对此,在1991年4月26日的参议院全体会议上,除民社党以外的其他各在野党均对政府的派兵方针持猛烈批判态度,指责其为"未经过任何国会讨论,是非民主主义的""依据《自卫队法》第99条实施海外派遣是政府扩大解释"、"开辟了海外派兵的道路"等等。

1991年4月26日,前往波斯湾地区执行扫雷任务的海上自卫队扫雷部队分别从神奈川县的横须贺基地、广岛县的吴基地和长崎县的佐世保基地出发,于5月19日在奄美大岛海面会合后前往波斯湾地区执行扫雷任务。此次派遣的扫雷部队由扫雷舰4艘、扫雷母舰1艘、补给舰1艘,共计6艘舰艇组成,人员约510人。自6月5日起,海上自卫队扫雷部队在科威特海域开始了扫雷作业。此次扫雷作业于9月11日结束,共扫除水雷34个。至此,日本政府迈出了冷战后海外派兵的第一步。

第二节 联合国框架下日本海外派兵

《联合国维和行动等合作法案》的通过与实施,实际上是日本政府在不修改宪法的前提下突破海外派兵的政治禁忌,形成了日本海外派兵的重要活动领域。

一、《联合国维和行动等合作法案》的通过

在《联合国和平合作法案》成为废案后,日本政府及自民党并未放弃实现海外派兵的立法努力。为了争取部分在野党势力的支持,1990年底,自民党与公明党、民社党达成如下共识:日本要为国际社会提供人力贡献;与自卫队分开,单独成立联合国维和行动组织;根据联合国决议进行人道援助及救灾活动;尽早制定有关法案,并争取国会通过。此后,日本政府着手重新拟定新法案。

在新法案的拟定过程中,1991年6月,日本政府确立了有关新法案的基本方针,即同意自卫队参加新组织;自卫队可以参加联合国维和部队(PKF);自卫队不参加诉诸武力和武力威胁的活动;停火状态变化时自卫队要撤离。稍后,1991年8月22日,内阁法制局长官工藤在众议院预算委员会上表示,自卫队参加联合国维和部队符合宪法,认为"即使是在停战协议瓦解、维和部队行使武力的场合,日本的人员将要撤退,武器使用仅限于以保护人员生命为目的的最小限度。按照这项基本方针,就不违反

宪法"。修正了他此前认为（自卫队参加维和部队）"困难较多"的主张。①

1991年9月19日，日本政府正式决定了《联合国维和行动等合作法案》（简称"PKO等合作法案"），并提交国会审议。

1991年9月24日，在众议院全体会议上，关于自卫队参加联合国维和部队时所携带的武器装备，海部首相首次限制性地列举了"手枪、步枪、机关枪、装甲车"。此外，社会党与民社党代表提出了自卫队参加PKF需要获得"国会承认"的问题，但海部首相主张"依据内阁的判断与责任来施行是正确的"。② 9月25日，在众议院国际和平合作特别委员会的法案审议过程中，关于自卫队因停战协议瓦解而中止联合国维和部队业务的时机判断问题，海部首相表示"在当地通过与联合国派遣人员磋商后加以判断"，明确了原则上委托当地日本部队进行判断的观点。③ 9月27日，日本政府又就"武力行使"与"武器使用"的区别发表统一见解，认为"武器的使用并非宪法第九条所禁止的武力行使"，而是"以自我保存为目的的自然权利"。

由于自民党与其他在野党之间的激烈交锋和尖锐对立，1991年10月4日，在国会会期即将结束之际，众议院全体会议决定对《联合国维和行动等合作法案》予以"继续审议"。随后，日本国内政局发生变化。1991年10月5日，海部首相表明辞意。11月5日，宫泽喜一内阁成立。

1991年11月27日，在"PKO等合作法案"中载入"PKF派遣两年后须获得国会承认"的修正条款后，自民党与公明党在众议院国际和平合作特别委员会上强行表决通过了该法案。12月3日，该法案在众议院获得通过。

需要说明的是，在此届国会上，尽管公明党支持自民党政权通过了"PKO等合作法案"，但又对利库路特案件采取坚决追究的态度。自民党由于党内许多重要人物涉嫌利库路特案件而担心延长国会会期会导致内阁危机，且社会党也反对延长会期来审议"PKO等合作法案"。这样，经自民、社会两党干事长协商决定，会期只延长到1991年12月21日，主要议题是审议与国民生活有关的补充预算等问题。1991年12月20日，参议院全体

---

① 『PKF参加は合憲』、载『産経新聞』1991年8月23日。
② 『武器範囲を明確化』、载『産経新聞』1991年9月25日。
③ 『「中断」は現地で判断』、载『読売新聞』1991年9月25日。

会议决定对"PKO等合作法案"予以"继续审议"。

1992年2月4日，公明党的市川书记长在众议院预算委员会上提议冻结自卫队参加联合国维和部队。4月21日，民社党的大内委员长在党大会上要求，"PKO等合作法案"应载明参加PKF须获得"国会事前承认"。1992年4月28日，参议院国际和平合作特别委员会开始审议"PKO等合作法案"。同时，社会党还向国会提交"关于国际和平合作业务及国际紧急援助业务实施等的法案"，作为政府"PKO等合作法案"的"对立案"，并行审议。对此，首相宫泽喜一抨击社会党的"对立案"缺乏实效性，认为其"排除自卫队是无法理解的"。①

在审议过程中，自民党、公明党与民社党力图通过修正"PKO等合作法案"来使其获得通过，而社会党、日本共产党则谋求使"PKO法案"成为废案。关于"PKO等合作法案"，各政党·会派的主张比较参见表3-1所示。②

表3-1 各政党·会派关于"PKO等合作法案"的政策主张

政党及会派名称	内　　容
自民党	"PKO等合作法案"：对于联合国维和部队（PKF）、停战监督团、选举监督等联合国维和行动予以全面合作；自卫队员以"兼任"方式参加PKF、停战监督团；决定派遣实施计划两年后，若继续派遣须获得国会承认
公明党	暂时冻结"PKO等合作法案"中的"参加PKF"部分
民社党	派遣PKF原则上必须事前获得国会承认
社会党	"对立案"：合作范围局限于选举监督等非军事·民生领域；常设包括退职自卫队官在内的"国际合作队"；派遣必须事前获得国会承认
日本共产党	应在现行法律框架内做非军事层面的贡献
参议院联合会议	以退职自卫队官为中心，以有别于自卫队的组织形态参加；删除PKF合作，仅限于停战监督团程度；派遣必须事前获得国会承认

1992年5月29日，自民党、公明党、民社党关于"PKO等合作法案"的修正问题达成协议，其要点包括暂时冻结自卫队参加联合国维和部队主

---

① 『自衛隊活用を訴え』、載『産経新聞』1992年4月28日。
② 『新聞ダイジェスト』1992年7月号、第15頁。

第三章 日美同盟与日本海外派兵

体业务、①派遣自卫队参加 PKF 主体业务必须获得国会事前承认等。6 月 1 日，宫泽内阁重新向国会提交了已经三党修正过的"PKO 等合作法案"。6 月 5 日，自民党、公明党与民社党在参议院国际和平合作特别委员会上表决通过了该法案。对此，为迟阻参议院全体会议进行投票表决，社会党、日本共产党等在野党势力采取了提交问责决议案、牛步战术等抵抗策略。其中，关于参议院运营委员会井上委员长解职议案的表决，费时 11.5 小时。随后，宫泽首相问责案的表决又费时约 7 个小时。这样，直至 6 月 9 日凌晨，"PKO 等合作法案"在参议院以 137 票赞成、102 票反对的表决结果获得通过，并送交众议院。6 月 11 日，"PKO 等合作法案"在众议院国际和平合作特别委员会上获得通过。6 月 15 日，该法案在众议院全体会议以 329 票赞成、17 票反对的表决结果（137 名社会党议员及 4 名社民连议员缺席会议）获得通过。

"PKO 等合作法案"由总则、国际和平合作本部、国际和平合作业务、物资协助、其他共五章以及修改自卫队法附则等组成，其实质是为了使日本在协助联合国维和行动等的过程中实现海外派兵。它规定自卫队参与以联合国为中心的国际和平合作的业务范围主要包括四部分②：1. 联合国维和部队（PKF）主体业务，以自卫队部队的方式参与；2. 停战监督团业务，以自卫队军官个人的方式参与；3. 联合国维和部队后方支援业务（运输、通信、建设、医疗等），以自卫队部队的方式参与；4. 人道主义国际救援活动（难民的救援、医疗、运输等），以自卫队部队的方式参与。另外，它还规定：自卫队队员以兼任方式（即"国际和平合作队员"的身份）参与联合国维和行动等业务时必须遵守"5 项原则"③；派出的自卫队员可以携带小型武器并在需要自卫时使用武力；暂以两年为期，"冻结"自卫队参加联合国维和部队（PKF）主体业务；派遣自卫队参加联合国维

---

① 在再修正案中，联合国维和部队的主体业务包括：对纷争停止状况的监督以及对履行撤退、解除武装的监督；缓冲地带的驻扎、巡视；武器运输的检查；对废弃武器的处理；对停战线划定的援助；对交换俘虏的援助。此外，认可自卫队军官个人参与停战监督团。

② 除此之外，日本政府还可派遣文职人员参与人道主义国际救援活动与行政支援活动（监督选举、行政治指导、警察指导）。

③ "自卫队员可兼任国际和平合作队员参加联合国维持和平活动"的 5 项原则：（1）交战各方达成停战协议并生效；（2）取得纷争当事国的同意；（3）保证维持和平活动的公平与中立；（4）协议破裂时撤离；（5）在必要的最小限度内使用武器。

和部队（PKF）主体业务之前需经国会批准，但在国会休会或解散期间可事后取得国会承认；施行三年后重新审议等。

此后，1998年6月，日本国会通过了"PKO等合作法案修正案"，将过去由个人判断使用武器改为原则上根据上司的命令使用武器。2001年11月，日本国会再次通过了"PKO等合作法案修正案"，解除了自卫队参与联合国维和部队（PKF）主体业务的冻结，并放宽了有关自卫队在维和行动中使用武器的规定。

二、自卫队参与联合国维和行动

根据《联合国维和行动等合作法案》的规定，参与联合国维和行动（PKO）是日本自卫队在联合国框架下实现海外派兵的基本形式。此种形式不仅有效地化解了来自日本国内的强大政治阻力，并且增加了自卫队派兵海外的"大义"名分。自该法案成立以来，日本政府相继派遣自卫队参与了联合国在柬埔寨、莫桑比克、戈兰高地、东帝汶、海地的维和行动。

参与柬埔寨维和行动，是日本自卫队第一次在联合国维和行动的框架下实现海外派兵。

1992年9月3日，日本接到联合国邀请其参与柬埔寨维和行动的正式通知。9月8日，日本政府决定了《柬埔寨国际和平合作业务实施计划》。9月17日，自卫队的先期派遣部队出发前往柬埔寨，至10月14日，由600名自卫队队员组成的第一批柬埔寨派遣设施大队全部抵达。从10月28日起，该大队开始了补修道路、桥梁的工程。1993年3—4月，第一批设施大队与第二批设施大队实行了轮换。在完成业务后，1993年9月26日，第二批设施大队全部撤回日本。此外，从1992年9月20日—1993年9月16日，日本政府还先后分两批次派出了各由8名自卫队军官组成的停战监督团，主要负责对武器保管状况及停战状况的监督。

此次维和行动，是日本政府在经过周密准备基础上的一次恰当选择，并且获得了日本国内及柬埔寨当地社会的积极评价。对于日本政府而言，是其冷战后"摆脱经济大国外交小国尴尬现实的第一步"，"第一次尝试扩大其作为国际社会安保秩序主动参与者作用的行动，在战后日本外交史上具有划时代的意义"。①

---

① ［韩］南昌熙：《日本联合国维和行动合作政策的体系及特征》，载《东北亚研究》2007年第4期，第17页。

第三章　日美同盟与日本海外派兵

在日本参与柬埔寨维和行动之际，1993年4月24日，日本又接到联合国邀请其参与莫桑比克维和行动的正式通知。4月27日，日本政府决定了《莫桑比克国际和平合作业务实施计划》。5月11日，派往莫桑比克的运输业务协调中队开始出发，至5月17日，由48名陆上自卫队队员组成的运输业务协调中队全部抵达莫桑比克。1993年11—12月，第一批运输业务协调中队与第二批运输业务协调中队实行了轮换。1993年12月29日—1994年1月7日，航空自卫队C-130H型运输机一度飞抵莫桑比克，为运输业务协调中队执行物资运输任务。1994年6月，第二批运输业务协调中队与第三批运输业务协调中队实行了轮换。1995年1月8日，第三批运输业务协调中队全部撤回日本。此外，日本政府还分两批次向维和部队司令部各派出了5名自卫队军官，主要负责司令部业务的企划与协调。日本自卫队在莫桑比克的维和行动基本局限在运输援助领域，而没有像在柬埔寨那样以多种形式广泛地参与莫桑比克的政治活动和经济重建。

参与戈兰高地维和行动，则是日本自卫队在联合国维和行动框架下实施海外派兵历时最长的一次。

1995年12月9日，日本接到联合国邀请其参与戈兰高地维和行动的正式通知。12月15日，日本政府决定了《戈兰高地国际和平合作业务实施计划》。1996年1月31日，派往戈兰高地的第一批运输队先遣队及司令部成员（由2名自卫队军官组成，但自2009年2月起改为3名）开始出发。1996年2月7日，第一批运输队主力部队开始出发。至2月23日，由43名自卫队队员组成的第一批运输队与加拿大维和部队实行了轮换。1996年5月16—24日，航空自卫队C-130H型运输机一度飞抵以色列，为第一批运输队执行物资运输任务。该运输队主要在以色列、叙利亚、黎巴嫩境内从事日常生活物资运输、仓库物资保管、道路补修等后方支援业务。此后，大约每隔半年轮换一次运输部队成员，至2009年5月底，已经向戈兰高地派出了27批次、约1200人的运输队。同时，每隔一年轮换一次司令部成员，共派遣了14批次的自卫队军官。参与戈兰高地维和行动，日本政府认为："我国不仅在为实现中东和平的国际社会努力过程中具有人力合作的意义，而且在有关国际和平合作活动的人才培育领域也具有意义。"[1]

参与东帝汶维和行动，是日本自卫队自参与联合国维和行动以来海外

---

[1] 防卫省编：『日本の防衛』、2008年版、第236页。

派兵规模最大的一次。

2002年2月4日，日本接到联合国邀请其参与东帝汶维和行动的正式通知。2月15日，日本政府决定了《东帝汶国际和平合作业务实施计划》。2002年3月2日，派往东帝汶的第一批工兵部队先遣队开始出发。至4月25日，由680名自卫队队员组成的第一批工兵部队及装备全部抵达东帝汶。该部队在东帝汶主要承担维修道路、桥梁等后方支援业务。2002年8月5—9日，航空自卫队C-130H型运输机一度飞抵东帝汶，为第一批工兵部队执行物资运输任务。2002年9月，第一批工兵部队与第二批工兵部队（680名）实行了轮换。此后，第二批工兵部队又历经了与第三批工兵部队（522名）之间的轮换。同时，日本还分批次向维和部队司令部派遣了数名自卫队军官从事参谋业务。2004年6月，自卫队在完成了东帝汶维和行动后撤回日本。

参与海地维和行动，是日本政府首次未遵循"参加联合国维和行动5项原则"的规定。

在海地，2004年反政府武装势力活动激烈并导致治安恶化。根据联合国安理会决议，从2004年6月起派遣"联合国海地稳定特派团"（MINUSTAH）维持社会治安等。在2010年1月海地发生地震后，为支援海地的震后重建，2月5日，鸠山内阁决定依据《联合国维持和平行动等合作法案》，计划向海地派遣以陆上自卫队设施部队为主的约350名自卫队员。该部队作为"联合国海地稳定特派团"的成员，承担难民收容设施用地建设以及道路整备等任务。这是自卫队第七次参加PKO活动，也是自1992—1993年间的柬埔寨维和（约600人）、2002—2004年间的东帝汶维和（约690人）以来，又一次大规模的海外派兵。2月6日，由陆上自卫队中央快速反应连队（宇都宫市）组成的第一批部队约160人出发前往海地。此次向海地派遣自卫队，虽然是在交战各方既未达成停战协议也未取得纷争当事方同意的背景下实施的，但由于派遣自卫队带有浓厚的灾害救援色彩，故未在日本国内引发争论。

在2011年7月南苏丹独立后，联合国秘书长潘基文于同年8月请求日本政府派遣工程部队参与维和活动。经过内部磋商，2011年12月，日本政府确定了赴南苏丹参与维和活动的部队派遣规模、任务和携带武器装备等实施计划。

另外，应联合国及尼泊尔政府的邀请，2007年3月27日，日本政府决定向"联合国驻尼泊尔政治使节团"（UNMIN：United Nations Mission in

Nepal)① 派遣军事监督员。3 月 30 日，6 名陆上自卫队军官作为军事监督员前往尼泊尔。此次与以往伴随着维和部队而派出的停战监督员及司令部成员不同，6 名军事监督员是以个人为单位展开活动的，主要在尼泊尔共产党毛派和尼泊尔政府军的兵营中从事武器及士兵管理。2008 年 10 月 3 日，日本政府决定向"联合国驻苏丹政治使节团"（UNMIS：United Nations Mission in Sudan）②派遣军事监督员。10 月 24 日，2 名陆上自卫队军官前往苏丹执行任务。上述海外派兵任务均拓宽了自卫队参与联合国维和活动的领域。

迄今为止，日本派遣自卫队参与联合国维和行动，其职能主要是从事运输等后勤保障任务，且均在限定期限内较好地完成了联合国所赋予的维和任务。从派兵规模来看，亚洲地区是日本参与联合国维和行动的重点地区，这也表明日本政府将亚洲作为其联合国外交的战略支点，重视发展与东盟的合作关系。毋庸置疑，日本积极参与联合国维和行动，既是为了在联合国框架下突破自卫队海外派兵的种种限制，也是为了寻求国际社会对日本争当联合国安理会常任理事国的支持。展望未来，自卫队参与联合国维和行动的业务范围很有可能进一步向维和部队主体业务领域拓展，并更加重视参与在非洲地区的联合国维和行动。

三、自卫队参与人道主义国际救援活动

除参与联合国维和行动以外，根据《联合国维和行动等合作法案》的规定，日本自卫队部队还可参与人道主义国际救援活动。该法案中规定："人道主义国际救援活动"是指依据联合国大会、安理会或经社理事会的决议或是其他国际机构的邀请，为救助因危及国际和平与安全的冲突而遭受或可能遭受灾害的居民及其他人员，或是为实施因冲突而产生的灾后重建，基于人道主义精神而进行的活动。其业务范围包括：1. 包含防疫在内

---

① 2006 年 11 月，尼泊尔政府与尼泊尔共产党毛派签署了包含结束内战等内容在内的一揽子和平协议。随后，应尼泊尔政府的邀请及根据联合国秘书长的建议，2007 年 1 月 24 日，联合国安理会通过第 1740 号决议，决定设立"联合国驻尼泊尔政治使节团"（UNMIN：United Nations Mission in Nepal），协助尼泊尔国内的政治和平进程。

② 2005 年 1 月，苏丹政府与苏丹人民解放运动签署和平协议，据此设立"联合国驻苏丹政治使节团"（UNMIS：United Nations Mission in Sudan），承担援助履行和平协议、停战监督等任务。2008 年 6 月，日本首相福田康夫在与联合国秘书长潘基文会谈后，表明日本将派遣自卫队员作为 UNMIS 司令部要员参与活动。

的医疗；2. 对难民的收容、解救及归还实施援助；3. 对难民的粮食、衣料、医药等生活物资的分配；4. 难民收容设施及装备的设置；5. 对因冲突而造成损害的设施及设备，为重建及整备难民生活上所必需者而采取的措施；6. 对因冲突而导致的污染及其他灾害，为恢复自然环境而采取的措施。从实践中看，自卫队所参与的人道主义国际救援活动，主要是协助联合国难民高级事务署（UNHCR）等国际机构，使用航空自卫队的 C-130H 型运输机向内战中的卢旺达、选举后混乱的东帝汶、阿富汗、伊拉克战争中的灾民运送帐篷、棉被等各类援助物资，并在当地实行医疗救助活动。

卢旺达难民救援活动，是日本自卫队依据"PKO 等合作法案"第一次参与人道主义国际救援活动。

1994 年 9 月 12 日，日本接到联合国难民高级事务署（UNHCR）邀请其参与卢旺达难民救援活动的正式通知。9 月 13 日，日本政府决定了《卢旺达难民救援国际和平合作业务实施计划》。9 月 17 日，航空自卫队空运派遣队的先遣队开始出发。9 月 21 日，陆上自卫队卢旺达难民救援队的先遣队（23 名）开始出发。9 月 23 日，航空自卫队空运派遣队等部队乘 3 架 C-130H 型运输机出发，并于 9 月 26 日全部抵达内罗毕。9 月 30 日，陆上自卫队卢旺达难民救援队主力部队开始出发，至 10 月 27 日约 260 名成员全部抵达卢旺达。在完成救援卢旺达难民等任务后，12 月 25 日，陆上自卫队卢旺达难民救援队全部撤回日本。12 月 28 日，航空自卫队空运派遣队全部撤回日本。

1999 年 11 月 12 日，日本接到联合国难民高级事务署邀请其参与东帝汶难民救援活动的正式通知。11 月 19 日，日本政府决定了《东帝汶难民救援国际和平合作业务实施计划》。11 月 22 日，由航空自卫队组成的东帝汶难民救援空运队的 11 名先遣队员开始出发。11 月 24 日，东帝汶难民救援空运队的 102 名主力部队成员开始出发，并于次日抵达印尼的泗水。从 11 月 29 日起，东帝汶难民救援空运队开始空运业务。该部队除了在印尼的泗水和东帝汶的古邦之间空运约 400 吨援助物资外，还在日本本土与泗水之间空运了补给品。在完成空运业务后，2000 年 2 月 8 日，东帝汶难民救援空运队全部撤回日本。

2001 年 9 月 21 日，日本接到联合国难民高级事务署邀请其参与阿富汗难民救援活动的正式通知。10 月 5 日，日本政府决定了《阿富汗难民救援国际和平合作业务实施计划》。10 月 6 日，由 138 名航空自卫队队员组成的阿富汗难民救援空运队开始出发。10月9日，阿富汗难民救援空运队抵达巴基斯坦首都伊斯坦布尔，在将援助物资交给联合国难民高级事务署后即刻返航。10月12日，阿富汗难民救援空运队全部撤回日本。

2003年3—4月，日本政府派遣由56名队员组成的航空运输部队前往中东地区救助伊拉克战争难民，并为联合国难民高级事务署空运物资；7—8月，日本政府再次派遣由98人组成的航空运输部队前往中东地区救助伊拉克灾民。

第三节　日美同盟框架下日本海外派兵

日美同盟既是日本外交的基轴，也是日本海外派兵的主要框架。冷战后，日美同盟的战略"需求"，为日本自卫队脱离联合国框架而直接参与解决国际纷争提供了新契机。日本政府在强化日美同盟的过程中不断突破政策限制向海外派遣自卫队，且境外实战能力得到提升。可以说强化日美同盟与日本海外派兵是一种相辅相成的互动关系。

一、日美同盟的"再定义"与"周边事态"立法

1991年初爆发的海湾战争，是冷战后日本政府启动海外派兵进程的出发点。在此前的海湾危机阶段，1990年10月，日本政府向国会提交了旨在参与维和行动的"国际和平合作法案"，但因遭到在野党和广大国民的反对而成为废案。当时，尽管日本政府先后向以美国为首的多国部队提供了总额达130亿美元的资金援助，但仍被西方舆论抨击为"纸上盟国""只出钱、不流汗"。美国要求日本做出"人的贡献"的压力，促使日本政府认识到其"军事力量加入到多国部队的战争的努力是极其重要的，……（否则）将面临美国孤立主义攻击的风险，（从而）动摇日本与美国业已达成的相互信赖之国际安全秩序"。[1]受此"刺激"，1991年4月，日本政府做出了"关于向波斯湾派遣扫雷艇"的内阁决议。从5月起，日本向海湾地区派遣的扫雷艇编队与以美国为首的多国部队一起执行扫雷任务，此次行动历时99天。在国内法制尚不健全的情况下，日本强行迈出了冷战后海外派兵（军事演习除外）的第一步。

---

[1] Peter J. Katzenstein, *The Culture of National Security: Norms and Identity in World Politics*, New York: Columbia University Press. c1996, p. 322.

针对20世纪90年代初期日美同盟的"漂流"状态，从20世纪90年代中期起，日美两国政府开始对冷战后日美同盟的重新定位展开新一轮的调整。1995年2月，美国国防部提出《东亚和太平洋地区安全战略报告》，明确了日美安保体制在美国亚太安全战略中所具有的重要意义。与之相呼应，同年11月，日本政府公布的《防卫计划大纲》也强调要进一步强化日美同盟。

在上述背景下，1996年4月，访问日本的美国总统克林顿与日本首相桥本龙太郎共同发表了《日美安全保障联合宣言》。在宣言中，双方重申："以《日本国和美利坚合众国共同合作和安全保障条约》为基础的两国间安全保障方面的关系，将在实现共同安全保障目标的同时，继续成为维持亚太地区面向21世纪的稳定和繁荣形势的基础"，为此将着手修改1978年制定的《日美防卫合作指针》。该宣言以政府间法律文件的形式确认了继续维系与发展日美同盟的必要性，开启了冷战后日美同盟的"再定义"进程。

1996年6月28日，日美两国政府同意重建由安全保障协商委员会领导的防务合作小组委员会，具体负责《日美防卫合作指针》的修改工作。1996年9月19日，日美两国政府在华盛顿举行了安全保障协商委员会会议。参加会议的日方代表是外相池田行彦和防卫厅长官臼井日出男，美方代表是国务卿克里斯托弗和国防部长佩里。在这次会议上，双方都强调了日美同盟是两国密切合作、实现共同安全目标及维护亚太地区稳定与繁荣的最有效框架，具有至关重要的作用。同时，防务小组委员会审议《日美防卫合作指针》的讨论顺利展开，并通过了关于指导方针审议工作的进展报告。

经过一系列的磋商准备工作，1997年9月23日，日美两国政府公布了重新修订后的《日美防卫合作指针》（简称"新指针"）。"新指针"主要由"从平时开始进行的合作""日本遭到武力进攻时的应对行动等""日本周边地区事态对日本的和平与安全造成重大影响时（周边事态）的合作""为在指导方针指导下实施有效防卫合作而进行的日美共同作业"等内容构成。与1978年的指导方针相比，其突出变化就是：双方强化了发生日本"周边事态"时的相互合作，规定了日本对美军行动的"后方地域支援"包括补给、运输、保养、卫生、警备、通信及其他项目。所谓的"后方地域"，"新指针"则明确指出："虽主要在日本的领域内进行，但

第三章　日美同盟与日本海外派兵

也包括与作战地区相截然区分的日本周围的公海及其上空。"①

对此，有的学者认为，"这实际上是进一步打开了自卫队派兵出国的大门。如果说，以前只能在联合国维持和平活动的旗号下跨海出洋，那么，根据'新指针'，自卫队可以在日美联合对付'周边事态'的名义下堂而皇之地在亚太地区的'热点'冲突中登台亮相了。"②

为落实"新指针"所规定的具体内容，1999年5月，日本国会通过了《周边事态法案》《日美相互提供物品及劳务协定修正案》《自卫队法修正案》等"新指针"相关法案，从国内立法的角度为日美同盟的"再定义"完善了法律依据。其中，《周边事态法案》规定了"周边有事"时日本政府应采取的措施及相关程序："政府应迅速而适当地采取后方地域支援、后方地域搜索救助、船舶检查等活动"，以便对美军行动提供"合作与支持"；有关行政机关负责人依据法令可以要求地方公共团体负责人在其授权范围内予以必要的"合作"，并可要求政府之外者予以必要的"合作"；日本政府在采取行动时原则上要"事先"报告国会，但若事态紧急也可先行采取应对措施，只要"事后"获得"国会承认"即可。《日美相互提供物品及劳务协定修正案》则在实施条件中加入了适用于应对周边事态时的日美军事领域合作的条款。《自卫队法修正案》规定自卫队在救援海外日本国民时，除可使用政府专机和自卫队飞机以外，还可动用搭载直升机的护卫舰。

至此，冷战后日美同盟的"再定义"暂告一段落。在此过程中，日本自卫队的海外派兵任务从参与联合国维和行动扩大至介入"周边事态"领域。这不仅意味着自卫队实施海外派兵的途径得以拓展，更是加大了日本卷入战争的危险性。实质上，"周边事态"相关法案赋予了自卫队后方地域支援、后方地域搜索救助与船舶检查三大任务，并可"有限度地使用武器"。众所周知，在现代战争中不仅很难区分"后方"与"前方"，且"后方"往往更是容易遭受打击的重点目标。因此，当日本自卫队追随美军介入"周边事态"时，特别是在搜索救助和船舶检查的过程中，与对方武装势力发生纠纷乃至冲突将是不可避免的。

---

①　朝雲新聞社編集局編著：『防衛ハンドブック』、朝雲新聞社2003年版、第379頁。

②　王少普、吴寄南著：《战后日本防卫研究》，上海：上海人民出版社2003年版，第234页。

二、美国的"反恐战争"与日本海外派兵

"9·11"事件发生后，2001年9月19日，日本首相小泉纯一郎在首相官邸主持召开了"反恐怖对策阁僚会议"，会上决定的"基本方针"认为"与恐怖主义做斗争是我国自身的安全保障问题"，并提出"为了向美军针对恐怖主义采取的措施提供医疗、运输、补给等方面的援助活动，决定尽快采取派遣日本自卫队所需要的措施"。[①] 9月21日，以"调查研究""搜集情报"为名，日本海上自卫队出动10艘驱逐舰，护送美国第七舰队"小鹰"号航母编队离开横须贺港开赴印度洋。

此后，日本搭乘美国的"反恐战车"，多次制定或修改国内相关法律，使其军事力量的存在扩大到印度洋与中东地区。

2001年10月，日本国会相继通过了《反恐特别措施法》《自卫队法修正案》与《海上保安厅法修正案》（简称"反恐三法案"），为配合美军的反恐行动提供法律依据。其中，《反恐特别措施法》规定自卫队在美军的反恐行动中，提供补给、运输物资、医疗救护、设备修理、情报通信、搜索支援、救助难民等支援；《自卫队法修正案》扩大了自卫队在日本国内的治安巡逻范围，包括担负驻日美军设施的警卫在内；《海上保安厅法修正案》扩大了海上保安厅管理周边海域的治安权限，能够对可疑船只进行警告性射击乃至发动船体攻击。

与此前的《联合国维和行动等合作法案》《周边事态法案》等法案相比，上述"反恐三法案"所规定的海外派兵条件实现了多处突破：一是扩大了海外派兵的地理范围。《联合国维和行动等合作法案》规定日本只能向联合国授权进行维和行动的国家与地区派遣自卫队。《周边事态法案》虽然没有从地理上明确规定自卫队的海外活动范围，但根据日本官方的解释基本上是在日本周边公海及西太平洋水域。《反恐特别措施法》则将自卫队的活动范围扩大至"公海及其上空、当事国同意的该国领域"。二是放宽了自卫队在海外使用武器的标准。《联合国维和行动等合作法案》规定自卫队员在保护自己及同僚队员安全时使用武器，而《反恐特别措施法》则规定"为保护自身、同伴和处于自己管辖范围的人员均可使用武器"，使用武器的限度由先前的自身安全放宽到管辖范围内的难民、美军

[①] 中国现代国际关系研究所编：《世界主要国家和地区反恐怖政策与措施》，北京：时事出版社2002年版，第244—245页。

伤员等。三是派遣自卫队不必事前取得国会的认可。《联合国维和行动等合作法案》规定自卫队参与联合国维和行动应得到国会批准，《周边事态法案》规定政府派遣自卫队支援美军行动时原则上应"事先报告"国会，而《反恐特别措施法》则规定首相向自卫队发出命令后20天内取得国会"事后承认"即可。四是扩充了自卫队的防卫合作对象。此前自卫队仅仅是对美军提供支援，而此次则将防卫合作对象扩充至"以美军为首的多国部队"，北约国家也随之被列为支援对象。

根据《反恐特别措施法》的规定，2001年11月9日，日本派遣海上自卫队所属"鞍马"号大型护卫舰、"雾雨"号驱逐舰、"滨名"号补给舰和700名自卫队员开赴印度洋，进行为美军补给燃料的训练和为以后派出的支援舰队"搜集情报和调查研究"。11月25日，日本继续派出海上自卫队所属"十合田"号补给舰、"浦贺"号扫雷舰、"泽雾"号护卫舰和460名自卫队员开赴印度洋和巴基斯坦，加强对美军的支援。与1991年海湾战争后日本派遣扫雷舰队赴海湾地区"替美军打扫战场"相比，此次则是日本政府第一次公开在战时向海外派兵支援美军作战。

另据日本媒体透露，2002年4月10日，日本海上自卫队参谋部官员至横须贺基地拜访美驻海军司令查普森，希望美方"请求"日本政府延长对美国领导的反恐行动提供后勤支持的期限并扩大支援规模，以便让日本军舰继续驻留印度洋半年并增派舰只前往。日方解释提出此种要求的原因是：如果美军对伊拉克开战，日本派遣这些先进装备将非常困难，倒不如在形势平稳之际把战舰派出去，将来开战后便不会出现新问题。①

于是，2002年4月16日，美国政府正式向日本提出了增派"宙斯盾"驱逐舰和P-3C警戒机的要求。同年12月16日，日本海上自卫队最先进的"雾岛"号"宙斯盾"驱逐舰开赴印度洋支援美军行动。

随后，《反恐特别措施法》又相继于2003年、2005年和2006年经日本国会三度延长有效期限，至2007年11月，海上自卫队共向印度洋派遣了59艘次舰艇和约1.1万人次的自卫队员，累计为11个国家的舰船无偿供油794次，供油总量约4.9亿升，供应淡水7000吨，美国军舰是最主要的供油对象。此后，由于2007年参议院选举导致日本国内朝野政党势力对比发生变化，在野党占据参议院多数，《反恐特别措施法》在新的延期未

---

① 王少普、吴寄南著：《战后日本防卫研究》，上海：上海人民出版社2003年版，第390—391页。

能获得国会通过的情况下于 2007 年 11 月 1 日失效，日本政府一度被迫从印度洋撤回自卫队舰艇。2008 年 1 月 16 日，日本众议院以 2/3 以上的多数强行表决通过了新的《补给支援特别措施法》。该法案有效期限为 1 年，删除了有关国会"事后承认"的规定，且对自卫队的活动内容与地域分别限制为"供油、供水"与"包含波斯湾在内的印度洋"。据此，海上自卫队护卫舰"村雨"号于 1 月 24 日驶离横须贺基地，"近江"号于 1 月 25 日驶离佐世保基地，并从 2 月 21 日起重新在印度洋上开始供油活动。此后，《补给支援特别措施法》的有效期限又被延长至 2010 年 1 月 15 日。2009 年 9 月，新成立的鸠山由纪夫内阁已明确表示，不会再延长自卫队在印度洋为美军供油的活动。这既与鸠山内阁调整对外战略调整有关，也由于海上自卫队舰艇在印度洋地区的供油次数日趋减少。海上自卫队的供油活动已经从高峰期的每月 20 次以上降至 2009 年的每月平均 5 次左右。直 2010 年 1 月 15 日，日本海上自卫队在印度洋地区实施补给活动可参考下表。

表 3-2　海上自卫队印度洋补给活动

	舰船用燃料	直升机用燃料	水
《反恐特别措施法》（2001 年 12 月—2007 年 10 月）	794 次，约 49 万千升，约 224 亿日元	67 次，约 990 千升，约 5800 万日元	128 次，约 6930 吨，约 768 万日元
《补给支援特别措施法》（2008 年 2 月—2010 年 1 月）	145 次，约 2.7 千升，约 20 亿日元	18 次，约 210 千升，约 1600 万日元	67 次，约 4200 吨，约 420 万日元

资料来源：『インド洋海自撤収』、載『読売新聞』2010 年 1 月 16 日。

与此同时，在伊拉克战争结束后，为支援美国主导下的伊拉克重建活动，2003 年 7 月，日本国会通过了《支援伊拉克重建特别措施法》。该法案是一项为期 4 年的法律，规定日本政府将派出约 1000 人规模的自卫队部队在伊拉克及其周边国家向美军等提供后勤支援，并明确授权日本自卫队员在遭受袭击时予以武力还击。尽管该法案指出自卫队的活动区域是"不发生战斗的地区"，但因伊拉克境内的袭击美军事件一直未断，这实际上意味着日本首次在联合国维和行动框架外将自卫队派往战争尚未完全结束的地区执行任务，与此前自卫队在阿富汗战场外围的印度洋上对美军实施支援截然不同。因此，早在该法案还处于拟议阶段的 6 月，正在日本访问的美国副国务卿阿米蒂奇就表明了欢迎态度："1991 年海湾战争时，日本作为看客坐在观众席上，此次将第一次进入场内参加球赛。"①

2004 年 1 月 9 日，日本政府正式下达了向伊拉克派兵的命令。1 月 16 日，日本政府派往伊拉克南部地区的陆上自卫队先遣队开始出发了。同年 3 月，航空自卫队正式展开空中运输活动。对此，日本舆论认为"日本的安全政策因向伊拉克派遣陆上自卫队而迎来转折"，"在 1954 年创设自卫队时根本就无法想象陆上自卫队会去执行这样的任务，这个蜕变是借'9·11'后在反恐战争中支援美国而实现的"。② 无论如何，日本政府不顾自卫队在伊拉克国内遭到袭击的危险，坚持向伊派兵，绝非仅仅为了日美两国的同盟利益，它更多地反映了日本执政当局争当军事大国的决心。2004 年 12 月，日本国会又通过了《支援伊拉克重建特别措施法修正案》，延长了自卫队在伊拉克的驻扎期限。

截至 2008 年 11 月，根据日本媒体的统计，自卫队在伊拉克实施人道主义支援活动，如表 3-3 所示：

表 3-3　自卫队在伊拉克实施的人道主义支援活动

陆上自卫队	医疗	在综合医院等 4 家医院进行诊疗与医疗技术指导。整备简易诊所 29 个
	供水	净化运河的用水并输送至给水车，供水数额约 53500 吨。整备净水场
	公共设施	补修学校 36 所，补修道路 31 处，补修体育馆及养护设施等 66 处
航空自卫队		实施运输医疗器材、多国部队的人员与物资、联合国的人员与物资等活动，运输次数达 810 次，运送人员计 4.58 万人、运输物资重量计约 671 吨（截至 2008 年 11 月 26 日）

资料来源：『月刊新聞ダイジェスト』2009 年 6 月号、第 15 頁。

在 2006 年 5 月伊拉克政府成立后，7 月，陆上自卫队撤出伊拉克南部地区。此后直至 2008 年 12 月，日本航空自卫队才撤出伊拉克。

---

① 苏海河：《日本海外派兵门槛越削越低》，载《中国青年报》2003 年 6 月 11 日。

② 『日本経済新聞』2004 年 1 月 10 日。

另外，为响应美国的要求并援助阿富汗重建，2010年10月，日本政府计划于年内向阿富汗派遣自卫队医生和护士等约10名医务人员。日本政府此次派遣人员将不会隶属于以美军为核心的驻阿富汗国际安全援助部队（ISAF），也不会为此制定新法案或对现行法律提出修改，而将根据《防卫省设置法》中规定的"教育培训"名义进行派遣，为此正在与内阁法制局进行协调。

三、联合军演与日本自卫队境外实战能力的提升

早在20世纪90年代末期，中国学者即指出日美联合军事演习的特点之一便是"范围扩展，规模扩大"，"日美联合军事演习的地点已不仅限于日本列岛，日本自卫队经常到位于美国本土的军事基地进行演习"。[①] 毫无疑问，一系列联合军事演习的举行，促使日本自卫队的活动范围呈海外化趋势，这从自卫队参与其中的联合军事演习的概况中可以得到印证。

第一，日本自卫队沿袭冷战时期形成的惯例，开赴美国并参与其中的联合军事演习主要包括：

环太平洋联合演习：始于1971年，每两年举行1次。例如，1992年6月19日—8月24日，由日本、美国、加拿大、澳大利亚、韩国5国军队联合实施的第13次演习在美国夏威夷和中部太平洋海域举行，日本海上自卫队在演习中重点演练了反水面战、反潜搜索攻击战、防空战、电子战、潜艇对抗战等；2004年6月29日—7月27日，日本自卫队赴美参加了美国、澳大利亚、韩国、加拿大、英国等8国海军在夏威夷附近海域举行的环太平洋联合演习。

其中，2002年6月24日—7月22日，美国、日本、韩国、法国、英国、澳大利亚、加拿大、智利、秘鲁9个国家的海军在美国夏威夷附近海域举行代号为"环太平洋2002"海上联合演习。日本海上自卫队派出5艘舰船（导弹驱逐舰4艘、潜艇1艘）、8架P-3C飞机和1100余人参加演习，并实施了所有科目的演练。在为期一周的以制止地区冲突和恐怖袭击为背景的演习中，日美双方对各自的任务相互进行了调整。日本海上自卫队舰艇和美海军舰艇编成一个联合舰队，由海上自卫队实施战术统一指挥。这是日本海上自卫队参加"环太平洋"联合演习以来首次正式指挥美国参演的部分舰艇，其意义非同寻常。在对空目标拦截演习中，日本3艘

[①] 杨运忠：《日本的周边军事外交》，载《日本学刊》1998年第5期，第37页。

"宙斯盾"导弹驱逐舰共发射6枚"标准2"防空导弹,击中了来袭导弹。

日美陆军联合方面军级指挥所演习:始于1981年,从1982年起每年举行2次。根据日美双方协定,代号为偶数的演习在美国举行,代号为奇数的演习在日本举行。其中,1994年5月11—20日,第26次演习在美国夏威夷州德鲁西堡举行,目的在于演练日美联合采取作战行动时方面军级以下单位的调整要领;2004年7月13—21日,第46次演习在美国夏威夷州希卡姆空军基地举行,目的在于演练日美实施联合作战时各自的指挥参谋活动。

日美海军联合指挥所演习:始于1988年,每年在美国罗得岛州新港美海军大学举行1次,目的在于利用美国海军大学的图演装置,演练日美海军为了保卫日本而进行海上各种联合作战时的应对能力和指挥参谋活动。其中,1993年3月15—25日,举行了第5次演习;2004年3月15—25日,举行了第16次演习。

第二,日本自卫队在冷战后又有所突破,开赴美国新近加入或转为在美国举行的联合军事演习主要包括:

"对抗雷"多国联合演习:由美国空军在阿拉斯加州艾尔森空军基地、埃尔门多夫空军基地及周边空域主持举行,日本航空自卫队自1996年以来连续参加。例如,2004年7月15—30日,日本航空自卫队派遣6架F-15战斗机、1架E-767预警指挥机、约200人参加演习,演习科目包括日美联合防空作战、基地防空、战术运输等。并且,日本航空自卫队F-15战斗机从日本飞往阿拉斯加的约5400千米行程中,在太平洋上空接受了美空军KC-135空中加油机为其加油。

日美空军"对抗北"联合演习:该演习始于1978年,但自1999年以来先后数次在美国关岛安德森空军基地及其周边空域举行。其中,1999年6月21—25日,"对抗北—关岛1999"联合军事演习在上述地域举行,日本方面的参演部队包括航空自卫队第7战斗航空团(6架F-15J战斗机)、警戒航空队(2架E-2C型预警机),目的在于提高两国空军的空中作战能力和应付各种突发事件能力;2001年6月11—22日,"对抗北—关岛2001"联合军事演习又在上述地域举行,且日本航空自卫队首次派出了E-767大型预警指挥机参加。

第三,日美两国还不定期、非惯例地在美国本土或日本以外的其他地区举行各种联合军事演习。

例如,仅在2006年一年里,此类演习主要包括:2006年1月9—29

日，日本陆上自卫队125名队员在美国加州彭德尔顿基地与美国海军陆战队进行新概念"超地平线两栖登陆作战"演习，抛弃一个多世纪来乘登陆艇强攻海滩的惯例，模拟通过直升机空降强攻，或在不设防海滩登陆后乘车袭击敌人。2006年1月9—27日，日美两国在美国加利福尼亚州圣迭戈郊外的训练设施内进行代号为"铁拳"的"夺岛联合军事演习"。演习的内容是假想日本九州近海的孤岛被"敌人"侵占，陆上自卫队特种部队与美国海军陆战队员一起，利用橡皮艇和冲锋舟在夜间潜入岛上，与"敌人"激烈战斗，最终夺取岛屿。参加演习的是日本陆上自卫队西部方面军普通科连队的一个中队，该中队2002年被整编为应对游击队攻击岛屿的特种部队。2006年11月9—16日，日美两国在日本海举行了为期约一周的代号为"18G"的海空联合军事演习，包括美国"小鹰"号航母和日本主力战舰"金刚"导弹驱逐舰、"白根"级驱逐舰在内的102艘两国海军战舰参加了此次演习，总共参演兵力超过了1万人。

特别是近年来，"夺岛演习"成为日美联合军演的重点科目。例如，2012年8月21—9月26日，日本陆上自卫队与美国海军陆战队第三远征军（驻冲绳）举行岛屿防卫联合军演，演习区域包括从冲绳至马里亚纳群岛天宁岛的海域。在这次演习过程中，40名日本陆上自卫队西部方面队队员，来到距离冲绳县约2000千米的西太平洋的天宁岛和关岛，与美国海军陆战队队员一起利用直升机、登陆舰、橡皮艇等进行登陆训练。2013年1月23日，日本自卫队与美国海军陆战队在美国西海岸举行代号为"铁拳"作战的演习，有280名日本自卫队员参加。该演习由美国海军陆战队出动最新型"鱼鹰"运输机运送日本自卫队员和战车登陆小岛，然后由登岛的日本自卫队指引美军导弹和战机对岛上"敌方"实施攻击。2013年6月10—16日，自卫队和美军在美国加利福尼亚州实施代号为"黎明闪电"的夺岛联合军演。这是陆海空三自卫队首次和美军在海外开展整体训练。此次演习不同寻常地演练了美军"鱼鹰"运输机首次在日本准航母"日向"号上起降与纳入舰内机库，凸显了日美夺岛作战紧密化、一体化进程的加快。日本政府表示，此次联合军演旨在强化《防卫计划大纲》中"加强西南诸岛防卫力量"这一方针。随着中日钓鱼岛争端日益激化，日本自卫队加快夺岛性质的针对训练。

第四，对于有美军介入其中的、且在日美两国本土以外其他地区举行的各种多国联合军事演习，日本自卫队也都是积极参与。

此类演习部分举例如下：2000年10月2—14日，日本、美国、韩国、新加坡海军首次联合潜艇救难演习在新加坡东北约 370 千米的海域举行，代号为"太平洋区域 2000"，此次日本海上自卫队派出第二潜艇队群参加演习。2001 年 6 月 11—22 日，由美国、日本等 16 个国家参加的"西太平洋扫雷演习 2001"首次在西太平洋地区举行，日本海上自卫队派遣 230 名队员参加。2005 年 5 月 2—13 日，日本自卫队派遣 20 名队员参加了在泰国举行的美泰"金眼镜蛇 2005"联合军事演习。这是日本政府第一次派地面部队参加多国联合军事演习。2005 年 8 月 15—19 日，美、日两国共同参加了由新加坡主办的代号"纵深军刀"的年度"防扩散安全计划"海上拦截演习。这是日本自卫队首次参加在南海海域举行的联合军演，派出的海上自卫队分遣队包括 340 名武装人员、5200 吨的"白根"护卫舰、两架 P－3C 反潜巡逻机以及两架直升机。2006 年 6 月 6 日起，美、日两国共同参加了在南中国海马来西亚沿岸举行的为期 12 天的扫雷联合军事演习，共有 21 国参加，以提高打击海上恐怖主义的能力。此次，日本海上自卫队派出了"丰后"号扫雷母舰及"八丈"号扫雷艇、"相岛"号扫雷艇。2010 年 10 月 14 日，韩国、美国、日本、澳大利亚四国在韩国釜山附近海域举行了防扩散海上拦截联合演习。日本自卫队派出 2 艘驱逐舰以及 P－3C 巡逻机等参加。2012 年 3—4 月，日本自卫队首次参加美菲"肩并肩"联合军事演习，另有澳大利亚、韩国、越南和新加坡等多个亚太国家也加入其中。其中，日本防卫省派出两名校级军官参加了模拟应对大地震的桌面演习。[1]

需要指出的是，与日美联合军事演习相关联，日本自卫队活动范围的海外化趋势，其实质是提升了日本自卫队的境外实战能力。为此，2011 年 2 月 8 日，美军参谋长联席会议主席马伦海军上将正式签发了新版《国家军事战略报告》，提出"协助（日本）自卫队提升境外行动的能力"。

为了不断提高训练水平，日本自卫队开赴美国进行培训的次数与规模也不断扩大。例如，随着日本陆上自卫队坦克部队和反坦克部队的装备现代化，为了解决反坦克部队在国内演习场无法进行最大射程射击训练的问题，1992 年，日本陆上自卫队首次派遣 AH－1S 反坦克直升机赴美训练，并于 1994 年起反坦克部队赴美训练的模式基本固定。其中，2004 年 9 月

---

[1] 美国与菲律宾自 2000 年起每年举行一次"肩并肩"联合军演，演习科目相当广泛，不仅包括陆海空军的战术训练及相互间的协同，还有人道救援、维和行动等内容。《日自卫队首次参加美菲军演》，载《环球时报》2012 年 3 月 5 日。

13—21日，日本陆上自卫队在美国华盛顿州亚基马演习场实施2004年度赴美实弹射击训练，参训人员约280名，装备有79式反坦克反登陆舰导弹装置4套、90式坦克4辆、AH-1S反坦克直升机4架、MLRS多管火箭发射装置3座，训练目的在于通过在美国演习场实施的实弹射击训练和联合射击训练，将陆上自卫队现有武器等性能发挥到最大限度，并将其有组织地加以运用。2007年6月16—22日，日美"对抗北"联合演习在关岛安德森空军基地举行，与以往不同的是，日本自卫队最先进的F-2战斗机首度跨越国境，并且自二战结束以来首次实施境外实弹轰炸，美军也"破例"允许它使用北马利安纳群岛的默迪尼拉岛靶场。2012年4月，据媒体报道，为了便于实施日美联合训练，日本自卫队还计划在美国自治领土北马里亚纳群岛的提尼安岛上设立驻留基地。①

联合军演也是美国力图加强在亚太地区的军事存在、巩固同盟体系的重要手段。为了适应形势变化，美军不断改良联合军演的内容科目。例如，作为世界上最大规模多国海上联合演习的"环太平洋"系列军演，在2000年的演习中首次举行了人道主义救援演习；2002年的演习中反恐作战被列为重要科目，占演习时间的1/4。但是，不管美军如何改良演习内容，"环太平洋"系列联合军演是美国联合日本等盟国干预地区冲突的实兵演练本质没有任何变化。

这样，在日美同盟的框架下，从联合国维和到"周边事态"，从反恐到联合军演，日本自卫队在各领域内向海外派兵的规模与频率均得到大幅提升，不仅彰显了自卫队的海外军事存在，还提升了自卫队的境外实战能力。对于日美同盟而言，这为日美军事合作从"纸面"协议走向实质动作、联合应对"周边有事"奠定了基础。

第四节 多样化任务与日本海外派兵

冷战后，从参与联合国维和行动、灾害救援、"人类安全保障"②，直

---

① 《日自卫队将首次在美设基地》，载《参考消息》2012年4月19日。
② 在日本，所谓"人类安全保障"，是指在经济全球化趋势下，加强个人安全保护措施，防止人类的生存、生活、尊严受到武装冲突、难民问题、传染病、突发的经济危机等威胁的一种安全观。

第三章 日美同盟与日本海外派兵

至应对"新型威胁和多种事态"①，由于日本自卫队拥有"自我完善能力、特殊的技能和自我保护能力"，其承担的任务持续扩大且趋于多样化。在联合国与日美同盟的框架之外，自卫队在海外进行活动的政策领域将不断得到拓宽。

一、国际紧急援助队与日本海外派兵

在日本，所谓的"国际紧急援助队"，是指在海外发生地震、洪水、台风等大规模灾害的情况下，应受灾国政府及国际机构的邀请，日本政府派遣的援助队。自1987年9月《国际紧急援助队派遣法》施行以来，援助队主要承担了救助、医疗、灾后重建等任务，其队员由消防厅、警察厅、海上保安厅、厚生省等所属职员以及民间人士构成。至1992年6月，共计向海外派遣了20个援助队，每个援助队的规模为10—20人，派遣约2周时间。

冷战后，以海湾战争为发端，在日本政界探讨如何为国际社会做"贡献"的过程中，出现了主张修改《国际紧急援助队派遣法》的动向。例如，1991年3月5日，社会党委员长土井多贺子提议修改《国际紧急援助队派遣法》，主张将"战争灾害复兴活动"追加为国际紧急援助队的任务，以此作为一种紧急措施来应对海湾地区的战后复兴。② 1991年5月14日，中山外相又指出如果利用自卫队就能够顺利地实施国际紧急援助活动，也表明了修改《国际紧急援助队派遣法》的意向。③

在此背景下，日本国会同时展开了《联合国维和行动等合作法案》与《国际紧急援助队派遣法修正案》的立法进程。结果，1992年6月15日，日本国会在通过《联合国维和行动等合作法案》的同时，也通过了《国际紧急援助队派遣法修正案》。根据该修正案，日本防卫厅长官在与外相磋商的基础上，可派遣自卫队参与国际紧急援助活动以及向海外运输参与活动的人员或器材。

在《国际紧急援助队派遣法修正案》的框架下，近年来，日本先后派遣自卫队赴海外实施物资运输、医疗防疫、搜索救援等活动，对象国包括

---

① "新型威胁和多种事态"，是指"在国家间相互依存关系进一步发展及全球化的背景下，应付包括大规模杀伤性武器和弹道导弹的进一步扩散、国际恐怖组织活动等在内的新的威胁以及影响和平与安全的多种事态"。
② 『月刊新聞ダイジェスト』1991年5月号、第19頁。
③ 『月刊新聞ダイジェスト』1991年7月号、第18頁。

洪都拉斯、土耳其、印度、伊朗、泰国、印度尼西亚、俄罗斯、巴基斯坦等国在内。

其中，1998年11月13日—12月9日，日本政府派遣由80名医疗队员与105名航空运输队员组成的自卫队部队，作为国际紧急援助队，前往洪都拉斯共和国实施飓风救灾活动。这是冷战后日本首次派遣自卫队员作为国际紧急援助队成员前往海外。1999年9月23日—11月22日，日本政府派遣由"大隅"号运输舰、"丰后"号扫雷母舰、"常磐"号补给舰与426名队员组成的自卫队部队，作为国际紧急援助队，前往土耳其实施地震救灾活动。2001年2月5—11日，日本政府派遣由16名物资援助队员与78名航空运输队员组成的自卫队部队，作为国际紧急援助队，前往印度实施地震救灾活动。2003年12月30日—2004年1月6日，日本政府派遣由31名航空运输队员组成的自卫队部队，作为国际紧急援助队，前往伊朗实施地震救灾活动。2004年12月28日—2005年1月1日，日本政府派遣由"雾岛"号驱逐舰、"高波"号驱逐舰、"榛名"号补给舰与590名队员组成的自卫队部队，作为国际紧急援助队，前往泰国周边海域实施地震海啸救灾活动。需要指出的是，这支部队是在完成印度洋海上供油派遣任务后的归国途中承接新任务的。2005年1月12日—3月23日，日本政府派遣由"国东"号运输舰、"鞍马"号驱逐舰、"常磐"号补给舰与约925名队员组成的自卫队部队，作为国际紧急援助队，前往印度尼西亚周边海域实施地震海啸救灾活动。2005年8月5—10日，日本政府派遣由4艘舰艇与346名队员组成的自卫队部队，作为国际紧急援助队，前往俄罗斯勘察加半岛周边海域，试图实施潜艇救难活动。但由于俄罗斯遇难潜艇在日本自卫队抵达之前已经得到英国海军等的救助，故该支部队未实施救助活动即回国。2005年10月12日—12月2日，日本政府派遣由147名航空援助队员（以陆上自卫队北部方面队第五旅团为骨干）与114名航空运输队员组成的自卫队部队，作为国际紧急援助队，前往巴基斯坦实施地震救灾活动。2006年6月1—22日，日本政府派遣由149名医疗援助队员与85名航空运输队员组成的自卫队部队，作为国际紧急援助队，前往印度尼西亚实施地震救灾活动。2010年8月19日，菅内阁决定派遣由陆上自卫队直升机部队组成的国际紧急援助队，前往遭受洪灾的巴基斯坦实施救援活动。

在对外实施紧急援助的过程中，自卫队的行动范围也日趋扩大。例如，2013年11月，日本国会表决通过了关于自卫队可以陆路运送在海外遭遇紧急事态的《自卫队法修正案》。根据这一修正案，在海外发生紧急事态时，自卫队可以利用车辆陆路运送日本人，运送对象除"需要保护"的日本人和外国人外，还增加了"家属及其他有关人员"，运送条件是"可以安全运送的情况"。现行自卫队法规定，在海外发生紧急事态时，自卫队可以利用飞机和船舶运送日本人，运送对象是"需要保护"的日本人和外国人。同月，日本政府还决定取消关于自卫队人员在执行海外行动时可以携带哪些类型武器的限制性规定。根据1999年批准的现行条例，自卫队人员被允许随身携带威力有限的武器，如机枪和步枪等。新条例则没有具体规定自卫队人员可以携带的武装类型，而是表明他们可以携带对于保证安全而言"必要和适当"的武器装备。新条例实际上将允许自卫队在遇到恐怖袭击的时候使用无后坐力炮。[1] 根据上述修改，2015年2月15日，代号"金色眼镜蛇"的东南亚最大规模联合军事演习正在泰国举行，日本自卫队进行了假想发生意外事件和灾害后从陆路运输日本人的演习项目。

面对重大灾害实施国际紧急援助，既是各国综合实力的比较，也是各国树立公共形象的良机。与法案修改前相比，尽管日本派遣国际紧急援助队的活动范围仍然集中在自然灾害救助领域，但其派遣规模明显扩大了，这与日本的国家战略利益追求及自卫队的积极参与密切相关。从军事角度看，对于自卫队而言，每一次国际紧急援助活动的实施都是一次远程快速反应能力的训练。其中，2005年初，日本派遣自卫队部队前往印度尼西亚周边海域实施地震海啸救灾活动，不仅规模大、历时长，还是陆上、海上、航空自卫队首次同时开赴海外实施紧急援助活动。另据日本媒体报道称，防卫厅确立了在此次紧急援助活动中对陆海空三军的部队指挥和命令系统实施"统一运用"的方针，以便为将来设立"统合幕僚监部"积累经验。[2] 从中可以看出，派遣自卫队参与国际紧急援助队，除有利于提高对受灾国的援助效益以外，也"附带"着实现了日本政府的诸多战略意图。对此，日本媒体曾指出，派遣军队救灾含有多重目的：首先，在发生大规模灾害时，需要防止当地出现不稳定因素，并消除新的安全隐患于未然。同时，通过救援还可提高本国形象，这是一种长期性、战略性的意图。其次，可以加深与包括盟国在内的诸多国家的军事合作关系。最后，第三，此类任务还蕴含有情报目的。"以人道主义援助为名向外国投送部队，不

---

[1] 《日自卫队赴海外将可携带任何武器》，载《参考消息》2013年11月30日。
[2] 『読売新聞』2004年1月5日。

仅可以避免国际社会的警惕，还可以提高本国军队远程投送力量的能力。"在东日本大地震中，美国军队投入了 2 万兵力、20 艘舰艇和 160 架飞机。实际上，这是另一种形式的作战。"①

值得指出的是，即使是以国际紧急援助队的方式实施海外派兵，日本政府也未能摆脱日美同盟框架的制约。例如，2010 年 8 月 19 日，关于政府派遣自卫队前往巴基斯坦实施救援的决策背景，外相冈田克也证实：除受到巴基斯坦政府的邀请以外，美国方面也非公开地发出了"日本难道不也能有所作为吗？"的邀请。②

二、防卫交流与日本海外派兵

国家间防卫交流的形式多种多样，既有军方高层互访，也有双边或多边的安全事务对话；既有军事技术的交流与合作，也有联合军事演习和舰艇互访。其中，冷战后日本在防卫交流领域的海外派兵，主要体现为联合军事演习和舰艇互访。防卫交流作为军事外交的组成部分，是日本政府推动军事活动国际化的手段之一。毋庸置疑，日美同盟仍是日本对外实施防卫交流的基础，鉴于日美联合军演框架下的日本海外派兵问题在前面已有所论述，在此不再赘述。与冷战时期不同，冷战后日本防卫交流颇为活跃，并更多地体现为针对中国、俄罗斯、韩国、东南亚及南太平洋地区国家展开的活动。

在中日关系中，防卫交流滞后于两国在政治、外交、经济、文化等领域的交流。以 1995 年 2 月日本自卫队幕僚长联席会议主席西元彻也访华为发端，冷战后中日两国间的高层防务官员交往得以恢复。此后，中日两国间的防卫交流在 20 世纪 90 年代后期保持了良好的发展势头。为纪念中日两国邦交正常化 30 周年，中日双方曾约定在 2002 年实现军舰互访，但该计划因 2002 年 4 月日本首相小泉纯一郎参拜靖国神社而中断。直至 2006 年 11 月安倍首相访华之后，随着中日两国政治关系的逐步恢复，防卫交流也重新提上议事日程。2007 年 11 月，中国海军"深圳"号驱逐舰访问了日本。作为回访，2008 年 6 月 24—28 日，日本海上自卫队高波级"涟"

---

① ［日］《各国军队人道主义活动积极但目的多样》，载《日本经济新闻》2012 年 2 月 20 日。转载自《各国军队人道救援隐含复杂目的》，载《参考消息》2012 年 2 月 24 日。

② 『パキスタンへのヘリ部隊派遣、防衛相が準備指示』，http://www.yomiuri.co.jp/politics/news/20100819 - OYT1T00935.htm。

号驱逐舰访问了中国湛江军港。这是二战结束后日本军舰首次出现在中国港口。2008年6月28日,"涟"号驱逐舰在返程的当天还与中国海军舰艇进行了以通信联络和编队运动为主要内容的联合海上演习。2010年12月,日本海上自卫队护卫舰"雾雨"号驶入中国海军北海舰队的基地青岛港停靠。①

在日俄关系中,冷战后日俄两国间军事对峙基本消除,为彼此间的防卫交流营造了氛围。从20世纪90年代中期起,日俄两国高层防卫官员之间互访频繁。1996年4月,日本防卫厅长官臼井首次访问俄罗斯,并同俄方达成了有关加强军事互信的协议,内容包括舰艇互访等。根据这一协议,1996年7月,日本海上自卫队"鞍马"号驱逐舰赴俄罗斯海参崴参加了俄罗斯海军创建300周年的庆典仪式,这是自1971年以来日本军舰首次访问俄罗斯。从1998年起,日俄两国海军举行联合搜救训练。2003年8月25日,日本海上自卫队参加了俄军在远东地区的纳霍德卡海面举行的海上军事演习,这是日本海上自卫队首次和俄罗斯举行联合军事演习。2005年,海上自卫队舰艇访问俄罗斯,实施第七次日俄联合搜救训练。

在日韩关系中,拓展与美国盟友韩国之间的防务交流,是日本政府支持美国亚太同盟体系、增强对朝鲜半岛局势影响力的举措之一。1995年2月,日本自卫队幕僚长联席会议主席西元彻也在访华后赴韩国访问。同年9月,日本防卫厅长官卫藤征士郎访问韩国,决定加强两国间的防务交流。1996年9月,日本自卫队两艘军舰抵达韩国的釜山港,这是日本军舰自二战结束以来首次访问韩国。1997年4月,日本防卫厅长官久间章生访问韩国,双方决定进一步加强在军舰互访、联合军事训练等领域的防务交流活动。1998年,日本和韩国在日本九州岛与韩国济州岛之间的海面上举行了首次联合军事演习。2002年,日韩两国再次举行了海上军事演习。2007年9月,海上自卫队实习舰队访问韩国。2008年10月,日本海上自卫队的舰艇参加了在韩国举行的国际海上阅兵式。

同时,日本的防务交流对象还伸展至东南亚、南太平洋等广大地区,并在此过程中实现了海外派兵。例如,2000年10月14日,日本、印度、韩国、新加坡等国海军在南海举行了名为"2000年远征太平洋"的联合演习。同年11月8日,印度和日本在印度东海岸港口城市马德拉斯附近的公

---

① 从1957年开始,日本海上自卫队每年都会按照计划举行远洋航海训练。此次停靠青岛港是日本海上自卫队舰只在执行任务途中首次以补给为目的在中国港口停靠。

海上举行了两国历史上首次海军联合反海盗演习。日本海上自卫队派出 1 艘舰艇参加，印度海军投入演习的力量包括 3 艘舰艇、1 架水上飞机和 1 架直升机。此次演习的主要内容是双方舰艇和飞机协同在公海上拦截 1 艘被"武装海盗"劫持的商船并将"海盗"制服。此外，2006 年，日本海上自卫队 P-3C 巡逻机访问澳大利亚，参加西太平洋海域扫雷训练。2008 年 7—8 月，日本派遣 1 艘护卫舰参加由澳大利亚主办的多国联合海上训练。

在强化日美同盟的基础上，积极与其他国家开展防卫交流，既是冷战后日本政府调整防卫战略的外在表现，也是其实现政治军事大国目标的内在要求。此种防卫交流不仅可以改善双边关系、增强政治互信，而且还可以掌握周边军情、扩展活动空间。

三、反海盗与海外基地建设

对于大部分资源和能源依赖从海外进口的日本而言，确保海上交通线的安全一直是其面临的重要课题。2008 年以来，频繁发生的索马里海盗的不法行为，严重影响到了海上交通线的安全。2008 年 12 月 16 日，联合国安理会通过了第 1851 号决议，授权有关国家和国际组织向索马里海域派遣军队打击海盗。如何应对来自非国家行为主体（海盗组织）的威胁，成为日本自卫队面临的新任务。

2009 年 3 月 14 日，根据防卫大臣浜田靖一的命令，海上自卫队的"涟"号和"五月雨"号 2 艘驱逐舰启程开赴索马里海域，为日本商船提供护航。这是二战后日本海上自卫队舰艇首次担负海上护航和警备行动。2009 年 5 月 15 日，防卫大臣滨田靖一又下令向索马里海域派遣 2 架 P-3C 巡逻机和一支约 150 人的部队。这支部队以索马里邻国吉布提的吉布提国际机场为活动据点，其成员包括约 100 名海上自卫队队员与约 50 名陆上自卫队队员，分别负责对海盗进行预警监视和在机场据点进行安全警戒。5 月 28 日，2 架 P-3C 巡逻机从日本神奈川县的厚木基地起飞前往吉布提共和国参加护船任务。这是日本首次向海外派遣 P-3C 巡逻机执行实际任务。至此，日本陆上、海上、航空自卫队齐聚东非地区，由 2 艘驱逐舰与 2 架 P-3C 巡逻机共同在索马里海域实施护卫警戒活动，形成陆海空相互支援、武器配备较为完善的海外作战体系。

初期，日本政府派遣海上自卫队舰艇出海护航的法律依据是《自卫队法》中有关"海上警备行动"条款。"海上警备行动"条款规定的活动范围为日本领海及其周边海域，自卫队所能采取的"行动"限于保护悬挂日本国旗、搭载日籍人员或由日本公司运行的船只，且只能在"正当防卫"和"紧急避难"的情况下使用武器。显然，日本政府派兵前往索马里海域打击海盗，有对该条款"过度"解释之嫌。

为了向海外派遣自卫队实施打击海盗行动提供法律依据，2009年4月，日本众议院通过了《应对海盗法》。但该法案遭到由在野党势力控制的参议院否决后，2009年6月19日，日本众议院再次以2/3以上的多数强行表决通过了该法案。

根据《应对海盗法》的规定，当日本防卫大臣认为海盗威胁超出海上保安厅的应对能力时，可在获得首相认可后下令向海外派遣自卫队，且日本政府只需在派兵后或打击海盗任务结束后向国会报告；自卫队舰艇的护航对象扩大至与日本无关的外国商船，并可对"不听从命令"的海盗船只展开追击和歼灭。显然，与其他法案相比，有关自卫队在海外使用武器的基准放宽了。

关于"海上警备行动"条款与《应对海盗法》的相关内容比较，参见表3-4所示。①

表3-4 "海上警备行动"条款与《应对海盗法》条款比较

法案内容		"海上警备行动"条款	《应对海盗法》
保护对象	关联日本的船舶	○	○
	与日本无关的外国船舶	×	○
武器使用	警告射击	○	○
	正当防卫、紧急避难的船体射击	○	○
	制止海盗行为的船体射击	×	○
国会报告		△	○

△："海上警备行动"条款本身未规定向国会报告的义务，但日本政府采取了向国会报告的方针。

2009年6月19日，就在日本国会通过《应对海盗法》的当天，防卫大臣滨田靖一发布命令，要求自卫队准备向索马里附近海域派遣第二批舰队。7月6日，由"天雾"号驱逐舰和"村雨"号驱逐舰组成的第二批海

---

① 『月刊新聞ダイジェスト』2009年5月号、第47页。

上自卫队舰队开赴索马里海域，以接替同年3月派遣的第一批舰队。2009年10月13日，由"高波"号驱逐舰和"滨雾"号驱逐舰组成的第三批海上自卫队舰队又从横须贺基地出发，以便接替第二批舰队。2010年7月16日，日本政府召开安全保障会议和内阁会议，决定将本月23日到期的海上自卫队在索马里附近海域打击海盗活动期限延长一年。内阁会议后，日本防卫大臣北泽俊美向海上自卫队下达了命令，海上自卫队舰艇将继续在索马里附近海域开展打击海盗活动。9月9日，防卫省统合幕僚长折木良一表示，从10月起海上自卫队在索马里海域的商船护航海域，由此前的东西约900千米护航海域再向东扩展约200千米。由于自2009年以来亚丁湾东部海盗出没增多，此举是为了满足日本船主协会等提出的扩大护航海域的要求。

与此同时，根据《应对海盗法》，日本政府决定自2010年起在吉布提着手建设打击索马里海盗的军事基地。这成为战后其在海外建设的首个军事基地。此前，驻扎在吉布提执行打击海盗任务的日本陆上自卫队和海上自卫队住在一个机场附近的美军宿舍，美国也要求日本建立自己的基地以便采取全方位的行动。①

日本自卫队在吉布提修建军事基地，表面上是打击海盗，实际上是为了强化日本在该地区的影响力。日本防卫大学教授、军事评论家森本敏分析："首先，根据日本与吉布提签署的《日吉地位协定》，今后打击海盗可以按《国内法》对应，这样向吉布提派遣军队或执行新任务，防卫省内部就可以决定，不需国会批准。其次，在印度洋、波斯湾、亚丁湾开展经常性情报收集活动不仅事关国家利益，也能更好完成日美协作体系。最后，从长远看，从西太平洋到印度洋，甚至远至非洲海域，自卫队得到了海洋活动的法律根据。这样，可以有效应对远在非洲的各种行动。另外，向有关国家提供军事训练、加强执法合作、提供必要的船舶与器材等交流更加方便。"②

2011年7月7日，日本自卫队首个海外军事基地的开设仪式在东非国家吉布提举行。日本防卫副大臣小川胜也、统合幕僚监部官员以及吉布提总理迪莱塔等相关人士出席了基地开设仪式。小川胜也强调："该据点在自卫队实施海外任务的历史上具有划时代的意义。"

---

① 『日本时报』2009年8月1日。
② 《日本建战后首个海外基地》，载《环球时报》2010年5月13日。

第三章 日美同盟与日本海外派兵

日本建成的首个海外军事基地，位于吉布提国际机场以北，占地约 12 公顷，耗资 47 亿日元。已经建成的部分除了一个司令部办公楼、兵营及 P-3C 巡逻机机库等军用设施之外，还建有日式澡堂和体育馆等娱乐设施。与日本先前在伊拉克境内建设的陆上自卫队短期兵营不同，驻吉布提基地是按照 10 年以上使用标准建设的。尽管日本政府反复强调该基地"并非自卫队永久驻扎的'海外基地'"，但巨额资金的投入与建筑标准的提高，表明了基地的重要性与长期性。

吉布提位于非洲东北部亚丁湾西岸，横锁苏伊士运河出口，与波斯湾遥遥相对，处于非洲与欧亚大陆相联系的十字路口，具有重要的地缘战略地位。日本在此建设军事基地，其战略影响不容忽视。

第一，日本自卫队打击索马里海盗的能力得到提升。通过建设基地，完善加油、加水等后勤补给能力，统合运用机场与兵营，进而提高利用效率。为此，2011 年 7 月 8 日，日本政府决定将在索马里海域实施护航与警戒任务的自卫队活动时间再次延长一年。由此可见，伴随着基地建设与自卫队打击海盗能力的提升，自卫队在索马里海域打击海盗的活动亦将长期化。

第二，日本自卫队在中东、非洲地区的战略地位得到增强。尽管日本政府在吉布提建设军事基地的目的主要是为了打击索马里海盗，但很可能以此作为其日后在中东、非洲地区开展各种活动的战略据点，彰显势力范围，提供军事支持及安全保障。另外，美国、法国等诸多北约国家军队在吉布提均建有基地，自卫队与它们进行军事交流与合作也将更为便利。2014 年 9 月 25 日，日本海上自卫队在非洲索马里海域亚丁湾与北约部队中的丹麦海军举行了旨在打击海盗的联合训练。这是日本自卫队首次与北约军队举行联合训练，意味着日本与北约的安全保障合作从此拉开了序幕。

第三，日本政府开展非洲外交的途径得到丰富。在建设基地的大背景下，2010 年 12 月，吉布提总统盖莱访问日本，高度评价日本的打击海盗行动并欢迎自卫队长期驻扎该国；日本政府则表明了对吉布提予以经济援助的外交立场。将地缘安全与经济援助相挂钩，日本政府似乎正在寻找对非外交的新途径。近年来，日本国内一直对中国政府的非洲外交持有警惕态度，试图在非洲地区与中国展开外交竞争，以削弱中国的国际影响力。

第四，日本政府实施海外派兵的步伐得到加速。此次日本政府在吉布提建成首个军事基地,其实质是突破战后和平宪法制约,在海外派兵方面迈出了具有实质性意义的重要一步。今后,日本政府可能继续在非洲或其他地区"选点"建设军事基地,并不断拓宽自卫队在海外进行活动的政策领域。

根据现行的《自卫队法》等相关法律,自卫队海外据点活动的展开必须在某个特定目的下、在有限时间内进行,任务结束后,据点也随之被撤销。位于吉布提的据点本该在任务结束后被撤销。但是,在2013年日本首相安倍晋三访问该据点后,日本政府决定继续使用这一据点,并拓宽其用途。安倍内阁计划将吉布提据点作为日本在非洲和中东地区的长期活动据点,同时扩大自卫队的任务范围。除了应对海盗外,该据点也将参与联合国维和行动、运送物资并在地区纷争或恐怖袭击发生时接收国内派遣的自卫队队员。

第五节 海外派兵与日本的防卫体制

冷战后,日本政府在不断完善海外派兵法制体系的基础上,进一步明确了"国际和平合作"为自卫队"主体业务"的定位,并加大了自卫队防卫力量的建设力度。

一、日本海外派兵的法制演变历程

基于日本海外派兵的实践历程,日本政府制定的相关法制体系的基本情况参见表3-5所示:

表3-5 日本海外派兵的法制体系

	"PKO等合作法案"(1992年成立)	《反恐特别措施法》(2001年成立)与《补给支援特别措施法》(2008年成立)	《支援伊拉克重建特别措施法》(2003年成立)	《应对海盗法》(2009年成立)
有效期限	无	至2010年1月	至2009年7月	无
活动场所	未特定	印度洋	伊拉克、科威特	未特定
活动内容	联合国维和行动、救援、选举监督等	向多国部队舰船供油	人道复兴支援、确保安全支援	守护船舶不受海盗袭击

续表

	"PKO等合作法案"（1992年成立）	《反恐特别措施法》（2001年成立）与《补给支援特别措施法》（2008年成立）	《支援伊拉克重建特别措施法》（2003年成立）	《应对海盗法》（2009年成立）
武器使用	正当防卫、紧急避难	正当防卫、紧急避难	正当防卫、紧急避难	正当防卫、紧急避难、危害射击
国会关联	有关联合国维和部队的主体业务原则上需获得国会的事前承认	仅向国会报告	事后获得国会承认	仅向国会报告

资料来源：『月刊新聞ダイジェスト』2009年5月号、第48页。

此外，进入21世纪初期，日本国内所谓的"有事法制"立法，也为未来日本政府据此实施海外派兵提供了潜在的可行性。

2002年11月，第二次朝核危机出现后，日本国内大肆渲染"朝鲜威胁论"。在此背景下，2003年6月，日本国会通过了《应对武力攻击事态法案》《安全保障会议设置法修正案》与《自卫队法修正案》（简称"有事法制三法案"），进一步扩大了日本自卫队参与境外军事行动的自主权。

"有事法制三法案"明确指出，"有事"不仅包括战争、恐怖行动、劫持绑架等，"所有威胁国民生命财产安全的事态都在其中"；只要别国表示可能动武且在沿海集结舰船，日本便可以判定对方已进入武力攻击的"预测事态"，首相有权召集内阁会议并向自卫队发出"准备防卫的出动命令"。无疑，这为日本自卫队在海外行使武力开辟了新道路。同时，新法案中还加入了"国民与政府合作的义务"，规定自卫队出动时可以命令民间人士负责对军用食品、燃料等物资的保管；自卫队可以强制征用土地，可以改变房屋建筑结构或砍伐树木等。值得关注的是，"有事法制三法案"强化了首相的专断权，赋予首相在紧急情况下拥有越过众参两院直接命令自卫队出动，以及限制国民权利、动用民间资源和设施等特别权利。

2004年6月，日本国会通过了《支援美军行动措施法案》《自卫队法修正案》《限制外国军事用品海上运输法案》《国民保护法案》《交通通信管制法案》《处罚违反国际人道法法案》与《俘虏处理法案》（简称"有事法制七法案"）。其中，《支援美军行动措施法案》规定，日本遇到或者即将遇到攻击时向美军的作战行动提供便利，自卫队不仅可以在平时，而且可以紧急情况下向美军提供物品、劳务帮助，首相有权征用土地房屋供美军使用，首相有权决定道路、港湾、机场归自卫队和美军优先使用。《自卫队法修正案》规定，日本在遭到攻击之前就可以向美军提供弹药。《限制外国军事用品海上运输法案》规定，对有可能向敌对国家运输武器的第三国船只进行海上搜查，甚至允许对有关船只进行射击。《国民保护法案》规定，在紧急情况下，地方政府知事有权向商家和药店紧急采购食品、药品，如遭拒绝，知事有权强制征用；其他几项法案包括禁止外国公民旅行、防止文化财产受到破坏、确保战俘受到公正对待等方面。另外，根据日本与美国于2004年2月修改的双边"采购与协同服务协议"，日本自卫队和驻日美军可以共同使用物资，包括弹药和后勤服务等。

"有事法制七法案"既是2003年6月通过的"有事法制三法案"的补充法案，也使得"有事法制"作为日本的战争应急法律体系更加完整。值得指出的是，"有事法制"相关法案进一步为自卫队迅速、有效地配合美国的军事行动铺平了道路。

另外，鉴于实施海外派兵受相关法案时效性的限制，日本政府在内部开始探讨制定"永久性海外派兵法"的问题。在福田康夫内阁执政期间，将建设"和平合作国家"定为施政目标之一。2008年5月31日，日本防卫相石破茂在新加坡举行的亚洲安全保障会议上表示，对"永久性海外派兵法"应该予以"认真讨论"。2008年9月5日，日本内阁会议通过了防卫省提交的《2008年度防卫白皮书》。该白皮书首次将日本定位为"和平合作国家"，并确立了制定"永久性海外派兵法"的方针。

与此同时，对于自卫队依据"PKO等合作法案"参与联合国维和行动等业务时必须遵守"5项原则"，近年来日本国内主张予以修改的动向也值得关注。2009年10月，外相冈田克也提议修改"PKO等合作法案"中所规定的"5项原则"。2010年3月，冈田外相在国会答辩中再次提出："如果是联合国认可的维和行动，难道不可以改变准许使用武器的范围吗？"2010年夏，日本政府推迟派遣陆上自卫队部队参加位于苏丹南部地区的联合国维和行动，背景在于防卫省担心自卫队队员因使用武器受限而无法保障安全。因此，执政的民主党在2010年参议院选举政权公约中提出："为致力于实现和平，将对自卫队以及文职人员实施国际贡献活动的存在方式进行探讨。"①

二、"国际和平合作"在自卫队任务中的定位

冷战时期,实施"国际和平合作"曾一直被规定日本自卫队的附属任务(《自卫队法》第100条第7项)。冷战后,在日本海外派兵范围不断拓展的背景下,自卫队在"国际和平合作"活动中所发挥的作用日趋重要。因此,日本内部也开始着手探讨"国际和平合作"在自卫队任务体系中的重新定位问题。

为应对冷战后国际安全环境的变化,1994年2月,根据日本首相细川护熙的指示,成立了一个名为"防卫问题恳谈会"的首相私人咨询机构。1994年8月,"防卫问题恳谈会"提出了题为《日本的安全保障和防卫力量的应循状态——面向21世纪的展望》的最终报告。报告强调,对自卫队来说,"在联合国的框架内积极参加维持和平行动等以国际安全保障为目的的行动,和保卫国家同样是第一位的任务",并主张尽快"解除"1992年通过的"PKO等合作法案"中对日本自卫队参与联合国维和部队(PKF)主体业务的"冻结"。② 它对冷战后日本防卫战略的调整进行了一次重要探索。

1995年11月,日本安全保障会议和内阁会议正式通过了"关于1996年度以后的《防卫计划大纲》"。大纲将"为建立更稳定的安全保障环境做出贡献"作为"防卫力量的任务"之一,规定"通过实施国际和平合作业务,努力为国际和平做出贡献。同时通过实施国际紧急救援行动,为推进国际合作做出贡献";"继续推进安全保障对话和军事交流,努力增进包括我国周边国家在内的有关国家之间的信任关系";"为防止大规模杀伤性武器和导弹等武器的扩散,对地雷等常规武器进行限制与管理,对联合国和国际机构实施的军备控制及裁军领域里的各种活动予以合作"。③ 显然,该大纲注重利用自卫队扩大日本的国际影响,自卫队开始承担"新"任务。

进入21世纪后,日本政府进一步深化了有关防卫战略与自卫队任务等

---

① 『自衛官武器使用 国際活動強化へ権限拡大を』、載『読売新聞』2010年9月8日。
② 王少普、吴寄南著:《战后日本防卫研究》,上海:上海人民出版社2003年版,第261页。
③ 军事科学院世界军事研究部编:《日本军事基本情况》,北京:军事科学出版社2006年版,第689—690页。

问题的探讨，并提升了"国际和平合作"在自卫队任务体系中的定位。

2002年1月，防卫厅计划在新的《防卫计划大纲》中增加"为维护和平进行国际协调"这一内容，并把参加联合国维和行动提升为自卫队主体任务。[①] 同年12月，官房长官福田康夫的私人咨询机构"国际和平合作恳谈会"又主张把联合国维和行动作为自卫队"份内任务"，以便自卫队能够对基于联合国决议从事维和行动的多国部队提供后方支援。[②] 2003年8月，日本政府在《2003年度防卫白皮书》中正式提出将参与联合国维和行动视为自卫队的"主体业务"，并计划在制定新《防卫计划大纲》时予以确认。

为制定新的《防卫计划大纲》，2004年4月，根据首相小泉纯一郎的指示，成立了"安全保障与防卫力量恳谈会"。至2004年10月，该恳谈会先后就新时期日本安全保障战略与军事力量发展策略等问题，举行了13次专题或综合性研讨，并向小泉内阁提交了最终报告。最终报告要求"把参加国际和平合作作为自卫队的主体任务"，认为"在国际社会不断扩充和平合作活动的背景下，日本参加国际社会进行的此类活动，对于日本的安全来说，变得越来越重要。过去我们把国际和平合作活动定位为自卫队的附属任务。现在鉴于此类活动的重要性正在增大，应该把它作为自卫队的主体任务"，并主张"制定国际和平合作基本法""保证能够连续地、迅速地参加此类活动""明确合作的任务及遂行任务必需的权限"。[③] 与以往不同的是，最终报告已经不满足于"通过制定特别措施法来实施"海外派兵，实质上提出了制定"永久性海外派兵法"的课题。另外，2004年11月，由防卫厅组织的"防卫力量发展形势研讨会"也提出报告，从军方视角对自卫队建设的基本方针、编制改革、武器装备发展等课题进行了研究。其中，报告主张"日本必须赋予国际活动积极的定位，即日本是为了牢固地确保日本的和平与安全，主动、积极地参与国际活动""今后日本的防卫力量在发展过程中，应当把适当参与联合国等机构主导的以国际协调为基础的国际活动作为己任，包括参与联合国维和行动、国际社会为努力防止和杜绝国际恐怖主义及防止大规模杀伤性武器扩散而进行的合作、

---

① 『読売新聞』2002年1月9日。
② 新华社东京2002年12月8日日文电。
③ 《日本安全政策与军事力量发展构想》，刘世刚等译，北京：军事科学出版社2006年版，第185页。

国际人道主义重建支援等活动"。① 上述报告为日本政府制定新的《防卫计划大纲》奠定了理论基础。

2004年12月，日本安全保障会议和内阁会议正式通过了关于2005年度以后的《防卫计划大纲》。大纲强调日本"将自主、积极地推行国际和平合作活动""自主、积极地致力于改善国际安全保障环境"，主张"还应健全包括该活动在自卫队的任务中适当定位在内的必要体制"。结果，根据2006年12月15日成立的《自卫队法修正案》（第三条第二项）的规定，"国际和平合作"由"附属任务"升格为"主体任务"。

三、海外派兵提升自卫队力量建设

在完善法制体系、明确任务定位的同时，为有效地实施海外派兵，日本政府还十分注重从编制体制、武器装备等方面加强自卫队的力量建设，以便能够迅速、持续派遣部队。

2002年3月27日，日本陆上自卫队在九州地区组建了第一支快速反应部队"西部军区直属步兵团"，编制员额660人，其目的在于当发生"紧急事态"时能够通过空中机动快速部署到九州西南岛屿。

2004年11月，由防卫厅组织的"防卫力量发展形势研讨会"提出报告，为适应海外派兵需求而谋划了自卫队力量建设的方向：陆上自卫队创建"中央快速反应集团与专业教导部队"，"构建起能够在安理会做出决议后30天之内、复杂危险的活动90天之内迅速完成派兵的体制"；海上自卫队"为适应国内的大规模灾害派遣任务以及对国际和平合作业务、国际紧急援助活动等的协助等任务变化，运输舰部队需要在平时保持2艘运输舰处于能出动状态（其中1艘为快速反应状态）"；航空自卫队"为适应参加国际活动的需要，除保卫日本所需的13架C-130运输机及24架C-X运输机之外，还需要8架KC-767型加油/运输机"。②

随后，2004年12月通过的《关于2005年度以后的防卫计划大纲》确立了自卫队力量建设的方针，要求"将其建设成为能够主动、积极地致力于国际社会旨在改善国际安全保障环境的合作活动的一支力量"，"为适当参与国际和平合作活动，应调整教育训练体制、任务部队的待命态势和投

---

① 《日本安全政策与军事力量发展构想》，刘世刚等译，北京：军事科学出版社2006年版，第207、209页。

② 同上，第212、216、218页。

送能力等，确立可确保迅速派遣部队，并使之能持续展开活动的各种基础"。同时，《中期防卫力量发展计划（2005—2009 年度）》更是明确规定了自卫队的组织机构改革与武器装备扩充计划：陆上自卫队"将新编对机动部队和特种部队实施一元化管理和运用的中央快速反应集团"、航空自卫队"新设空中加油和运输部队"；"为了迅速派遣部队参与国际和平合作活动，并使之持续展开活动，将新编从事国际和平合作活动相关教育和研究的部队，同时，谋求大幅扩充轮换待命态势，并继续配备有助于国际和平合作活动的装备"。

随着该《防卫计划大纲》的实施，2007 年 3 月 28 日，日本政府在陆上自卫队内部组建了"中央快速反应集团"，由中央快速反应集团司令官统一指挥，司令部设在位于东京都练马区的朝霞基地。部队员额约 4100 人，编制包括第 1 空降团、第 1 直升机团、中央快速反应连队、特殊作战群、中央武器防护队、国际活动教育队等。

2007 年 8 月 24 日，隶属"中央快速反应集团"的 24 名成员首次被派往海外，前往中东戈兰高地展开运输等支援活动。2009 年 5 月 18 日，有 150 名队员的自卫队部队启程前往吉布提的军事基地执行反海盗任务。其中，50 名队员来自陆上自卫队"中央快速反应集团"，其携带的武器装备除手枪、步枪等轻武器外，还包括两辆轻武装装甲车，主要负责机场据点的安全警戒。

在 2010 年 1 月 12 日海地发生地震后，19 日，联合国决定增派 MINUSTAH 成员 3500 名，并向各会员国问询合作事宜。当联合国询问日方："在接到正式邀请后，携带重型机械的部队能否在 2 周内开始活动呢？"陆上自卫队"中央快速反应集团"司令官宫岛俊信立即回答："没有问题。"① 过去，陆上自卫队向 PKO 输送部队至少需要近 2 个月的准备时间，从预防接种、队员选拔到器材调配等均需要花费时间。但是，能够迅速实施海外派兵的背景在于两年前成立的中央快速反应连队（宇都宫市）。在该连队的 700 名队员中应急队员为 420 名。结果在 1 月 29 日日本政府接到联合国正式邀请后，实践了 2 周内派遣部队的承诺。

在改革自卫队编制体制的同时，日本政府更加注重扩充自卫队的武器装备，以期提高其快速反应能力、机动能力、应变能力和执行多样化任务的能力。

---

① 『対米修復へ「裏庭」支援』、載『読売新聞』2010 年 2 月 6 日。

第三章 日美同盟与日本海外派兵

其中，日本海上自卫队为了提高向海外运输人员与物资的能力，重点装备了大型运输舰与补给舰。至 2009 年，海上自卫队已经拥有"大隅"级运输舰 3 艘（"大隅""下北""国东"），其排水量为 8900 吨，直通型甲板可搭载 90 式坦克、直升机及其他装甲车辆等；"十和田"级补给舰 3 艘（"十和田""常磐""滨名"），其排水量约为 8100 吨，装备有海上补给设备 1 套。上述运输舰与补给舰在冷战后日本的海外派兵过程中均发挥了重要作用，特别是在为印度洋地区的美军等提供补给的过程中，一直有 1 艘补给舰在展开活动。为了进一步提高综合补给能力，海上自卫队于 2004 年、2005 年又装备了"摩周"级补给舰 2 艘（"摩周""近江"），其排水量为 1.35 万吨，装备有海上补给设备 1 套，可提供燃料、弹药、粮食等补给。尤其令人关注的是，海上自卫队还计划建造 2 艘排水量为 1.35 万吨的"16DDH"型直升机驱逐舰。其中，首舰"日向"号已于 2007 年 8 月下水、2009 年 3 月服役，另一艘计划于 2011 年服役。"日向"号直升机驱逐舰舰长 197 米，采用类似航母的全通式甲板，具备搭载各型直升机及 F-35 战斗机的能力。显然，"16DDH"型直升机驱逐舰已经与西方国家的轻型航母相差无几了。

同样，航空自卫队为了提高对"国际合作"活动的航空运输能力，致力于运输机的远程化。自 1992 年自卫队参加柬埔寨维和行动以来，日本政府主要依赖从美国引进的 C-130 运输机（16 架）承担航空运输任务。与日本产 C-1 运输机的续航距离约 2200 千米相比，C-130 运输机的续航距离约 4000 千米，但仍难以满足日本政府的任务需求。例如，在对洪都拉斯实施国际紧急援助的活动中，C-130 运输机用了三晚四日的时间才抵达当地；C-130 运输机前往印度尼西亚也需要途中两次进行燃料补给。结果，2000 年 8 月，防卫厅决定从 2001 年度开始着手开发 C-1 运输机的后继机 CX，该后继机 CX 将具有优越的运输能力和飞行性能，并适于承担国际支援任务。[①] 同时，从 2001—2005 年度，日本航空自卫队连续采购装备了 5 架 KC-767 空中加油/运输机，从而具备了空中加油能力。

与海上自卫队、航空自卫队有所不同，陆上自卫队在海外派兵过程中主要发挥着"人力"支援活动核心的作用，因此，更加重视单兵对人作战

---

① 后继机 CX 的主要性能是：巡航速度约 890 千米（C-1 约 650 千米），巡航高度约 1.3 万米（C-1 约 1.1 万米），续航距离约 6500 千米（C-1 约 2100 千米），最大载荷约 26 吨（C-1 约 8 吨）。

的训练与装备。陆上自卫队每年都补充大量的单兵武器装备，其中，9 毫米手提式机枪多次成为陆上自卫队赴海外执行任务时所携带的武器。

此外，为遂行海外派兵任务，日本自卫队从 2006 财年开始为海外军事行动编制专项预算，至 2010 年 4 月，先后投入 500 余亿日元用于海外军事行动；自卫队还十分注重相关业务的教育训练，在国外航线上进行 C – 130 运输机、U – 4 多用途支援机的飞行训练，以便参与"国际合作"活动。

四、集体自卫权立法与海外派兵

2015 年 2 月 5 日，日本首相安倍晋三在参议院预算委员会上表示，关于自卫队以国际合作为目的对多国部队实施的后方支援"正在探讨恒久法"。①

2015 年 5 月 14 日，安倍内阁通过了安保相关法案，并于次日提交国会审议。不顾广大民众及在野党势力的强烈反对，2015 年 7 月 16 日，日本众议院全体会议强行表决通过了相关法案。9 月 19 日，参议院全体会议又强行表决通过了相关法案。

安倍内阁向国会提交的安保相关法案，由 1 项新立法和 10 项修正法组成（参见第一章第一节相关内容），其要旨大多涉及行使集体自卫权、扩大自卫队海外军事行动范围等内容。因此，安保相关法案的核心就是赋予日本行使集体自卫权的法律权利，自卫队由此实现自由向海外派兵。

根据相关法案的内容规定，自卫队实施海外派兵的事态类型可归纳以下六类：

第一，灰色事态。依据《自卫队法》，对于与自卫队正在共同实施有助于日本防卫活动的美军及他国军队，自卫队可使用武器进行护卫。想定事例是，如何应对尚未达到"武力攻击（有事）"程度的"灰色事态"。在美军及他国军队舰艇正在实施警戒监视之际，一旦敌方出现弹道导弹发射征兆，日军舰艇可进行护卫。另据报道，日本海上自卫队和海上保安厅于 2015 年 7 月在伊豆诸岛附近海域首次实施首次应对"灰色事态"的联合演习，演习设想日本离岛遭到诸如民兵之类的非正规军的"民间武装力量"攻击，海上自卫队与海上保安厅如何联合协作，驱赶直至武力还击外

---

① 『自衛隊派遣「恒久法で」、後方支援で首相』、http://www.yomiuri.co.jp/politics/20150206 – OYT1T50004.html。

国武装力量的进攻。①

第二，对他国军队的后方支援。依据《重要影响事态法》，取消了自卫队对他国军队实施后方支援的地理限制。对于对日本和平与安全产生重要影响的事态，自卫队可对美军以外的他国军队实施后方支援，并扩充了支援内容。想定事例是，在朝鲜半岛"有事"等场合下，自卫队舰艇护卫美军舰艇。依据《国际和平支援法案》，对于为国际社会和平与安全展开活动的他国军队，自卫队可实施支援活动。想定事例是，A国攻击B国，多国部队攻击A国，自卫队可对多国部队实施补给、运输等后方支援。

第三，PKO活动的扩充。依据"PKO等合作法案"，一是可参加志愿国组织的PKO活动以外的国际合作活动，包括道路整备等人道复兴支援与居民保护等治安维持在内；二是可实施PKO活动中的驱离警戒，当实施PKO活动的他国部队遭受攻击之际，自卫队可驱离警戒，并可使用武器来遂行任务。

第四，武力攻击·存立危机事态。依据《自卫队法》与《武力攻击·存立危机事态法》，发生满足武力行使"新三要件"的事态之际，自卫队可出动。其中，所谓"存立危机事态"，是指"发生针对与日本关系密切的他国的武力攻击，由此日本的存立受到威胁，国民的生命、自由与追求幸福的权利存在被彻底剥夺的明显危险"。② 想定事例是，一是自卫队可对正遭受武力攻击的美军舰艇实施护卫；二是自卫队可在海上运输线所在的霍尔木兹海峡实施扫雷。

第五，日侨救助。依据《自卫队法》，在获得对象国同意的情况下，自卫队使用武器救出海外日侨，活动限定在对象国同意的范围内。想定事例是，恐怖集团占据大使馆等，在获得所在国同意的情况下，自卫队可救出海外日侨及外国人。

第六，船舶检查。依据《船舶检查活动法》，自卫队可在海上运输线实施船舶检查活动，可参加国际社会的船舶检查活动，上述活动均须获得船长同意。想定事例是，自卫队对对象船舶是否运输武器等实施检查。

相关法案通过规定集体自卫权的行使条件，大幅拓宽了日本海外派兵的活动范围，多项活动甚至已超出行使集体自卫权的国际惯例，实际上导

---

① 《日要搞"灰色地带"事态演习防中国》，载《参考消息》2015年7月8日。
② 『安全保障関連法案 要綱要旨』、http：//www.yomiuri.co.jp/feature/matome/20150515-OYT8T50141.html。

致自卫队进一步拥有了进攻而非自卫的法律权限。特别是相关法案中提及的各种事态，并不能消除政府随意进行解释的疑虑。例如，2015年2月16日，关于中东霍尔木兹海峡被水雷封锁的情况假设，安倍首相在众议院全体会议上答辩称："这比石油危机严重，世界经济将陷入严重混乱。日本将发生严重的能源危机。全面判断情况，与日本遭到武力攻击一样，显然属于日本会受到重大危害的情况。"[①]日本原油进口量因霍尔木兹海峡海峡被水雷封锁而减少，是否属于"与日本遭到武力攻击同样的重大危害"的事态，非常令人质疑。

因此，冷战后日本政府实施海外派兵，历经了一个从无到有、从"有限度参与"到"积极主动塑造"的转变过程，其综合效应就是培养了一代有海外作战经验的自卫队军人，并对日本防卫体制建设产生了深远影响。

总之，冷战后日本的海外派兵日趋向"常态化"方向发展，所受限制不断减少。同时，日本海外派兵也产生了诸多影响：一是海外派兵促使日本的军事大国化进程进一步加速；二是海外派兵对亚太地区固有的战略平衡结构造成了冲击；三是海外派兵导致日本国内的政治取向呈现右倾化。

---

① 《自民党元老担忧日本卷入战争》，载《参考消息》2015年4月21日。

第四章

驻日美军与日本的安全保障

从严格意义上来讲，二战结束之后曾出现过两个不同性质的"驻日美军"。一个是1945年8月15日日本投降之后，美国和其他对日作战国家进驻日本，对日本实施共同占领过程中所产生的"驻日美军"。这一时期驻日美军的目的是监督《波茨坦公告》的执行情况，在日本驻留是有期限的，是一种短期的驻军行为。另一个"驻日美军"是在占领期结束之后，美国依据《日美安保条约》而在日本驻留军队，即在对日占领结束之后美国在日本的长期驻军。本章的研究对象，并非为监督《波茨坦公告》实施而形成的驻日美军，而是依据《日美安保条约》而产生的驻日美军问题。

第一节 20世纪驻日美军的产生与演变

在20世纪，美军依据《日美安保条约》驻留日本以后，其法律地位、编制体制及基地规模等经历了一个变迁过程。

一、驻日美军的产生

二战结束之后，美日两国对于是否在日本驻军这一问题，在各自国内都经历了一个变化的过程。

战后初期，美国就考虑过在日本驻军的问题。特别是在朝鲜战争爆发后，1950年9月7日，美国国务院与国防部共同提出了一份联合备忘录，就签订对日和平条约之后在日本驻军问题达成一致意见。这份联合备忘录由美国杜鲁门总统批准并列为国家安全委员会第60/1号文件。至此，战后美国对日驻军政策正式宣告形成。

在此之前，1950年4月，日本首相吉田茂派遣特使池田勇人访问华盛顿并转达其口信："日本政府希望在尽早的时机缔结对日和约。并且鉴于美国方面不便提出在此项和约缔结之后美国军队仍有必要驻扎日本，以保障日本及亚洲地区的安全这一希望，日本政府愿意研究一项由日本方面提出建议的方法。"① 当时，吉田茂由于顾虑美国军方和国务院在美军是否在日本本土驻留这一问题上的争执影响到对日和约的签订，进而导致日本独立的拖延，遂决定由日本主动提出有关"美军驻日"的愿望。

因此，"美军驻日"政策的形成是日美双方共同促成的，它不仅是美国为遂行军事战略而迫使日本接受的单方面行为，日本政府在该政策形成过程中也有其自我盘算的积极主动性。

在"美军驻日"政策确定之后，美国政府便着手制定相关草案，以对驻军的地位、权利和任务等作出规定。日本政府则努力消除内部不同意见，为美军驻日创造条件。

1951年2月11日，美国总统特使杜勒斯在结束访日后返程回国之际，发表声明称："如果日本希望美军继续驻扎在日本国内及其周围，美国政府将以同情的态度予以考虑。"② 日本首相吉田茂也发表声明与之呼应。

在经历一系列准备之后，1951年9月8日，日本与美国等48个国家在旧金山签署了对日媾和的《旧金山和约》。和约第三条规定："日本对于美国向联合国提出将北纬29度以南之西南诸岛（包括琉球群岛与大东岛）、孀妇岩岛以南之南方诸岛（包括小笠原群岛、西之鸟与硫磺列岛）及冲之鸟岛与南鸟岛置于联合国托管之下，而以美国为唯一管理当局之任何提议，将予同意。在提出此种建议，并对此种建议采取肯定措施以前，美国将有权对此等岛屿之领土及其居民，包括其领海，行使一切行政、立法与司法权力。"该条款实现了美国对琉球群岛和小笠原群岛的托管。而和约第六条又规定："各盟国所有占领军，应于本条约生效后尽早撤离日本，无论如何，其撤离不得迟于本条约生效后九十日之期。但本款规定并不妨碍外国武装部队依照或由于一个或二个以上的盟国与日本业已缔结或将缔结之双边协定，而在日本领土上驻扎或留驻。"这就为美国能在日本恢复独立后继续进行驻军做了铺垫。

在《旧金山和约》签署5个小时之后，1951年9月8日下午，日美两国政府又在旧金山军人俱乐部签订了《日美安全保障条约》。该条约由前言和正文5项条款组成。第一条规定："由日本授予，并由美利坚合众国

---

① ［日］宫泽喜一著：《日本首相宫泽喜一》，于闰娴译，北京：时事出版社1992年版，第30页。

② ［日］吉田茂著：《十年回忆》（第三卷），韩润棠等译，北京：世界知识出版社1965年版，第14—15页。

接受在日本国内及周围驻扎美国陆、空、海军之权利。此种军队得用以维持远东的国际和平与安全和日本免受外来武装进攻之安全,包括根据日本政府的明显要求,为镇压由于一个或几个外国之煽动和干涉而在日本引起的大规模暴动和骚乱所给予的援助。"第二条规定:"在第一条所述之权利被行使期间,未经美利坚合众国事先同意,日本不得将任何基地给予任何第三国,亦不得将基地上或与基地有关之任何权利、权力或权限,或陆、空、海军驻防、演习或过境之权利给予任何第三国。"第三条规定:"美利坚合众国之武装部队驻扎日本国内及周围的条件应由两国政府之间的行政协定决定之。"条约第四条和第五条规定了条约终止的条件和生效的时间。

从条约中可以看出驻日美军具有以下几个特点:第一,美军驻日是双方自愿的行为,并有依法存在的合理基础。驻日美军的产生是经日本政府授权、美国接受才形成的,这意味着驻日美军的存在具有合法性。第二,驻日美军的任务是维护远东的和平与安全、日本外部的安全和日本国内的安全。第三,驻日美军的军种是陆海空三军,而驻扎的范围,国内主要是指日本本土,周围主要是指琉球群岛等其他岛屿。第四,驻日美军对驻日基地和设施的使用具有独占性,日本国内的军事设施只能为美军提供服务。第五,双方将用《日美行政协定》来具体界定驻日美军驻扎在日本国内及周围的条件。

至此,随着《日美安全保障条约》的签订,驻日美军亦随之产生。

二、驻日美军的法律地位

有关驻日美军的法律地位,主要是由1952年的《日美行政协定》、1960年的《日美共同合作和安全条约》及《日美地位协定》三个文件所规范的,历经了一个调整变化过程。

(一)《日美行政协定》与驻日美军

根据1951年《日美安全保障条约》第三条的规定,驻日美军的"条件"应由两国政府之间的行政协定决定之。为此,从1952年1月28日开始,日美两国政府开始有关行政协定的谈判,先后共举行了11次正式会议和20次专门委员会会议。[①] 谈判中的争论焦点主要是司法裁判权问题。日方反对驻日美军在对日和约签订之后仍享有司法豁免权,并希望能按照

---

① [日]吉泽清次郎主编:《战后日美关系》,上海:上海人民出版社1977年版,第5页。

"北大西洋驻军地位协定"① 那样定义驻日美军的法律地位，以便于日本能够对执行公务以外的驻日美军的犯罪行为进行法律制裁。但是美方并未对此做出实质性让步。

1952年2月28日，日美两国正式签订了《日美行政协定》。该协定由绪言和29条正文条款组成，保留了美军作为占领军而带来的许多特权：详细规定了驻日美军对驻日基地设施和区域的使用权问题；在日本发生敌对状况下的军事指挥权问题；驻日美军防务费用分担问题；驻日美军的刑事裁判权问题等。② 这些规定使驻日美军的权利得到了完整的法律保障，驻日美军的权利进一步合法化和具体化。

此后，由于该协定提供给驻日美军及其家属类似于"治外法权"的刑事裁判权，导致驻日美军在日本国内横行无忌，犯罪案件数量逐年上升，日本民众对此反响强烈。1953年4月14日，日本政府正式向美国政府提出要求修改有关刑事裁判权的条款内容。美国方面在认真研究了日本方面的要求并权衡利弊之后，决定不能因为这一条款而影响美日同盟关系。于是，9月29日，日美两国又签订了修改《日美行政协定》第17条的议定书。该议定书将驻日美军及其家属享有完全的"治外法权"改为由美日双方"共同行使刑事裁判权"，即日本政府有权审判和惩处美国军人在非值勤场合下的犯罪行为；同时保留美国军事当局对值勤中的美国军人或是驻日美军内部发生纠纷争斗的裁判权。③

---

① 1951年6月美国与北约成员国签订了《北大西洋驻军地位协定》。在司法裁判权问题上，协定规定："1. 接受国当局对于某一部队人员或文职人员以及彼等家属在接受国领土内所犯并依其法律可以处罚的犯法行为有管辖权。""2. 接受国的当局对于某一部队人员或文职人员以及彼等家属的犯法行为，包括涉及接受国安全且根据接受国法律可以处罚而根据派遣国法律不可以处罚的犯法行为，有行使专属管辖权的权利"；"在发生双方均有权行使管辖的场合，派遣国的军事当局对下列事项拥有优先管辖权：1. 单纯对于派遣国的财产或安全的犯法行为或单纯对部队人员或文职人员或家属的人身或财产的犯法行为。2. 因履行职务而作的任何行为或不行为所发生的犯法行为。除此之外，对于任何其他犯法行为，接受国当局应有权行使管辖权的优先权。"——但是该协定直到1958年才被批准。(《国际条约集（1950—1952）》第285—286页)。

② 《国际条约集（1950—1952）》，北京：世界知识出版社1959年版，第451—469页。

③ 于群著：《美国对日政策研究（1945—1972）》，长春：东北师范大学出版社1996年版，第218页。

第四章　驻日美军与日本的安全保障

（二）《日美共同合作与安全保障条约》与驻日美军

对于日本而言，由于1951年的《日美安全保障条约》存有涉嫌损害日本国家主权的"内乱条款"，且并未明确规定美军具有防卫日本的义务等，在20世纪50年代中后期日本社会经济发展、民族自主性增强的背景下，日本国内主张修改条约的呼声也不断高涨。为了稳定并巩固日美同盟关系，1960年1月19日，日美两国政府在华盛顿签订了《日美共同合作和安全条约》。

在新的日美安保条约中，有关驻日美军的规定主要有以下内容：

第一，再次确认驻日美军的存在。条约第六条规定："为了对日本的安全以及对维持远东的国际和平与安全作出贡献，美利坚合众国的陆军、空军和海军被允许使用在日本的设施和地区。"

第二，确立日美"事前协商原则"。条约第四条规定："缔约国将随时就本条约的执行问题进行协商，并且将在日本的安全或远东的国际和平与安全受到威胁时，应任何一方的请求进行协商。"该条款使日本在一定程度上拥有了对驻日美军的控制权和参与权。

第三，明确美军防卫日本的义务。条约第五条规定："缔约国的每一方都认识到，对在日本管理下的领土上的任何一方所发动的武装进攻都会危及它本国的和平与安全，并且宣布它将按照自己的宪法规定和程序采取行动以应付共同的危险。"该条款明确规定了美军具有防卫日本的义务，而并非像《日美安全保障条约》中"远东条款"所规定的"协防"。

第四，删除驻日美军的特权。条约删除了驻日美军可以镇压"在日本引起的大规模暴动和骚乱"的所谓"内乱条款"，以及"未经美利坚合众国事先同意，日本不得将任何基地给予任何第三国，亦不得将基地上或与基地有关之任何权利、权力或权限，或陆、空、海军驻防、演习或过境之权利给予任何第三国"。这至少在形式上促使日本实现了国家主权的完全独立。

（三）《日美地位协定》与驻日美军

在日美两国1960年签订新安保条约的同时，双方还签订了《日美地位协定》，用以取代1952年签订的《日美行政协定》。

《日美地位协定》共28条，主要内容有以下几个方面：

第一，界定"美国军队的成员""文职人员"和"家属"的范围。其中，"美国军队的成员"是指属于美国陆海空三军驻扎在日本领土期间服现役的人员；"文职人员"是指受雇于驻在日本的美国军队、在军中服或随军的具有美国国籍的平民，但是通常居住在日本或只是因为履行同美国签订的合同而到日本的人员不属于文职人员；而"家属"则是指驻日美军的配偶及其不满21岁的子女，以及一半以上的生活费用需要由美国驻日美军的一个成员或文职人员供给的父母和年逾21岁的子女。

第二，赋予驻日美军诸多法律特权。1. "治外法权"。对驻日美军法律特权最清楚的规定是在协定的第十七条，其中包括如下两个主要特权：（1）美国军事当局应有权在日本境内对所有必须遵守美国军法的人员行使美国法律所授予的一切刑事和军纪的管辖权；美国军事当局对执行公务时引起的任何罪行，以及纯粹涉及美国的财产或安全的罪行，或者纯粹涉及美国军队另一成员或文职人员或某一家属的人身或财产的罪行，都有优先管辖权；美国军队的成员或雇员在执行公务而引起的事件中，有接受在日本国内对他们做出判决的任何执行程序；（2）管辖权属于日本的美国被告，如果在美国手中，在日本起诉之前仍将由美国看管。这一条款使驻日美军事实上拥有了"治外法权"，因为其可以将任何行为都解释为是在执行公务时所造成的，这样日本就无法对其进行管辖，而且即便日本方面拥有管辖权，美国方面也可以拒不交人。这一规定造成了极其严重的恶劣后果，使驻日美军的犯罪案件数量始终保持在一个较高的水平上，而得到惩处的案件数量却少得可怜。2. 其他法律特权。例如，美国可以对美军使用的设施和地区采取一切措施；违反日本的关税或财政的法律或条例而被日本海关扣押的属于美国军队的车辆或物品，必须移交给驻日美军当局；可以以安全为名义优先使用一切民用和军用空中交通管理和通信系统；日本海关不得检查执行公务的美军人员、盖有公章的公文和邮件及美国政府装运的军事货物；美国军队的成员免于适用日本关于护照和签证的法律和条例；美国军队的成员、文职人员和他们的家属免于适用日本关于外国人登记和管理的法律和条例。

第三，为驻日美军提供许多便利和优惠。例如，日本需无偿向美国提供设施和地区，以及这些设施和地区的通行权；美国军队可以优先使用日本政府拥有、控制或管理的一切公用事业和服务事业；日本政府需要向美国军队提供气象、电信等资料，并保证美军使用的电信信号任何时候都不受干扰；供美国军队成员、文职人员及其家属使用的一切物资都必须准予输入日本，而且免收包括关税在内的一切费用；美国的驾照在日本适用；

美国可以在美军使用的设施和地区内设置和经营美国的军事邮局等。①

从《日美地位协定》的相关条款中可以看出，驻日美军在日本国内依然享有诸多的特权和优惠。与1952年《日美行政协定》相比，在本质上并没有太大的区别。

三、冲绳归还与驻冲绳美军基地

冲绳位于西太平洋的琉球群岛上，具有重要的地缘战略价值。以冲绳本岛为圆心，距马尼拉、东京、首尔和中国香港的距离基本相等（900海里左右），距中国台北只有390海里，距中国上海510海里。冲绳特殊的地理位置使美国非常重视其举足轻重的战略价值。自二战后期通过"冲绳战役"占领了冲绳之后，美国就一直牢牢控制着冲绳。根据1951年的《旧金山和约》，美国将日本其他地区的主权大多归还给了日本政府，但却未能归还冲绳地区的行政权。不仅如此，美国还将驻日美军的绝大部分兵力部署在冲绳，并通过强征土地等方式在冲绳大肆建造军事基地，占用面积一度达到了冲绳县面积的15%。

但是，由于在旧金山会议上，美国宣布日本仍然保有对琉球群岛的"剩余主权"，这也就表明美国不是要对它实施兼并，而是在对其进行暂时性的战略托管。因此，日本政府和民众一直要求归还冲绳的行政权，以彻底结束被占领状态。日本政府自1955年开始就不断与美国进行交涉，要求归还冲绳的行政权。但是，由于美国政府始终认为亚洲局势并没有出现实质性的缓和，因此其在冲绳问题上也从未松动过。

至20世纪60年代，国际形势开始出现了变化。为了不影响美国在越南战争中对冲绳基地的使用，约翰逊政府对于将琉球群岛的行政权归还给日本"表示理解"。② 特别是在尼克松政府上台执政后，面对国际地位下降、越南战争困境以及国内社会压力，美国政府被迫提出实施战略收缩的"尼克松主义"，主张削减海外驻军，并要求盟国在地区防卫上承担更多责任。在亚洲地区，美国政府若想让日本分担更多的防卫责任，就必须重视日本的意愿并解决困扰日美同盟的"冲绳问题"。

---

① 《国际条约集（1950—1952年）》，北京：世界知识出版社1959年版，第36—60页。

② 于群著：《美国对日政策研究（1945—1972）》，长春：东北师范大学出版社1996年版，第320页。

同时，日本国内以及冲绳地区的政治环境也迫使美国在冲绳问题上作出让步。1968年2月，冲绳立法机构通过了反对B-52轰炸机以冲绳为基地的决议。同年11月，日本社会党在冲绳举行的选举中获胜，新上任的社会党行政长官宣布成立一个委员会来研究逐步关闭基地和琉球归还日本的问题。1969年2月，冲绳民众在美军基地外举行大规模示威，抗议B-52轰炸机以冲绳为基地轰炸越南北方。另外，按照1960年签订的《日美共同合作和安全条约》适用期为10年，如果不能满足日本民众的要求，条约的延长就可能受到影响。

在上述形势下，对美国而言，"冲绳问题"的解决需要优先处理两个关键性问题：冲绳核问题和美国自由使用冲绳基地的权力。经过一系列谈判，日美两国终于在这两个问题上达成了一致：日本允许美国继续自由使用在冲绳的基地；美国则同意形式上"冲绳无核化归还"，但持有在紧急状态下重新运入"核武器"的权力。

1971年6月17日，日美两国同时在华盛顿和东京签署了《日美关于琉球群岛、大东群岛的协定》。协定规定："从本协定生效之日，以往日本国和美利坚合众国之间缔结的条约及其他协定均适用于琉球群岛、大东群岛"；"根据1960年1月19日在华盛顿签署的《日美共同合作和安全条约》以及有关协定，日本国同意在本协定生效之后让美利坚合众国使用在琉球群岛、大东群岛上的设施和区域"等。1972年5月15日，该协定正式生效，冲绳行政权回归日本。

在归还冲绳后，美军驻冲绳基地在美国西太平洋地域的战略地位并没有改变。在基地调整过程中，美国方面只是将一些不重要的军事基地取消或转交给日本自卫队使用，但这些被转交的军事基地面积只占美军基地总面积的1.5%左右。据统计，1972年3月，美军在日本本土的基地设施是105个，占地29万平方米。1973年3月，包括冲绳县在内，驻日美军的基地设施总共为172个，占地54.84万平方米，而其中驻冲绳的基地设施是83个，占地28.4万平方米，占驻日美军总面积的52%。到1975年，这一比例又上升到了74%。[①] 从中可以看出，驻日美军的重点已经转向了冲绳，冲绳基地的地位不仅没有下降，反而进一步得到了提升。

---

① 根据日本1976年版《防卫白皮书》中提供的数据统计得出。

第四章　驻日美军与日本的安全保障

四、驻日美军的编制体制与基地规模

自1951年《日美安全保障条约》签订以来,驻日美军的编制体制与基地规模就始终处于不断变化调整之中,以适应国际形势及亚太地区安全形势的变化。

驻日美军成立初期,适逢朝鲜战争激战正酣之时。美国虽然将驻扎日本的第七军调往了朝鲜半岛,但驻日美军在朝鲜战争结束之前基本上维持在20万人以上。此后,随着朝鲜战争结束与1954年日本自卫队成立,美国从1955年开始大规模撤出驻日军队。至1960年《日美共同合作和安全条约》签订之际,驻日美军的兵力已经降至5万多人,与朝鲜战争期间的兵力规模已相差甚远。从20世纪60年代开始,驻日美军的兵力规模保持了一个稳定态势,直至冷战结束都没有发生太大的变化,基本上维持在4—5万人之间的水平上。

在冷战结束之际,美国老布什政府曾一度计划削减其亚太地区驻军,却未能完全落实到位。① 1995年2月,美国克林顿政府在《东亚战略报告》中则进一步强调了驻日美军的作用和意义,称:"美国在亚太的安全政策成功与否取决于对日本基地的使用权和日本对美国军事行动的支持","确保有权使用在日本的基地对于我们遏制和击败侵略的能力起了关键作用","我们将继续在冲绳派驻海军陆战队远征军;前沿部署一个航母作战群和一个两栖待命群;我们还将在日本保留一个以上的空军作战飞机联队;海军第七舰队仍将在西太平洋例行巡逻"。② 也就是说,美国在日本的驻军规模仍将保持不变,即维持在4.6万人的水平。按照这一方针,驻日美军的规模在1995年之后就再没有发生过较大的变动。

在编制体制上,驻日美军由司令部、陆海空三军以及海军陆战队组成。

司令部于1957年7月1日在府中空军基地成立,后于1974年底搬迁至横田空军基地内。司令部平时没有常驻部队,只有一些参谋人员负责处理日常事务。司令部的主要职能是负责制订作战计划、指挥联合及双边训

---

① 美国在这一时期仅仅从日本撤走了将近6000名美军,其后本来计划中的对驻冲绳部队的调整并没有得到实施。

② U. S. Department of Defense, "United States Security Strategy for the East Asia – Pacific Region," February 1995. 转引自吴心伯:《太平洋上不太平——后冷战时代的美国亚太安全战略》,上海:复旦大学出版社2006年版,第191—215页。

练及演习、执行《日美地位协定》、提升战斗准备、保障驻日美军官兵及其家属的生活水平等。

驻日美军陆军司令部位于神奈川县的座间兵营内,最初只是负责对承担驻日美军通信、运输、港口设施维护的驻日陆军部队进行统一指挥,并没有真正意义上的战斗部队。直至 1984 年第 1 特种大队第 1 空降营被配置给驻日美军之后,驻日美军陆军才有了真正意义上的作战部队。随后,1987 年美国在冲绳驻扎了第 10 地区支援大队,1988 年又在座间驻扎了第 17 地区支援大队,从而充实了驻日美军的陆军实力。但是,驻日美军陆军的主要任务并没有发生变化,仍是负责管理日本本土和冲绳地区的港口及一系列后勤设施,为战区内的美军提供后勤支援。

驻日美军海军司令部位于横须贺海军基地内,主要由隶属于美国第七舰队的部分部队组成,包括第 7 潜艇大队、第 7 舰队巡逻侦察部队和驻扎在厚木和三泽的海军航空运输部队等。

驻日美军空军司令部位于横田空军基地内,主要由第 5 航空队构成。下辖的部队最初为驻三泽的第 6920 航空团、驻嘉手纳的第 313 航空团和驻横田的第 475 航空团。随后,美军又进行了编制调整,于 1989 年以横田为基地组建了第 374 运输机联队,1991 年以嘉手纳为基地组建了第 18 航空联队,1996 年以三泽为基地组建了第 35 战斗机联队。空军的主要任务是负责保持美军的遏制态势,并在遏制失效的时候执行进攻或防御性空中作战。

驻日美军海军陆战队司令部位于冲绳考特尼兵营内,下辖的部队最初为第 3 陆战队远征部队、第 3 陆战师、第 1 陆战航空团和第 3 勤务支援大队等。由于驻日美军海军陆战队是驻日美军中最主要的作战部队,故其部队编制一直没有做过任何调整。

与此同时,伴随驻日美军数量及编制体制的变化,驻日美军的基地数目及用途也在发生变化。

在 1952 年驻日美军刚成立之时,美军在日本占用的机场、港口、演习场及其他设施共计 2824 处,面积达 1352 平方千米。1955 年设施数目虽然减少到 658 处,但面积并没有减少多少,仍占 1297 平方千米。至 1975 年设施数目减少到 139 处,占地面积为 366 平方千米。1990 年冷战结束之际,驻日美军基地设施数目为 105 处(占地约 325 平方千米),驻冲绳基地设施为 43 处(占地约 242 平方千米)。2009 年 12 月,驻日美军基地的设施数目为 85 处,驻日美军人数约 3.6 万,基地面积共约 309 平方千米,

第四章　驻日美军与日本的安全保障

相当于东京23个区的一半。其中，有33处驻日美军基地位于冲绳，面积约229平方千米，相当于全部基地面积的3/4（参见表4-1）。这些基地设施均是专供美军使用的"专用设施"。

表4-1　驻日美军基地的推移

时　间	设施数	面　积
1952年	2824	1352平方千米
1973年	165	446平方千米
1990年	105	325平方千米
1999年	90	314平方千米
2009年	85	309平方千米

资料来源：『在日米軍基地　なぜ縮小されない？』、載『朝日新聞』2009年12月18日。

伴随着驻日美军基地设施数目的减少，设施的构成结构也发生了变化。其中，在20世纪60年代，驻日美军直接提供给作战部队使用的军队宿舍和飞机场的数目及面积都有了明显的减少，这反映出美国在日本的军事基地已由朝鲜战争时期的一线基地转变成美国在远东的前方基地，主要发挥后方支援的作用。到20世纪70年代，这一趋势更加明显。根据日本1976年版《防卫白皮书》所提供的数据，驻日美军到1975年底所拥有的139处基地设施中，通信设施和补给设施分别为36处和25处，两者相加占了基地设施总数目的44%。这一趋势时至今日都没有发生变化。

此外，自20世纪80年代美军正式开始与日本自卫队进行联合训练，经常把自卫队演习场当作"共用设施"使用。若与驻日美军"专用设施"加在一起，2009年12月，美军使用的设施为134处，面积合计1027平方千米。而在1980年，驻日美军的基地设施为120处，占地面积仅为424平方千米，其后美军实际利用的基地设施面积反而扩大为1980年的2倍多。并且，美军基地集中在冲绳的原因在于冲绳与本土的基地归还比例存在着差距。仅从1972年冲绳回归后这段时间来看，本土减少了60%，而冲绳减少了不到20%。①

驻日美军的基地设施主要包括座间兵营、横须贺海军基地、佐世保海军基地、厚木海军基地、岩国基地、横田空军基地、三泽空军基地，以及

---

① 『在日米軍基地　なぜ縮小されない？』、載『朝日新聞』2009年12月18日。

驻冲绳的基地群。这些基地自建立以来，其规模、功能等都在不断扩大和加强。其中，横须贺和佐世保被誉为美国第七舰队的"左膀右臂"，而驻冲绳的基地群甚至被称为美国的"兵营"。

第二节　21世纪初期驻日美军整编

21世纪初期，随着美国和日本所处国际战略环境的变化，驻日美军又面临着一次重大调整，即所谓的"驻日美军整编"。驻日美军整编是以2006年5月1日日美两国举行的"外交与防务磋商"会议（"2+2"会议）发表的《日美实施再编的路线图》为蓝本的，日美两国在该路线图中确定了驻日美军整编的具体日程与计划。此次整编涉及范围很广，但主要是对驻日美军的规模与任务等进行调整，而非调整其法律地位。

一、驻日美军整编的路线图

2001年"9·11"事件发生后，美国对外以"反恐"为名相继发动了阿富汗战争与伊拉克战争，并仍坚持重视驻日美军的政策。作为美军前往印度洋及波斯湾作战的后方支援据点，从2002年起，美军将横须贺基地（神奈川县）与嘉手纳基地（冲绳县）确定为"主要作战基地"（MOB），属于最高级别的美军海外基地。

从2004年开始，日美两国关于驻日美军整编问题展开磋商。2004年7月，在日美两国举行的"外交与防务磋商"会议（"2+2"会议）中，美国向日本提出了调整驻日美军的具体方案。主要内容有：1. 加强神奈川县的座间基地，使之成为美军在太平洋的陆军指挥中心。即要求美国陆军第一军司令部从华盛顿州迁移到座间基地，驻日美军司令部从横田基地亦迁移到座间基地。2. 撤销驻关岛的美国第十三空军司令部，与驻横田基地的第五空军司令部合并。日本航空自卫队的航空总队司令部从府中市迁移到横田基地。3. 美国海军陆战队一部从冲绳迁移到日本本土。对此，同年9月，日本提出了有关驻日美军整编的对案。主要内容为：1. 不赞成美国陆军第一军司令部迁移到座间基地，因为司令部的管辖范围有可能超出"远东"；2. 驻横田的第五空军司令部与驻关岛的第十三军司令部合并后，仍留驻日本的美军司令部的职能不能超出安保条约所规定的"远东"的范围；3. 2004年1月从冲绳基地出发增援伊拉克的3000名美军应不再返回日本。

第四章 驻日美军与日本的安全保障

随后，经过一系列密切磋商与交涉，2005年10月29日，日美两国达成《日美同盟：面向未来的变革与再编》协议。在协议中美国方面做出了一定程度的让步，主要包括：1. 美国的第三海军陆战远征部队司令部、海军陆战队飞行联队、部队服务支援群以及第三海军陆战师的部分部队撤出冲绳，其中6000人调整至关岛，1000人转移到日本其他地方。美军可能于2012年完成这次转移，而继续驻扎冲绳的大约1万名美国海军陆战队主力将改组为海军陆战旅。2. 美国第七舰队的航空母舰舰载机从厚木机场转移至岩国机场。同时，日本方面也做出了让步，即日美两国军事指挥机关将提高一体化程度。为转入联合作战态势，日美双方将加强两个指挥中心：一个是驻日美军司令部将于2009年在横田基地建立一个双边和联合作战协调中心供两军使用，日本航空自卫队的指挥机关也从府中迁至横田；另一个是加强座间基地的指挥、控制能力，使之同时容纳驻日美军陆军司令部和日本陆上自卫队的中央戒备集团司令部。

以上述报告为蓝本，日美两国又历经多次事务级磋商，最终在2006年5月1日举行的"2+2"会议上发表了《日美实施再编的路线图》，敲定了驻日美军整编的具体日程与计划，并在随后举行的日美峰会上以《世界中的日美同盟》联合宣言的形式加以确认。

根据《日美实施再编的路线图》[1]，此次驻日美军整编包括以下内容：

1. 强化司令部功能。强化司令部功能是此次整编的核心，也是实现自卫队与美军一体化的关键。为此，整编路线图规定：（1）在美国2008财政年度之前建成驻座间的驻日美军陆军司令部，并修建一个战斗指挥训练中心及其他附属设施。（2）在日本2012财政年度将日本陆上自卫队中央快速反应集团司令部迁入座间兵营。（3）日本航空自卫队航空部队司令部及其相关部队将于日本2010财政年度迁入横田机场，与美国第五空军司令部相邻；同时在横田机场内新设"日美联合运用协调中心"，这一中心将用来强化防空与反导方面的协调功能。

2. 对驻冲绳的美国海军陆战队及其基地进行整编。（1）建设普天间机场的替代设施。日美两国将在名护市边野古岬及其两侧水域建设一个拥有两条1800米长跑道的新机场，用于替代普天间机场，预计于2014年完成。（2）削减驻冲绳的兵力。约8000名美国第三海军陆战队机动展开部队的成员（主要是各司令部指挥机关）及其约9000名家属将在2014年之前从

---

[1] 美国国务院：*United States – Japan Roadmap for Realignment Implementation*。

冲绳迁往关岛，转移费用预计将达到100.27亿美元，日本方面已表示将负担其中的60.9亿美元。（3）土地的返还及设施的共同使用。美军将包括那霸军港、牧港补给区、普天间机场等数个基地全部归还给日本，日美双方将于2007年3月之前就此制订出详细的计划。航空自卫队将与美军共同使用嘉手纳空军基地。

3. 共筑导弹防御系统。美军新的X波段雷达将部署在日本航空自卫队车力分屯基地，2006年夏季之前完成操作部署，并与日本分享数据；美军"爱国者-3"型反导系统也将尽早部署在驻日美军设施内并投入使用。

4. 航空母舰舰载机从厚木机场移至岩国机场。美国第五航空母舰航空团（包括F/A-18、EA-6B等飞机）将在2014年之前从厚木机场迁至岩国机场，KC-130空中加油飞行队将以岩国机场为据点，CH-53D直升机将在美国第三海军陆战队机动展开部队的成员迁往关岛之后从岩国机场迁至关岛。日本海上自卫队的部分飞行队（包括EP-3等飞机）将从岩国机场迁至厚木机场，海上自卫队鹿屋基地则将提供飞机训练及展开用的必要设施。

5. 重新部署训练。为了提高共享效率、减轻基地转移所带来的影响，驻日美军的训练将从嘉手纳机场、三泽机场以及岩国机场等三个设施逐步向千岁、百里、小松等其他日本自卫队军用设施分散。

至此，驻日美军整编计划正式出台，驻日美军也开始了自成立以来最大规模的一次整编历程。

二、驻日美军整编的进展

在驻日美军整编计划正式出台以后，日美两国均迅速转入推进实施阶段。

2006年5月30日，日本内阁会议通过了驻日美军整编计划，使该计划纳入政府的工作议程。2007年5月23日，日本国会通过了《驻日美军整编特别措施法案》，为驻日美军整编提供了国内立法依据。与此同时，美国政府也迅速采取行动。2006年6月23日，美军将X波段雷达从驻日美军的三泽空军基地运抵日本航空自卫队的津轻基地，这一行动也正式揭开了驻日美军整编的序幕。

此后，驻日美军整编相继取得进展。2007年8月，驻日美军整编先遣部队抵达座间基地。同年12月19日，美国陆军第一军在座间设立的司令部正式举行升旗仪式，标志着该司令部开始运作，驻日陆军司令珀金斯少将就任第一任司令。2009年4月10日，美国"华盛顿"号核动力航空母舰接替"小鹰"号常规动力航空母舰，正式进驻横须贺海军基地，成为美国唯一一艘母港在国外的核动力航母。2010年3月，日美两国关于驻日美军管辖的冲绳岛周边航空管制系统"嘉手纳 RAPCON"归还日本一事达成协议。美军二战中占领冲绳后一直控制该地区空管权，根据该协议，除嘉手纳和普天间的机场管制外，整个"嘉手纳 RAPCON"系统都将归还日本。2010年5月29日，驻日美军岩国基地外1千米海面上新建的跑道投入使用。新跑道全长2440米，宽60米，填海面积约213公顷，可以有效减轻基地周边居民的噪音污染及减少事故发生的可能。

随着驻日美军整编取得阶段性进展，日美两国又对最初的整编计划进行了局部调整。在2012年2月举行的日美两国审议官级会议中，美国主动提出驻日美军整编计划的新调整方案，原准备移驻关岛的美国第三海军陆战队的司令部及约2200名主力作战部队将固守冲绳，作为保留司令部的交换条件，美国决定将其他部队移至关岛，冲绳驻军兵力仍维持原计划，保持在1万人左右不变。2012年4月6日，日美两国政府围绕驻日美军整编计划一事进行磋商，双方就留驻冲绳的海军陆战队士兵规模（近1.1万人）基本达成一致。双方决定的留驻规模之所以略多于1万人，主要是以下两个原因：一是美国政府曾向日本提议，将1300人转移至岩国基地，但双方后来决定让这批人留驻冲绳；二是驻冲绳海军陆战队的规模相比2006年的1.8万人有所扩大。

但是，上述整编进展基本上都是在驻日美军基地内部进行的自我调整，而最为艰难的普天间基地搬迁问题却迟迟难以取得进展。

三、普天间基地搬迁问题

此次驻日美军整编的重中之重是对驻冲绳的美军进行调整，但是时至今日，这一调整仍面临普天间基地搬迁的难题。

冲绳岛中部的宜野湾市地处冲绳岛南北交通的要冲，距离冲绳县首府那霸约10千米，战略地位十分重要，而驻日美军普天间基地就位于该市的市中心。普天间基地是以二战期间美国用于B-29轰炸机起飞攻击日本本土的简易机场为基础建立起来的。经过多年的经营，现今的普天间基地已经是拥有2800米长的跑道、多座机库、修理厂、仓库和后勤通信设施的现代化基地，占地4.8平方千米，约占宜野湾市面积的1/4。普天间基地既是驻冲绳美国海军陆战队的基地，也是美海军陆战队在日本最大的武装直升机机场。但是，由于普天间基地位于宜野湾市中心，占地面积大，对当地的城市建设规划及经济开发振兴都形成了严重的障碍。而且，普天间基地的直升机在训练过程中不时从周边居民区上空超低空掠过，其飞行时掉落的零件时常坠落在周边的居民区内，甚至落在幼儿园、加油站等危险场所，加上美军训练所带来的噪声和电磁污染，使周边居民苦不堪言，一直强烈要求将基地迁离市区。

冷战后，面对冲绳岛内民众不断高涨的反基地运动，迫使日美两国不得不从政治高度研究缩减或迁移驻日美军基地的可行性。经过磋商，1996年12月2日，日美两国发布《日美冲绳问题特别行动委员会最终报告》。该报告的主要内容是，规定美军在替代设施完工后归还包括普天间基地和楚边通信所在内的11个设施和区域。根据协议，日美两国准备在名护市附近建设海上直升机机场作为替代设施，但这一动向遭到了当地居民的断然反对。1997年12月21日，名护市举行市民投票，反对票高达近53%。[①] 此后，又由于对名护市附近海域进行环境评估检测遭到当地居民的强烈反对，普天间基地替代设施的建设工程被搁置了下来，基地的归还也变得遥遥无期。

在2006年有关驻日美军整编的新协议中，规定在名护市边野古岬海滨的施瓦布军营附近建设一个拥有两条1800米长跑道的新机场，并于2014年之前完成。

正当日美两国政府试图推进普天间基地搬迁计划之际，日本国内政坛"变天"又为这一搬迁计划带来了新变数。2009年9月，以民主党代表鸠山由纪夫为首相的新内阁成立。在竞选活动中，民主党就主张重新研究驻日美军整编问题，乃至提出将普天间基地搬迁到冲绳以外的地区。上台执政后，鸠山内阁就按照这一竞选方针与美方就普天间基地搬迁问题展开交涉。对此，美国方面认为路线图所规定的计划是最好的搬迁方案，无意进行变更，并频频向日本施加压力。

在与美国方面以及冲绳当地反复交涉未果的情况下，鸠山内阁被迫做出"食言"妥协。2010年5月28日，日美两国就驻日美军普天间基地搬迁问题发表联合声明，主要内容是：在与施瓦布军营边野古地区邻接的水域修建长1800米的机场跑道；双方将在8月底之前完成对跑道位置和施工

[①] 刘世龙著：《美日关系（1791—2001）》，北京：世界知识出版社2003年版，第678页。

第四章　驻日美军与日本的安全保障

方法的研究工作；将美国海军陆战队等驻冲绳美军的一部分训练分散到冲绳县外进行，除将转移至鹿儿岛县德之岛外，还将研究转移至日本以外的关岛等地；双方在举行由两国外长和防长参加的日美安全保障磋商委员会会议之前确认迁移计划；美国将归还位于冲绳本岛东部的一部分美军训练水域。① 从中可以看出，该联合声明与驻日美军整编路线图的内容基本一致。至此，普天间机场搬迁问题在前后历经 8 个多月的日美博弈之后，以"日方让步、美方胜利"的结果告终。

此后，在民主党政权垮台后，2012 年 12 月自民党上台执政的安倍晋三内阁重新推动普天间基地搬迁计划。2013 年 2 月初，安倍晋三就任首相来首次访问冲绳，希望打"振兴冲绳牌"来争取实现普天间问题的"软着陆"，表示政府在编制本年度预算时克服困难，安排了 3001 亿日元冲绳振兴费。

2013 年 12 月 27 日，日本冲绳县政府批准了曾长期搁置的有关驻日美军普天间基地搬迁的方案，同意填海造地。此前的 12 月 25 日，冲绳县知事仲井真弘多与首相安倍晋三会晤，安倍承诺将在 2021 年之前每年注入巨资发展该岛经济。为振兴冲绳经济，日本政府计划在 2014 年度提供 3460 亿日元（约合人民币 200 多亿元），并保证到 2021 年度，把每年度冲绳振兴预算的规模维持在 3000 亿日元（约合人民币 175 亿元）以上。对此，以往曾长期坚持反对新建美军基地的仲井真表示"中央政府的计划令我们感到格外满意"。②

但是，在 2014 年 11 月举行的冲绳县知事选举中，持反对基地立场的翁长雄志获得支持并当选。但新知事翁长因此遭到中央政府冷落，几次到东京都进不了首相官邸，见不到政府重要官员。在 2015 财年预算中，最关键的普天间基地搬迁将在 2015 年夏季启动填埋工程，包括上述在内的美军基地整编相关费用将达到 1462 亿日元，比 2014 财年增加 60%。由于冲绳县知事翁长雄志反对普天间基地搬迁方案，冲绳县的复兴预算 5 年来首次减少。2015 年 8 月，日本政府在民众的强烈反对下决定停工一个月，与冲绳政府协商，但以破裂告终。2015 年 9 月 12 日，政府重启边野谷建设作业。9 月 14 日，冲绳县知事翁长雄志宣布，撤销对美军普天间机场搬迁

---

① 日本外务省网站：*Joint Statement of the U. S. - Japan Security Consultative Committee*。

② 法新社东京 2013 年 12 月 27 日电。

地——名护市边野谷沿岸填海造地的许可。

目前,普天间基地的搬迁仍没有取得实质性进展。面对冲绳当地政府和居民坚定而强烈的反对,日本政府还有许多问题需要解决。

第三节 驻日美军对日美两国的作用与影响

驻日美军自产生后历经60余年的变迁,其战斗力越来越强,管辖范围也越来越广。究其原因是由日美两国各自以及共同的战略利益所决定的。

一、驻日美军对美国的作用

驻日美军在冷战后美国的海外驻军大规模调整中基本上未受到影响,且进入21世纪初期后其战斗力不断得到强化。这表明驻日美军在美国国家安全战略中占据重要地位。

(一) 驻日美军是美国实现亚太战略的支撑力量

基于地缘战略视角,驻日美军的冲绳基地位于亚太地区"第一岛链"的核心,与以关岛为核心的"第二岛链"遥相呼应,呈犄角之势,是美军在亚太地区抛出的一支稳固的"锚",对其他亚太国家形成遏制之势。

关于驻日美军在美国亚太战略中的重要地位,1995年美国在《东亚战略报告》中曾明确指出:"美国在亚太的安全政策成功与否取决于对日本基地的使用权和日本对美国军事行动的支持。美国在日本的部队决心并准备着不仅保卫日本和美国在其附近的利益,而且维护整个远东地区的和平与安全。美国在日本的基地位置优越,可以将美国部队迅速部署到该地区几乎任何出乱子的地方。由于美国与太平洋战区相隔遥远,确保有权使用在日本的基地对于我们遏制和击败侵略的能力起了关键作用。"[①]

事实上,无论是在冷战时期的越南战争、冷战后的海湾战争还是21世纪初期的阿富汗战争和伊拉克战争中,驻日美军均发挥了至关重要的作用。其中,在1991年海湾战争中,驻冲绳的第三海军陆战队远征部队2000余名官兵参与执行相关任务;在阿富汗战争中,驻嘉手纳的HH-60G"铺路鹰"部队和驻横田的C-130运输机参与执行搜索救援及空中指挥等任务;在伊拉克战争中,驻横须贺的"小鹰"号航空母舰上的舰载机

---

① 吴心伯著:《太平洋上不太平——后冷战时代的美国亚太安全战略》,上海:复旦大学出版社2006年版,第210页。

每天都执行超过80次的作战任务。并且,以横须贺为基地的美国第七舰队则参与了冷战后美国发动的历次战争。由于驻日美军基地处于"接近敌人和战场的桥头堡、出击根据地"的地理位置,具有弹药燃料补给、指挥通信以及装备维修等多方面的功能,且发挥着部队运输及轮换休整的中继站作用。

(二)驻日美军是美国控制日本走向的有效工具

第二次世界大战的惨痛经历使美国认识到,要想避免悲剧的再次发生,就必须将日本牢牢地控制在自己手中,一个不被"看管"的日本对美国而言是非常危险的。美国政府虽然没有公开表明这样的态度,但是却用实际行动证明了这一点。因为控制一个国家最为有效的方式就是在其国内驻军,充当其保护国。相比于政府的小心谨慎,美国军方则显得直白许多,"瓶塞理论"便是这一想法的具体体现。例如,据1990年3月27日的《华盛顿邮报》报道:驻日美国海军陆战队将领斯塔克波尔表示,美军必须在日本待到21世纪初,这大部分是因为"谁都不希望有一个重新武装、东山再起的日本。因此我们是瓶塞"。[1]

21世纪初期的驻日美军整编也是上述战略思维的反映。美国为了更好地控制及利用日本,促使日本亦步亦趋地充当"小伙伴",故通过整编方式来将驻日美军深深地融入日本的政治、军事和外交诸领域。

二、驻日美军对日本的作用

除美国之外,对战后日本国家发展战略的实现而言,驻日美军也产生了关键性作用。

(一)驻日美军为日本带来安全"红利"

毋庸置疑,依据《日美安保条约》而产生的驻日美军,保障了日本的国土安全。不仅如此,在战后相当长一段时间内,驻日美军的存在促使日本防务开支曾一直处于较低水平,从而能够集中资源用于发展经济并实现经济高速增长。正是在日美同盟及驻日美军的战略支撑下,日本在战后短短二十几年的时间内就能迎头赶上,并于1968年超过联邦德国而成为资本主义世界第二大经济体。

---

[1] 肯尼斯·B.派尔:《日本问题》,美国企业出版社1992年版,第16页,转引自刘世龙著:《美日关系(1791—2001)》,北京:世界知识出版社2003年版,第628页。

（二）驻日美军为日本提升军事实力

冷战时期，自1978《日美防卫合作指针》签订以来，驻日美军与自卫队之间的联合军演不断拓展（参见表4-2），强有力地提升了日本的军事实力。

表4-2 1978—1989年驻日美军与日本自卫队联合演习次数（单位：次）

	统合幕僚会议	陆上自卫队	海上自卫队	航空自卫队
1978—1980	-	-	8	24
1981—1984	-	15	20	44
1985	1	7	7	10
1986	1	7	6	12
1987	1	7	7	16
1988	2	7	8	13
1989	1	6	8	9

资料来源：根据各年度日本《防卫白皮书》统计得出。

冷战后，驻日美军与自卫队之间的联合军演依旧频繁，每年的演习次数都在20次左右，且规模呈不断扩大的趋势。通过这些演习，日本自卫队不仅提升了自身与美军的融合程度，而且通过与美军的共同训练获取了先进的训练方法，极大地提升了自身的战斗力。特别是随着21世纪初期驻日美军整编进程的推进，日美两国间的司令机关整合及导弹防御合作均得到深化，日本的军事实力必将得到质的提升。

三、驻日美军的民生性问题

由于驻日美军规模庞大且享有诸多特权，导致日本社会被迫承受其所带来的诸多民生性问题。

（一）"温馨预算"问题

驻日美军产生之初，美国方面负担驻日美军驻留的经费，日本方面负担提供设施和驻地的经费。但是，进入20世纪70年代，随着美国经济实力的相对下降与日本经济实力的不断增强，美国方面开始要求日本承担驻日美军的更多费用。

1977年6月17日，隶属美国国会的总审计局向参众两院报告：美日两国应研究决定更加公平地负担防务。对此，7月1日，日本防卫厅长官金丸信表示愿考虑分担驻日美军的部分经费。8月23日,防卫厅决定为驻日美军分担60亿日元的劳务费。12月22日,日美结束分担驻日美军劳务费的谈判并签署协定:日方为美方负担61亿日元。在该协定于1978年4月1日生效之后不久,两国又进行了磋商,决定由日本方面再分担一部分美军基地日本从业人员的劳务费。1979年3月,日本国会通过了共同分担驻日美军防务费用的方案,日本开始负担营房、家眷住宅的新建、改建等费用。在上述过程中,部分政界人士及社会舆论对于比以往承担更多负担的做法态度十分消极,防卫厅长官金丸信进行说服时采用了"从关怀和温馨的立场出发,尽量做出努力"的措辞,"温馨预算"一词由此成为该类预算的俗称。

"温馨预算"包含的内容一直处于不断变化中,日本政府从1987年开始为驻日美军负担8种津贴,1991年开始负担驻日美军基地的水电煤气费,1996年开始负担因训练转移而带来的支出。时至今日,连驻日美军基地的娱乐、保健设施费用及工作人员的制服费也都划入了"温馨预算"的范围。"温馨预算"一般是通过"特别协定"的方式来体现的,起初有效期是5年,后来由于形势发展而没有统一规定,视当时具体情况而定。

在20世纪80年代,日本方面承担的"温馨预算"数额增长非常迅速,从1978年的62亿日元、1979年的280亿日元、1980年的374亿日元,猛增至1988年的1203亿日元、1989年的1423亿日元、1990年的1680亿日元。[①] 不仅日本民众对此怨声载道,日本政府也觉得财力有所不支,开始想方设法对"温馨预算"的数额进行控制。恰逢此时,伴随着冷战终结与苏联解体,日美同盟面临的所谓"苏联威胁"已消失殆尽,日本政府借机对"温馨预算"采取严格控制数额的立场。此外,日本方面还以"美国财政状况好转、日本财政状况恶化"为借口,从1997年开始要求减少"温馨预算"的数额,并于1999年12月20日决定将日本负担的2000年度"温馨预算"额度减少2.8%。[②]

21世纪初期,为满足驻日美军整编进程的需求,日本政府特意将驻冲绳美军迁移费用从"温馨预算"中拿出来单独列项,以达成掩人耳目的效果,并造成近年来"温馨预算"数额有所下降的假象,从2006年的2326

---

① 根据各年度《防卫白皮书》统计得出。
② 刘世龙著:《美日关系(1791—2001)》,北京:世界知识出版社2003年版,第679页。

亿日元逐渐降至2007年的2173亿日元、2008年的2083亿日元、2009年的1928亿日元、2010年的1881亿日元。①

进入21世纪以来，随着中国崛起和朝鲜核问题的出现，美国对东亚地区越来越关注，驻日美军也受到了越来越多的重视。美国除了对驻日美军进行大规模整编之外，一直要求日本在"温馨预算"问题上给予支持。而日本认为只有依靠美国，才能在与中国和朝鲜交锋的时候占得上风，因此也就在"温馨预算"问题上顺应了美国的要求。不过日本政府为了顾及民意及影响，特地将驻冲绳美军迁移的费用从"温馨预算"当中拿了出来单独列项，以达成掩人耳目的效果，因而也就造成了从数据上看最近几年"温馨预算"的数额在不断下降的假象。2011年3月底，日本国会又通过了《驻日美军驻留经费负担特别协定》，规定日本今后5年每年承担1880亿日元（约合23.3亿美元）的"温馨预算"。

（二）环境安全问题

在驻日美军基地密集的冲绳岛，根据琉球大学的调查，在美军机起降时毗邻普天间基地的宜野湾市立普天间第二小学教室内的噪声水平达100分贝以上，和高架桥下城铁通过时的噪声水平相当，对课堂教学产生严重影响。文部科学省在《学校环境卫生管理手册》中规定，教室内噪声"理想"水平在闭窗和开窗的情况下是50分贝和55分贝以下。这意味着第二小学正受到远超"理想"水平噪声的干扰。②

此外，驻日美军在训练过程中发生的安全事故，也不时引发当地居民的恐慌与不满。例如，2013年8月5日，隶属美军嘉手纳基地的HH-60直升机训练途中在汉森军营训练区内坠落，4名机组人员中3人逃生，另外1人不幸遇难。8月12日，日本冲绳县议会通过了针对县内美军汉森基地直升机坠落事故的抗议决议，并指出1972年冲绳回归本土以来已发生了44架飞机坠落事故。

（三）刑事犯罪问题

驻日美军在日本享有特权，根据《日美地位协定》第17条第5款规定，日本当局只有在起诉时才能逮捕美方的犯罪嫌疑人。这导致驻日美军在日本犯罪几乎不受处罚，驻日美军的犯罪率一直居高不下，社会影响非常恶劣。据统计，与驻日美军有关的犯罪案件从1996年的39起上升到了

---

① 根据各年度《防卫白皮书》统计得出。
② 《美军机噪音害苦冲绳小学生》，载《参考消息》2012年4月3日。

2000年的53起。而且，由于驻日美军的75%都驻扎在冲绳，驻日美军及其家属在冲绳的犯罪行为更是屡见不鲜。仅在冲绳主权归还日本后的23年里，驻冲绳美军及其家属就制造了7000多起刑事犯罪，包括强暴妇女、杀人等100多起恶性案件在内。1988年以来，驻冲绳美军的"军法会议"平均每月都要审理两起美军士兵强暴妇女案件。[1] 到2003年底，驻冲绳美军的刑事犯罪已达5269件，其中恶性案件540件，暴力案件977件。这些案件给冲绳当地居民的生命财产安全带来了很大威胁。

驻日美军刑事犯罪对日本普通民众的影响更为直接，也更能遭到社会舆论的抨击，因此，日本方面一直谋求修改甚至废除《日美地位协定》的相关内容。2013年7月24日，由日本14个有驻日美军基地的都、道、县知事组成的"涉外知事会"向日本外务省和防卫省递交一份请愿书，要求修改《日美地位协定》并早日归还基地。"涉外知事会"会长、神奈川县知事黑岩佑治向美驻日大使鲁斯说明了请愿书内容，但鲁斯表示修改协定很困难。

总之，驻日美军的存续，对日美两国实现各自的国家战略具有重要意义，但一系列民生性问题的产生，也在相当程度上有损驻日美军的社会形象与日美同盟关系。

---

[1] 韩铁英：《浅论冲绳知事"抗命"诉讼》，载《日本学刊》1997年第1期，第31页。

第五章

日本的同盟拓展与"日美+1"模式

为了应对亚太地区的安全保障问题,日美两国政府越来越多地采用了将第三国囊括在内的"日美+1"模式。其中,对于美国而言,鉴于国力相对下降以及为解决财政难题,美国政府试图通过多边框架网络防卫战略取代以往的双边军事同盟框架;对于日本而言,从澳大利亚、印度、韩国到东南亚等国,日本采取了以日美同盟为基轴,绕着中国周边地区"拉盟友"的策略。尤其是21世纪以来,日本与澳大利亚、印度、韩国、东南亚国家间的双边安保合作不断得到加强,在多方因素的促进下,日美澳、日美印、日美韩、日美+东南亚国家等三边安保合作亦在积极向前推进。

第一节 日澳安保合作与"日美+澳"模式

二战期间,澳大利亚曾与日本处于敌对状态,并一度遭受了日本的侵略。二战结束后,日本与澳大利亚恢复邦交正常化,两国关系逐渐从经济关系向政治、安全关系等方面发展。这一发展趋势符合地缘政治的基本规律,是亚太局势演变与两国战略诉求相互作用的结果。1951年,《旧金山合约》的签订使日澳关系得以恢复,这为此后不久的日澳商贸往来打下了政治基础,但澳大利亚对日本仍持有一定的敌视和怀疑态度,在20世纪50年代中前期的对日贸易中采取了严重的歧视政策。[①] 1957年和1958年,日澳正式签订商业协定,后经数次修改,两国经贸关系终因澳方取消了对日歧视性条款而迅速发展。伴随着经贸关系的进一步加强以及美国在亚洲的军事收缩,日澳均感到两国关系对自身发展的重要意义,开始探讨建立稳定的合作机制,并于1976年促成了《澳日友好合作基本条约》的签订。条约规定:"在互利互信的基础上加强和发展两国在经济、贸易以及通商领域中的合作;扩大能源方面的贸易和开发方面的合作;互相给予对方国民在入境、逗留、旅行、离境以及进行事业、职业活动方面公平而同等的

---

① 刘新华:《日澳关系的演变及其特点》,载《当代亚太》2007年第6期,第11页。

待遇，其待遇不得在对方国民和第三国国民间有所歧视等。"① 该条约奠定了日澳两国关系深化发展的基础，是两国经济政治关系的平等性协议，两国合作内容进一步得到拓展。

1989 年 1 月，日方在双边部长级会议上对澳方提出建立"建设性伙伴关系"的提议，并得到了澳方的积极响应，两国政治关系进一步得到加强。1990 年 9 月，澳总理霍克访日时明确表达了"支持日本成为联合国常任理事国、认可日本派遣自卫队赴海外执行联合国维和任务"的观点，并表示："日本的国际影响力不能匹配或者落后于它的经济力量和经济利益的时日应该成为过去。"② 1991 年 5 月，日澳双方在第十一届部长级会谈中，同意在"安全领域尤其是确保双方所在的亚太地区的和平与繁荣""维持和加强自由和开放的世界经济体制下的国际贸易""寻求解决国际问题尤其是环境保护""全面深化双边关系"四个方面展开合作。由此，日澳开始将安保纳入到其合作范畴，并不断深化其安保合作的实践与内容。

一、日澳安保合作的内涵

冷战后，伴随着日澳两国对拓展国家利益诉求的不断增强，其进一步加深了两国关系的合作范畴，日澳安保合作的内涵也不断得到扩充。

1995 年 5 月，日本和澳大利亚签署了《建设性伙伴关系联合声明》，该声明"是对《澳日友好合作基本条约》的补充与完善，是两国对现状的肯定以及关于 21 世纪两国关系的规划"。③ 所谓"建设性伙伴关系"是指：在提升双边关系质量之外，在多边事务论坛如亚太经合组织、东盟地区论坛、世界贸易组织、联合国以及协调对南太平洋地区的援助政策等方面，形成日澳磋商的轴心机制。④ "建设性伙伴关系"的构筑，进一步为日澳的安保合作确立了保障机制。1996 年和 1997 年，日本首相桥本龙太郎与澳大利亚总理霍华德进行了互访，双方都提出了不断提升两国防务关系

---

① 宋成有、李寒梅等著：《战后日本外交史（1945—1994）》，北京：世界知识出版社 1995 年版，第 489 页。

② Gareth Evans and Bruce Grant, *Australia's Foreign Relations in the World of the 1990s*, Melbourne: Melbourne University Press, 1993, p. 229.

③ 汪诗明著：《20 世纪澳大利亚外交史》，北京：北京大学出版社 2003 年版，第 257 页。

④ James Cotton and John Ravenhill, *The National Interest in a Global Era: Australia in World Affairs 1996–2000*, Melbourne: Oxford University Press, 2001, p. 72.

的诉求,日澳关系开始逐渐向军事领域拓展的趋势愈加明显。

步入21世纪,日澳军事同盟色彩日益浓厚,其安保合作内涵也不断得到具体化并被付诸实践。2001年,日澳发表《日澳建设性伙伴关系悉尼声明》;2002年,日本首相小泉纯一郎访问澳大利亚,双方再次发表了《日澳新的建设性伙伴关系联合声明》,双方在上述两份声明中指出要进一步深化安全、防务合作与对话,并致力于在国际维和行动中共同发挥作用。自2002年以来,日澳双方在东帝汶联合国维和行动中进行了有效合作;此外,"9·11"事件更为日澳安全合作提供了契机,日澳均加入了以美国为首的反恐战争,并投入到伊拉克和阿富汗的战后重建工作中,由于日本自身对其海外派兵活动中的法律约束,其自卫队人员的安全也得到了澳大利亚皇家军队的保护。日澳两国在国际维和以及支援美国的海外行动中,建立了紧密的合作机制,其合作实践也进一步促进了日澳安保合作的升级。

2003年7月,日澳两国外长签署了《日澳反对国际恐怖主义的联合声明》,其中明确了双方在国际反恐中的合作。2003年9月,澳大利亚国防部长与日本防卫厅长官签署了《日澳防卫交流理解备忘录》,该文件重申了两国加强战略对话、高层交流、高级官员互访以及反恐等新领域防卫合作的重要意义,并为今后安保领域的合作明确了方向。随后,澳大利亚国防部长希尔表示:"备忘录暗示着双边防务与安全关系的日益加强。它也表明日澳双方对安全合作越来越重视。"[1]

伴随着安保合作的进一步加深,日澳两国均在国家安全战略中体现了对方对自身的重要意义。2004年,日本在该年度《防卫白皮书》中首次指出:"澳大利亚是日本在亚太地区的重要伙伴,同样作为美国的盟国,与日本在民主、法治、人权、经济体制等方面拥有共同的价值观,同时在安保领域也拥有共同的战略利益和重大关切。"2005年,澳大利亚总理霍华德访日时宣称:"在亚洲,澳大利亚再没有比日本更好的朋友了。"[2] 2006年3月,日本外务大臣和澳大利亚外长共同提出要发展两国的全面战略关系;同年8月,澳大利亚外长访问日本期间,再次重申要加强澳日安全合作关系,对此,日本给予了积极回应。

---

[1] 屈彩云:《试析冷战后的日澳安全关系》,载《国际论坛》2011年第3期,第14页。

[2] "Transcript of the Prime Minister the Hon John Howard Mp address to the Lowy Institute for International Policy 'Australia in the World'," Apr. 5, 2005, http://au.Chineseembassy.org/eng/xw/t190220.htm.

第五章　日本的同盟拓展与"日美+1"模式

2007年3月,日本首相安倍晋三与澳大利亚总理霍华德在东京共同发表了《安全合作共同宣言》。其中明确规定了日澳安保合作领域包括:打击跨国犯罪、构筑边境安全、反恐、裁军与防止大规模杀伤性武器的扩散、参加维和行动、交换战略形势相关情报、维护海上与空中安全、实施人道救助、制订紧急应变计划等。此外,宣言中还指出双方为了达到上述目的,将定期举行军事人员交流、联合军事演习等活动。

澳大利亚是继美国之后,日本与他国签订相关安全协议的第二个国家,该宣言为日澳两国进行联合军事演习、正式的军事交流和更紧密的安保合作扫清了障碍并提供了更加广阔的空间。安保宣言签署之后,日澳两国还就建立"外长+防长定期会晤机制"("2+2"会议)达成一致。在此之前,日本仅与美国拥有类似对话机制。"这一宣言签署后,日澳两国可以共享情报,日本自卫队也可以在澳大利亚领土上参加演习。该宣言的签订,可以看作是日澳向着同盟发展的一个原则性文件,为21世纪日澳安全关系的合作指明了基本方向。"[①] 2007年6月,日澳举行首次"2+2"会议期间,两国将双边关系定位为"本地区不可或缺的伙伴关系";2008年,日澳则将双边关系升级为"全方位的战略、安全、经济伙伴关系"。此后,日澳安保合作进一步升级,其内涵也再一次得到了扩充。

日澳"2+2"会议机制促进了双边安保合作关系的构筑。2008年12月,日澳举行第二次"2+2"会议,就加强双方舰队支援、秘密情报保护等内容进行了协商。澳方同意:当日本自卫队进入大洋洲海域从事海上安保等活动时,澳大利亚负有提供情报与后勤保障供应的责任与义务。随后,双方就缔结军队相互支援条约而展开了紧密的政府间磋商。2010年5月,日澳双方在第三次"2+2"会议中签署了《物品劳务相互提供协定》(Acquisition and Cross-Servicing Agreement),规定:在联合国维和行动以及国际紧急救援行动中,日本自卫队与澳大利亚军队可共享食物、水、燃料并负有相互提供交通工具、住所、武器保养维护的责任和义务。为此,澳大利亚成为了继美国之后与日本签署类似协议的第二个国家。可以说,日澳两国正从各个方面进一步规范、夯实安保合作的内涵。2012年9月,日澳以"共同的前景与目标"为主题,举行了第四次"2+2"会议,双方对互派防卫当局人员赴对方防卫部门参观、工作等人才交流模式进行了探

[①] 刘新华:《日澳关系的演变及其特点》,载《当代亚太》2007年第6期,第15页。

讨，并就建立武器技术合作机制、开展务实性会谈达成一致。2013年6月，日本防卫大臣小野寺五典与澳大利亚国防部长史密斯就日澳军队在南苏丹共和国联合国维和行动中的合作进行了磋商。日澳之间的安保合作越加频繁而具体。

近年来，日澳两国首脑频繁互动，纷纷对对方的核心利益和重大关切表示支持。2014年4月7日，日本首相安倍晋三在东京迎宾馆会见了到访的澳大利亚总理托尼·阿博特，并就强化两国在安全保障领域合作、共同开发武器装备、建立日澳美三国军事合作体制等问题达成了一系列协议。会谈中，安倍晋三特别针对中国在东海与南海地区的行动指出："应该充分保证海洋航行自由，尊重国际法的基本原则，反对使用武力企图单方面改变现状的做法。"[1]同日，日本政府还邀请阿博特参加了在首相官邸召开的国家安全保障会议特别会议。日本邀请外国首脑参加国家安全保障会议极为罕见，此举彰显了日本强化同澳大利亚进行安全合作的意图。

另外，自从日本内阁决议于2014年4月1日通过"武器装备转移三原则"后，其便加速推动了与澳大利亚在潜艇技术方面的洽谈与合作。而且，日澳国家首脑及防卫高官的频繁互访，使得两国已经成为了"准军事同盟"的关系。2015年6月12日，日本防卫相中谷元在国会就"安保法案"进行答辩时宣称："虽然安保相关法案中没有写明澳大利亚军队，但考虑到日澳防卫合作取得进展、且相互间的需求一致，推进日澳乃至日美澳协同作战将成为可能。"[2] 可见，对日本而言，日澳安保合作已成为一对仅次于日美安保合作的重要双边关系。

二、日澳安保合作的动因

冷战结束后，各国间经贸往来发展迅速，全球化趋势不断加强，这在一定程度上冲击着冷战期间形成的对抗性思维。亚太地区中，各种多边合作机制蓬勃发展，安全合作也变得更加开放。然而，日澳两国逆时代潮流而行，其双边安保合作不断升级、内涵不断扩充，双方构建军事同盟的意向愈加明显。日澳间的安保合作已经完全超越了一般意义上的双边交流与合作。日澳安保合作态势的形成主要基于以下原因：

---

[1] 《澳总理"罕见"出席日安保会议》，载《参考消息》2014年4月8日。
[2] 《日防卫相称除美军外澳军也可参与协防》，http://china.kyodonews.jp/news/2015/06/99413.html。

第五章 日本的同盟拓展与"日美+1"模式

首先，日澳两国均渴望增强自身的国际影响力。1985年，日本首相中曾根康弘提出了"战后政治总决算"的口号，号召日本要成为与其经济实力相符合的政治大国。冷战结束后，日本历届政府均表达了其增强自身国际影响力的强烈诉求。在海外派兵方面，日本分别于1992年、2001年、2003年、2009年设立了《联合国维和行动等合作法案》《反恐特别措施法案》《支援伊拉克重建特别措施法》《应对海盗法》等4部保障自卫队出兵海外的专门性法律；[1] 在申请入常方面，日本采取各种手段积极争取成为联合国常任理事国；在增强军事实力方面，日本于2007年将防卫厅升格为防卫省，并不断缓和"武器出口三原则"的限制，与他国展开了积极的军事交流与合作。这样，一方面，日本打着"联合国维和"与日美同盟的幌子，不断促使其自卫队走出国门、不断增强其军事实力，并希冀以此来提升其国际影响力。另一方面，澳大利亚伴随着其经济实力的增长，也对其国际地位进行了新的定位，谋求在国际事务中发挥大国作用，并致力于其国际影响力的攀升。冷战后，澳大利亚提出"中等强国论"，将发展目标定位于仅次于超级大国美国，与德、法、日等并列的政治强国，也同样积极参与国际维和等世界性事务，并不断提升自己的发言权。

日澳安保合作是两国各自在追求政治强国过程中找到的便捷路径与重要依托。澳大利亚历届政府曾多次明确表示支持日本成为联合国常任理事国，并在日本海外派兵受到武器使用等因素的制约时，为日本自卫队提供了保护；与此同时，日本也积极响应澳大利亚在国际社会发出的各种倡议，并通过联合军事演习、军事人才交流、情报共享等方式为澳大利亚军事发展提供支持。

在亚太地区，日本和澳大利亚均具有较强的政治、经济实力，两国在以美苏对抗为特征的亚太安全格局瓦解之后，希冀通过一定程度的安保合作来争夺亚太安全秩序重建中的主导权。尽管该地区存在着"东盟+3"、APEC、上海合作组织等多种合作机制，但上述组织均没有较强的约束力。日澳占据亚太地区的南北两端，其双边同盟框架的构筑就会对两国提升话语权具有一定的促进作用。在上述战略利益的驱使下，日澳两国以增强自身国际影响力为目标，展开了积极的安保合作。

其次，日澳两国均服从于美国亚太战略的调整。冷战时期，日澳两国

---

[1] 栗硕：《论日本自卫队海外派遣与相关法律体系建设》，载《国际论坛》2012年第1期，第77页。

曾是美国在亚太地区战略部署的南北锚,作为"防洪堤"的重要一环,在美国全球安全体系中发挥着重要作用。美国作为冷战时期亚太安全格局的主要缔造者,构建了美日、美澳、美韩、美菲太平洋防御体系,通过该体系发挥着主导亚太的实际作用。冷战结束后,伴随美国全球战略的调整,其在亚太地区的领导力和影响力有所下降,为了继续确保其主导地位,美国于1996年分别与日本、澳大利亚进行了同盟再定义,并分别签署了《日美安全保障联合宣言》《美澳安全联合声明》,从而再次确认了日澳在美国亚太战略中的身份和功能。美国认为,日澳分别与美国互为盟友,但日澳之间却不存在同盟关系的话,将有可能导致美国的亚太同盟体系失去平衡。① 从此,在美国的默许和主导下、在日澳双方的战略利益驱动下,两国开始不断深化安保合作,为美国在亚太安全格局中的战略部署服务。

2007年2月,美国副总统切尼先后访问日澳,极力促成了日澳《安全合作共同宣言》的出台;同年3月,日美澳三国首次召开首脑峰会,深入讨论了进一步加强三国安保合作的方式。不断深化的日澳安保合作开始充当起美日同盟与美澳同盟的补充,在亚太地区乃至全球安全事务中发挥着愈加显著的效果。2010年,美国在其《四年防务评估报告》中指出:要继续强化其在全球体系中的主导地位,为了达此目的,要更加依赖众多的盟友和伙伴。② 可见,美国在日澳安保合作的深化过程中发挥了积极的促进作用,其为了确保亚太地区的主导地位,愈加依赖日澳两国在该地区能够发挥的作用;同时,日澳两国也乐意追随美国,并希冀借助战略三角同盟的确立来提高国际影响力。

再次,日澳两国拥有基本一致的价值观念。战后,日本在美国的占领下进行民主化改革,废除了军国主义法西斯统治,通过《日本国宪法》的颁布与实施,确立了象征天皇制和真正意义上的三权分立,实行资本主义市场经济。在意识形态和价值观方面与以美国为首的西方阵营保持一致。澳大利亚为英联邦成员,其政治制度和价值观念完全复制于英国模式。日澳两国在人权、民主、法治、市场经济等方面,拥有基本一致的价值观念,这为其逐步深化的安保合作提供了重要的政治基础与合作前提。

---

① 屈彩云:《试析冷战后的日澳安全关系》,载《国际论坛》2011年第3期,第17页。

② *Quadrennial Defense Review Report*. http://www.defense.gov/qdr/images/QDR_as_of_12Feb10_1000.pdf.

第五章 日本的同盟拓展与"日美+1"模式

2006年11月，时任外相的麻生太郎在日本国际问题研究所发表了题为《打造"自由与繁荣之弧"——开创日本外交新天地》的演讲。演讲中，麻生给"日美同盟""国际协调""重视亚洲近邻关系"这三大日本外交支柱又增添一大支柱，即"价值观外交"和"自由与繁荣之弧"设想，并称其为日本外交的"新基轴"。具体来说，麻生主张积极开展"重视民主、自由、人权、市场经济等普遍价值"的外交，从东北亚开始，经中亚、高加索、土耳其，直至中东欧、波罗的海各国，形成以普遍价值为基础从而包围中国的"自由繁荣之弧"。为此，日本要与拥有共同价值观及战略利益的美国、澳大利亚、印度、欧盟以及北约各国密切合作。[1] 对此，澳大利亚给予了积极响应。显然，日澳安保合作是日本价值观外交的重要一环，同样也是一贯标榜价值观的澳大利亚外交实践中的具体体现。

最后，日澳两国具有相似的地缘身份认同与结盟倾向。日本是位于太平洋西岸紧邻亚洲大陆的岛国，澳大利亚是位于太平洋南端、亚洲大陆边缘的最大岛国。一方面，两国均为亚洲大陆边缘地带的海岛国家，相近的地缘位置催生了两国相似的地缘心理。长久以来，两国在地缘上的特殊"岛国地位"，使来自陆权国的攻击因大海这一天然屏障而鞭长莫及，从而确保了日澳两国在历史上具有进可攻、退可守的自主性。然而，近代以来伴随着远洋技术的发展，尤其是二战结束后现代远程导弹的出现，致使日澳等海岛国家的优越性逐渐丧失，两国对自身受到他国攻击的危机感与日俱增。[2] 另一方面，日澳两国崇信海洋国家应与海洋国家结盟来对抗陆地国家，相继提出了"海洋国家"相关发展战略。两国在防范目标上的一致性在一定程度上促使了其安保合作的顺利进行。

此外，日澳相近的结盟倾向决定了其安保合作的取向。日本一向以注重实用主义和功利主义著称，其"与强者为伍"的历史传统造就了其国家战略上的结盟情结。追溯近现代日本外交史可以发现，1902—1922年，日本与英国结盟；1936—1945年，日本与德意两国结盟；1952年至今，日本又与超级大国美国结盟。而澳大利亚长期作为英联邦成员，在外交战略上已然形成了较强的依赖性和依附性，其与美国的结盟更彰显了其由来已久

---

[1] 外務省：外務大臣麻生太郎の講演『「自由と繁栄の弧」——広がる日本外交の地平』，http://www.mofa.go.jp/mofaj/press/enzetsu/18/easo_1130.html。

[2] 李旭东：《冷战后的日澳政治安全关系》，载《日本学论坛》2007年第3期，第67页。

的结盟情结。日澳这种共同的结盟倾向为两国间安保合作提供了深厚的心理土壤。

三、日美同盟与"日美+澳"模式

日澳安保合作的深化与发展当然离不开美国因素的影响,无论是从两国安保合作的内容还是从两国安保合作的形成过程与盟约模式来看,美国因素在一定程度上发挥着决定性作用。对于日本与澳大利亚来说,日美、澳美关系才是其最主要的双边关系,日澳安保合作在美日澳三边安全合作中处于从属地位,在应对传统安全抑或是非传统安全方面,都能发现两国追随美国的影子。日美同盟仍然是日本安全保障战略中的主体部分,日澳安保合作可以看作是日美同盟的一个延伸。

然而,也正是因为有了美国因素的存在,日澳安保合作才得以顺利进行。日澳安保合作在两国配合美国反武器扩散、开发反导系统、国际维和、反对恐怖主义、应对海盗等方面发挥了重要作用。在美日澳三边安全关系中,虽然日澳安保合作相对于日美安保合作以及美澳安保合作而言处于二流与从属地位,但其对于维系美日澳三边安全关系发挥了重要职能。对日本来讲,在日美同盟的基础上发展日美澳三边安全关系是其安全保障战略的补充与拓展,也是其在追求国家安全利益最大化过程中的一个途径。

2001年7月,日澳两国在参加东盟地区论坛时共同提出要建立美日澳三方安全对话机制;同年8月,美国国务卿鲍威尔在与澳大利亚外长唐纳进行会谈时对建立三方安全对话机制表示了认可,他的这一表态再次得到了日澳两国的积极响应。2002年,美日澳三方安全对话正式启动,并保持在副部长一级。2005年,美澳外长在双边会谈中就反恐问题和伊拉克问题进行了磋商,提出了要将美日澳三边安全对话机制提升为外交部长一级的愿望,澳方希望以此来敦促日本在打击东南亚极端势力中运用更多的人力和资源。日本对此进行了积极回应,2006年3月,美日澳三国首届部长级安全对话在悉尼举行,这是自三方安全对话机制建立以来的最高级别。

自2007年4月开始,三国建立了局长级"安全保障·防卫合作会谈"(Security and Defense Cooperation Forum)机制,就三国间的安保合作进行具体事务性的磋商。此外,自2011年开始,日美澳三国国防部长在香格里拉会议期间举行三方对话已成为惯例。2013年6月,在第12届香格里拉会谈期间,日美澳三国国防部长举行会谈并发表了共同声明。其中指出:

第五章 日本的同盟拓展与"日美+1"模式

要继续强化三国间安全对话机制对于情报共享、联合军事训练、联合军事演习等事务的协商,三国要以维护东南亚、大洋洲的和平与安全以及确保海上交通畅通为战略目标,不断深化安保合作。①

以三国间安全对话机制为支撑,美日澳还多次举行联合军事训练和军事演习。2012年9月,美日澳三国海军举行了第六次联合军事训练;2013年2月11—24日,日美澳三国空军在关岛安德森空军基地及其周边空域、空对地射击场举行了共同军事训练,演练项目包括空战、防空、电子战以及人道支援、灾害救助等内容。此次演练中,日本航空自卫队派出了8架F-2型战斗机、6架F-15型战斗机和3架E-2C型空中预警机以及330名人员。这是继2012年7月之后,美日澳三国空军举行的第二次联合演练。此外,2011年7月,日本陆上自卫队幕僚长与澳大利亚陆军司令协商同意两国将分别向美澳陆军演练、美日陆军演练中派遣观察员。自2012年开始,澳大利亚开始派遣观察员参与到美日陆军联合演练之中;2013年2月底,澳大利亚再次派遣观察员参加了日本陆上自卫队与驻日美军在日本兵库县伊丹市一座陆上自卫队军营和其他地点举行的日美联合指挥演习。

2014年6月,日本海上自卫队运输舰"国东"号搭载着大约140名美国和澳大利亚军人抵达越南中部的岘港,实施日美联合医疗援助活动。这是自卫队舰艇第一次大规模运输美澳部队,充分彰显了日美澳联手制衡中国海洋行动的意图。② 另据日本《读卖新闻》报道,日美澳相关人士于2014年10月27日透露,美国正在研究参与日澳两国政府开始协商的澳大利亚新型潜艇联合开发工作。分析称:如果日美澳三个太平洋国家联合开发潜艇,三国军事合作关系将进入更加紧密的新阶段。到目前为止,澳大利亚拥有的"科林斯"级潜艇使用了美国雷神公司的战斗系统。澳大利亚计划2030年左右依次更换6艘"科林斯"级潜艇,以扩大澳军的活动范围。与此同时,澳大利亚有意引进日本海上自卫队最新的"苍龙"级潜艇,但为了在战斗系统方面保持与美军的互通性,打算仍然继续像以前那样采用美国的系统和通信设备。由于要搭载美制巡航导弹等武器,美国政府对澳大利亚政府的意向也表示了欢迎。有分析指出:围绕澳政府新引进的潜艇,日美澳之所以能够实现联合开发,是因为中国在太平洋和印度洋

---

① 防卫省:『平成25年版 防卫白书』,http://www.mod.go.jp/j/publication/wp/wp2013/pc/2013/index.html.

② 《日舰大规模输送美澳部队》,载《参考消息》2014年6月11日。

的活动日益频繁。①

伴随着日美澳三国就联合开发潜艇项目的深入洽谈,三方在军事演习、防卫交流、战略支援等方面也进一步加强了合作。2014年11月9日,日美澳三国部队在宫城县举行了联合军事训练。这是日本首次在国内举行三国联合军事训练。此次训练大约有1.5万人参加,澳方派了包括一名中校在内的4人参加。与日美两国的情况不同,日澳之间没有签订有关士兵携带武器等内容的"地位协定",澳大利亚没有正式派军队参加训练。不过,日澳两国已从2014年7月份开始就签订"地位协定"问题举行了磋商。2014年11月16日,在澳大利亚举行的二十国集团峰会期间,日美澳时隔7年再次举行了三国首脑会谈。此次三方首脑会谈商定时间已有一年。除了军事合作外,三国领导人还讨论了打击"伊斯兰国"武装分子行动、抗击埃博拉病毒,以及乌克兰局势等问题。会后,三国首脑表示,他们一致同意"进一步深化三国之间已经强大的安全和防务合作",并加强"海上安全能力建设"。自2015年以来,日美澳三国开始联手指责中国的南海行动。2015年9月28日,日美澳三国副外长在纽约举行磋商,就针对中国在海洋安全领域开展密切合作达成了一致。2015年10月7日,澳大利亚新任国防部长佩恩在悉尼召开的各国海军相关人士集会上致辞称"澳大利亚是海洋贸易国家,确保南海航行自由是直接的国家利益。我们强烈反对单方面改变现状",对中国的填海造地行动表示了反对。②可见,日美澳三国正联手以中国为战略遏制对象,逐步强化着三边安保合作。

第二节　日印安保合作与"日美+印"模式

1939年9月3日,英国正式向德国宣战,印度总督林利斯戈在并未征得印度国内同意的情况下,于同日宣布印度将与英国并肩作战,这样一来,印度作为英国的殖民地也被卷入到了二战的硝烟之中。10月2日,孟买爆发了由10万工人参与的反战大罢工,印度国内要求独立、反对战争的运动此起彼伏。1941年太平洋战争爆发之后,印度国内的反战思潮迎来了又一次高峰。日本方面一直在关注印度国内的反英活动,并扶植亲日势力

---

① 《美拟参与日澳联合开发潜艇》,载《参考消息》2014年10月29日。
② 《澳大利亚防长反对中国在南海填海造岛》,http://china.kyodonews.jp/news/2015/10/106708.html。

第五章 日本的同盟拓展与"日美+1"模式

建立政权对英美宣战。二战期间，印度作为英国殖民地虽然名义上与日本处于敌对状态，但印度国内的民族独立势力却与日本保持了良好的合作关系。二战结束后，1947年8月15日，《印巴独立法案》生效；1950年，印度共和国正式成立。1952年4月，日本与印度正式建交，同年6月9日，双方缔结了和平条约，从而为两国关系的巩固与发展打下基础。1957年，日本首相岸信介访问印度，开创了战后日本领导人出访印度的先河。1961年，日本首相池田勇人也对印度进行了访问。

然而一直到1984年，时隔23年后，日本首相中曾根康弘才再次访印。这一期间，由于受到国际局势的影响，中日关系改善、印苏关系密切等因素导致了日印政治关系相对冷淡，但两国间经贸关系并没有中断。20世纪80年代中后期，随着美印、中印关系的改善，印日关系也显著增强。[①]1990年，日本首相海部俊树访问印度并在其国会发表了题为《为日本与南亚的和平与繁荣谋求对话与合作》的演讲，从而极大地促进了日印两国间经济、政治合作。日印两国间不断强化的政治、经济合作在一定程度上催生了两国的军事交流与安保合作。

一、日印安保合作的内涵

冷战结束后，日印经贸关系进一步发展。1992年4月，印度财长辛格访问日本，提出要加强双边经贸合作；同年6月，印度总理拉奥访日，希望日本继续加大对印度的援助和投资。伴随着印度对外资限制的取消，日本对印投资显著增强，到1992年底，日资已占印度外资总额的16%。[②]以经贸合作作为支撑，日印间正式开启了防卫交流与安保合作。1991年，印度陆军参谋长访问日本；1995年，印度海军舰艇访问日本；1996年，日本海军回访印度；1997年，两国军事首脑互访时决定建立国防部长级对话机制，并就此事进行了详细磋商。正当日印两国军事交流初见成效之时，1998年5月印度进行了核试验，日本则遵从联合国决议对印度实施了严厉的经济制裁，停止了对印度除人道主义援助之外的任何援助，暂停了日印间高层互访，两国间军事交流也被迫终止。

1999年，日本商船遭到劫持并成功被印度海军解救，以此为契机，日

[①] 李若愚：《历史因素对日印关系的现实影响》，载《日本问题研究》2011年第2期，第14页。

[②] 同上。

印关系得到恢复和改善。同年,印度外长辛格访问日本,继续推动了两国关系的全面恢复;2000 年,印度国防部长费尔南德斯访问日本,日印双方军事首脑就建立安全对话机制达成一致,并对此问题进行了详细磋商,此外双方还同意加强海军合作,共同确保"波斯湾、印度洋、马六甲海峡、南海、日本海"这一海上能源运输线的安全。日印关系曾因印度核试验而一度暂停的困局被迅速打破。2000 年 8 月,日本首相森喜朗访问印度,这是自 1990 年海部俊树访问印度后,日本首相时隔 10 年后的再次访印,双方就政治、经济、安全等各领域中的合作达成共识,两国宣布建立"面向新世纪的全球性伙伴关系"。[①] 随后,2000 年 10 月 2—14 日,日本、印度、新加坡等国在南海共同举行了"2000 年远征太平洋"的联合军事演习。其间,日本派出排水量为 3650 吨的"千代田"号潜艇救援舰参与演习,展示了其强大的水下作战及救援能力。此次日印参与的多国联合潜艇救援演习在亚太地区尚属首次,也是日本海上自卫队第一次到东南亚参加多国联合演习。同年 11 月,日印两国的海岸警备部队在印度东岸城市马德拉斯附近的公海上举行了两国海军力量首次反海盗联合演习。其间,印度派出 3 艘舰艇、1 架水上飞机和 1 架直升机,日本派出 1 艘舰艇,双方的舰艇和飞机协同在公海上演练拦截一艘被海盗劫持的商船并将海盗制伏。

"9·11"事件后,日本利用联合反恐的名义解除了对印度的经济制裁,双方合作关系彻底恢复。2001 年 12 月,印度总理瓦杰帕伊访问日本,两国元首在东京发表共同宣言,声称日印两国将在政治、经济、安全等领域开展全方位的交流与合作,尽早构建由军方和外交部门参加的对话机制。此次会谈后,日方还向印度提供了总额达 500 多亿日元的贷款。日印间安保合作进一步得到强化。2004 年 9 月,日印海军在印度孟买海域举行了军事演习;同年 11 月,两国又在阿拉伯海举行了反海盗和反恐演习,两国军事演习内容不断得到扩充。

2005 年 4 月,日本首相小泉纯一郎访问印度,与印度总理辛格签署了《日印新合作框架》,并发表题为《亚洲新时代下的日印伙伴关系:日印全球伙伴关系中的战略定位》的联合声明。两国表示:继续加强安全对话与合作,充分利用双方已有的安全对话机制,加强双方军事人员往来。此外,双方领导人还同意指令两国海岸卫队及相关机构制定出一个持久合作

---

① 张淑兰、赵树行:《新世纪印日关系迅猛发展的关系剖析》,载《东北亚论坛》2012 年第 5 期,第 41 页。

第五章　日本的同盟拓展与"日美+1"模式

的框架,以应对海上通道安全挑战;同意就建立两国海岸卫队年度对话机制进行商讨,继续加大印度海军和日本海上自卫队之间的海上通道安全合作。[①] 小泉的来访极大地推动了日印两国间安保合作的进程。

自小泉访印之后,日印安保关系逐渐活络起来。2005年9月,安倍晋三内阁成立后,日本继续表现出了对加强日印合作关系的重视。安倍上台伊始便决定与印度建立部长级的战略对话框架,印度政府对此也表现出了极大的热情。2006年2—4月,日本自卫队的海、陆、空参谋长先后访问印度;5月,印度国防部长回访日本。2006年12月,印度总理辛格访日,两国正式宣布将双边关系升级为"全球战略伙伴关系",并决定将2007年定为"日印友好年"。这就为日印不断强化的安保合作提供了更大的平台。2007年8月,安倍出访印度,并在印度国会做了题为《两洋的交汇》的演讲,呼吁印度加入其积极主张的"价值观联盟",把太平洋和印度洋建成"自由与繁荣之海"。

随后,日印关系进一步得到加强与深化。2008年10月22日,日本首相麻生太郎与到访的印度总理辛格举行会谈,双方发表了"联合声明",并签署了《日印安保合作联合宣言》,这是继美国、澳大利亚之后,日本与他国签署的第三份安保合作文件。该文件的签署为日印间安保合作的继续深化提供了制度基础和法律保障。2010年7月6日,日印两国在印度首都新德里举行了首次外交和防务部门副部长级磋商("2+2"会议),由此该对话机制正式建立。[②] 虽然日印间对话机制仅仅停留在副部长级,但这也是两国间拥有紧密合作关系的具体表现,目前,日本仅仅与美国和澳大利亚拥有类似的对话机制。

近年来,日印两国首脑及防卫高官保持了频繁的互访与交流。2010年9月,印度空军上将、参谋长委员会主席奈克赴日本与日本自卫队统合幕僚监部副幕僚长进行了两国间首次军事对话。2010年10月,辛格访日,日印双方再次就情报共享、海上安全、人道援助与灾害救援等进行了磋商。2011年11月,印度国防部长访问日本,与日本防卫大臣就地区的安全保障形势交换了意见,同时就继续加强安保合作达成了一致。随后,

---

[①] 胡仕胜:《从日相访印看日印关系升温》,载《现代国际关系》2005年第5期,第39页。

[②] 高新涛:《日印近期强化战略合作的深层背景与影响》,载《东北亚论坛》2011年第2期,第83页。

2011年12月，日本首相野田佳彦访问印度，强调继续深化日印间战略合作伙伴关系，并着重强调了两国间海上安保合作的重要意义。

伴随着日印防卫交流机制的逐步确立，其安保合作内涵也不断得到了扩充。2012年10月，日印两国举行了第二届"2+2"会议，双方一致同意扩大安保合作领域，表示对两国间网络空间领域的合作动态进行关注。2013年5月，印度总理访问日本，两国首脑发表共同宣言，继续强调了要加强两国间海军力量的合作。① 2014年1月6日，日本防卫大臣小野寺五典和印度外长安东尼在新德里举行会谈。双方对海上自卫队和印度海军定期举行联合训练一事进行了确认，还决定加强陆上自卫队和航空自卫队与印度陆空两军的人才交流。2014年9月，印度总理莫迪访问日本，与日本首相安倍晋三签署了《日印防卫合作与交流备忘录》，就强化"2+2"会议机制、确立两国海上共同训练定期化机制、推进防卫装备与技术方面的合作等达成了一致。2015年3月，日本防卫大臣与印度国防部长举行会谈，双方再次确认了强化海上军事演练及防卫装备合作等内容。②

除了保持高频度的互访之外，日印两国还举行了深度的联合军事演习。2013年12月21—22日，日本海上自卫队与印度海军在印度南部的第二大城市金奈市的近海举行了联合军事演习。海上自卫队出动了"有明"号（排水量4550吨）和"濑户雾"号（排水量3550吨）两艘护卫舰。这两艘护卫舰属于海上自卫队第3护卫队群（青森县大凑基地），均在索马里海域参加打击海盗行动。在为期两天的联合军演中，印度海军出动了1艘驱逐舰、1艘登陆舰和1艘濒海战斗舰参加演习。这是继2012年以来，日印两国海军举行的第二次联合军事演习。与第一次友好交流型军演不同，这次的军演着重于实战，主要针对潜艇和水面舰艇的联合作战演练。可见，日印两国近年来保持了高频度、超紧密、较深入的安保合作。

二、日印安保合作的动因

日印两国间不存在复杂的历史纠葛，二战结束后不久，两国便建立了外交关系。日印合作起源于经济合作，并不断向政治、安保合作迈进。尤

---

① 防衛省：『平成25年版 防衛白書』、http://www.mod.go.jp/j/publication/wp/wp2013/pc/2013/index.html。
② 防衛省：『平成27年版 防衛白書』、http://www.mod.go.jp/j/publication/wp/wp2015/html/n3314000.html。

第五章　日本的同盟拓展与"日美+1"模式

其是步入21世纪，日印间安保合作迅速发展。究其原因，主要有以下几个方面：

第一，日印两国拥有着友好的历史基础。二战期间，日本的侵略行为给亚洲各国人民带来了深重的灾难，然而战后日本政府仍时有被右翼势力左右、否认历史、藐视历史的错误行径。历史问题及其遗留的领土纠纷问题一直是困扰日本外交的难题，而唯独日印关系因两国特殊而深厚的历史渊源没有受到历史问题影响，并且一直平稳发展。[①] 日印两国间深厚的历史渊源成为了两国顺利发展安保合作的政治基础和信赖支撑。

二战期间，印度作为英属殖民地与日本处于敌对状态，但印度国内的民族独立势力却与日本保持了良好的合作关系。1942年4月，在东南亚战场上，日本完全压制了缅甸，并开始着手进攻印度。日军的步步紧逼让印度国内民众受到盲从于英国所带来的危害，印度国内的民族独立势力纷纷要求摆脱英国控制、获得独立。1942年8月，由于英国当局逮捕了甘地、尼赫鲁等人，印度民众爆发了反对英国统治的大规模起义。日本方面十分关注印度国内的民族独立运动，并于1943年7月扶植苏巴斯·钱德拉·鲍斯就任印度独立联盟总裁；同年10月，日本扶植成立日伪政府"自由印度临时政府"，并指使苏巴斯·钱德拉·鲍斯就任主席，对英美宣战。[②] 在1944年3—7月爆发的英帕尔战役中，鲍斯领导印度国民军在日本的指挥下与英军对战，此时就连一贯责难日本战争行为的甘地也开始接近日本。最终，日本以及印度国民军在英帕尔战役中惨败。由此，日本未能成功侵占印度，从而没有为日印现当代关系的发展造成难解的历史遗留问题；而且日伪政权的印度头目鲍斯被印度人民视为"为印度而战"的爱国者而获得尊崇，其画像与甘地、尼赫鲁的画像一起被高挂在印度国会议事堂前。

二战结束后，日本社会对印度产生了良好的印象，而这一良好印象则起源于东京审判中印度法官拉达·彼诺德·帕尔提出的"全员无罪"判决意见书。帕尔作为11名法官中唯一拥有国际法学位的人，其意见书尖锐指出了"东京审判是以法庭为幌子的政治审判"，"承认战争则代表着承认战争中的杀人行为，而且在国际法中没有战争是犯罪这样的法律"，"审判应

---

① 李若愚：《历史因素对日印关系的现实影响》，载《日本问题研究》2011年第2期，第11页。
② 林承节著：《殖民主义史·南亚卷》，北京：北京大学出版社1999年版，第328页。

确保公正,然而东京审判的法官只有战胜国的法官,没有战败国的法官","美国应该为其投掷原子弹、杀戮数十万平民这种反人道行为受到审判"等内容。2006年12月,印度总理辛格在日本众议院发表演讲时还特别指出:"战后拉达·彼诺德·帕尔的判决书所传达的信念至今还牢记在日本人民的脑海里。这反映了我们两国间深厚的友谊,以及两国在危难面前相互协作的传统。"① 可见,日印两国在二战中的特殊渊源不仅没有让战争在两国间埋下仇恨的种子,而且还为两国现当代合作提供了良好契机。

此外,1951年9月,由美国主持的对日和会在旧金山召开,原本印度也接到了美国的与会邀请,但其总理尼赫鲁以"日本没有需要向印度谢罪的地方"为由而拒绝参会。印度政府认为日本在自由国家的大家庭中应该取得光荣、平等、满意的地位,对日本重返国际舞台表现出了极大的宽容和支持。1952年4月,日印两国正式建交。1958年和1978年,日本分别开始对印度进行有偿经济援助和无偿援助,目前日本已成为印度最大的援助国,印度也是获得日元贷款最多的国家。值得一提的是,日印之间还达成了共同争取成为联合国常任理事国的共识。深厚的历史渊源无疑是两国间安保合作的重要基础和支撑。

第二,日印两国拥有着相近的对华战略认知。日本是中国东北方向的海上邻国,印度是中国西南方向的陆上邻国;日印两国均与中国发生过战争,并且也分别和中国存在着领土争端。伴随着中国经济的发展以及国际地位的逐步提升,日印两国把中国视为威胁的战略认知不断明显。

日本自20世纪90年代之后,大肆炒作"中国威胁论",不断深化将中国视为威胁的战略认知。以日本的《防卫白皮书》为例,其涉华表述在2000—2005年,是按照"美国、俄罗斯、欧洲诸国、朝鲜半岛、中国、东南亚国家"的顺序展开介绍的,但自2006年起,其将中国的排序放在"美国、朝鲜半岛之后,俄罗斯之前",位列第三;此外,自2001年以来,日本的《防卫白皮书》中涉华表述的篇幅和字数均高于其他国家,除2004—2006年间的表述字数略有下降外,其余年份均呈大幅上升态势,而对其他国家的表述字数则没有明显变化。日本在2010年版的《防卫计划大纲》中明确指出:"中国持续增加军费,广泛而迅速地推进以核武器、弹道导弹以及海空军为核心的军事力量现代化,正着手强化向远方投送战

---

① 李若愚:《历史因素对日印关系的现实影响》,载《日本问题研究》2011年第2期,第13页。

第五章　日本的同盟拓展与"日美+1"模式

力的能力。此外，中国在周边海域的活动日益扩大且活跃，加之中国军事及安全保障的透明度不足，已经成为地区和国际社会的担忧事项。"日本与中国存有钓鱼岛领土争议问题，近年来该海域局势因日本的肆意挑衅而变得剑拔弩张，日本以"中国威胁论"为借口，不断强化其西南防御态势。

同时，印度也一直视中国为威胁。1962年，中印两国由于边界纠纷问题发生了武装冲突，目前在长达2000千米的中印边界线上仍然有着12万平方千米的争议地区。印度对中国的戒备与防范之心由来已久。1998年5月，印度总理瓦杰帕伊在核试验后给美国总统写信为自己国家的行为进行辩解，而其借口则是"中国威胁论"。信中说道："我一直对印度过去一些年来所面临的不断恶化的安全环境，特别是不断恶化的核环境深感不安。我们有一个公开的核武器国家与我们接壤，这个国家1962年对印度发动了武装侵略。"[1] 2005年，印度国防部长也曾明确指出："印度必须密切关注中国的科技和军队现代化以及其海军的扩张，许多国家都在关注中国的发展，我们必须留意这些变化给我们的战略所带来的影响。"[2] 近年来，印度制定了"北防中国、西攻巴基斯坦、南占印度洋、东扩势力范围"的军事战略。

日印两国均把中国视为威胁，并且开始联手共同构筑牵制中国态势的动向不断明朗。时任日本首相森喜朗曾说："日印关系从地图上看一目了然，战略上也很重要。希望两国在国际政治、安全保障问题上紧密合作。"[3] 显然，相近的对华战略认知无疑是日印不断深化安保合作的重要动因之一。

第三，日印两国拥有着共同的海上安全利益。波斯湾、印度洋、马六甲海峡、南海是全球最具战略价值的航线，该海上通道对日本和印度来说具有至关重要的军事意义和经济价值。

日本是世界上最大的原油、天然气进口国和第二大能源消费国，可以说，安全的能源运输通道支撑着日本经济发展的命脉。日本进出口贸易

---

[1] 王坚、刘姣：《中国的"和平崛起"对日印关系的影响》，载《思想战线》2008年第2期，第8页。

[2] 西达尔特·斯里瓦斯塔瓦：《印度高声谈论针对中国的轴心》，载《（香港）亚洲时报在线》，2005年4月7日。

[3] 尹锡南：《试论印度与美国、日本的外交战略互动》，载《南亚研究季刊》2002年第4期，第41页。

中，海上运输总量占据了其货物运输总量的95%，而且日本的能源进口大部分来自于中东地区，因此，日本一直将波斯湾、印度洋、马六甲海峡、南海航线视为其"生命线"。而印度恰好扼守着该航线中重要的印度洋航道，如果没有印度的配合与支持，日本定然不会觉得安稳。日本不断深化与印度的安保合作，其重要原因在于日本希望以此来确保其能源通道的安全与畅通。尤其是"9·11"事件后，印度海军开始参与该区域的护航和巡逻活动，在霍尔木兹海峡和马六甲海峡之间，印度海军保持着强大的军事存在。

伴随着印度战略空间不断向东拓展的趋势，其对太平洋的安全诉求不断加大。印度从俄罗斯西伯利亚东部进口的石油、天然气等能源物资以及从东亚国家进口的其他物资均需要经过日本海、南海等海上通道。为了确保其海上运输的安全，印度也开始注重日本对其保障海上航线畅通的重要意义。2000年，印度国防部长费尔南德斯在访问日本时明确表示："从阿拉伯海的北面到南中国海，都是印度的利益范围，印度关注的安全环境以及潜在的安全考虑包括从海湾到马六甲海峡的印度西边、南边和东边地区，西北边的中亚，东北亚的中国和东南亚。"①

日印基于双方在海上运输安全方面的考量，于2004年11月在东京举行了海洋安全保障对话，双方就防止大规模杀伤性武器扩散、加强海上安全情报共享、加强在港口建设及海运方面的合作等内容达成共识。可见，共同的海洋安全利益是促进日印加强安保合作的又一动因。

三、日美同盟与"日美+印"模式

日印间不断加强的安保合作离不开美国的促进与认可，美国出于确保并维持其国家利益的需要，依据国际局势的变化不断深化日美同盟内涵并积极将印度囊括其中。以日美同盟为基础而积极发展的日美印三边合作在不断得到有力推进。

近年来，随着印度经济的持续增长以及美国主导的反恐战争的深入发展，印度的战略地位不断提升，由此美印关系不断升温，美国在安保领域积极为日印的接近构筑平台并参与其中。2003年6月5—20日，日本、印度等国参与了原本只有美国和其北约盟友参加的空战演习。此外，在美国

---

① 陈利君：《21世纪中国与日、印、俄战略关系走势探析》，载《云南社会科学》2003年第2期，第34页。

的撮合下，日本和印度自2003年秋开始了每年一度的海洋安全对话。2004年，日印两国在进行军事演习时，美国专门从驻日美军中派出F-16战斗机参与其中。

2007年4月，美日印三国在西太平洋日本外海举行了首次海军联合演习。本次演习中，美国出动了2艘驱逐舰、日本则派出了3艘护卫舰、印度出动了1艘导弹驱逐舰。三国间首次海军演习致力于改善各方的通信协调与合作，演习内容包括了应对海啸等自然灾害时的紧急救助等内容。同年9月，美日印澳新五国海军在波斯湾进行了为期5天、代号为"马拉巴尔07"的联合军事演习。此次演习中，美国创纪录地派出13艘舰船参加，其中包括"尼米兹"号航母、"小鹰"号航母、"芝加哥"号核动力潜艇、2艘"提康德罗加"级导弹巡洋舰和6艘"阿利伯克"级导弹驱逐舰；印度则派出了包括唯一一艘航母在内的7艘军舰，演习主角为美印两国。此次演习阵容强大，演习内容主要围绕水面战与潜艇战、海上封锁及打击海盗等。2009年4月26日—5月3日，美日印三国在冲绳附近海域进行了"马拉巴尔09"联合军事演习。演习内容围绕着反潜和水面作战展开。"马拉巴尔"系列海军演习起源于美、印两国举行的双边海军演习，伴随着日本加入"马拉巴尔"演习的常态化，该演习正逐渐从印度洋向西太平洋拓展。

美日印除了频繁地举行联合军事演习外，还在积极构筑三边对话机制。2011年12月，美日印首次三边对话在华盛顿举行，会谈由美国助理国务卿布莱克和助理国务卿坎贝尔共同主持，内容则以海上航线安全、人道主义救助和反恐为主题。2012年4月，三边对话在东京再次举行；同年10月，美日印三边对话在印度新德里举行。美国助理国务卿布莱克、日本外务省综合外交政策局局长平松贤司和印度外交部东亚司司长班浩然分别率领三方官员出席此次对话，商谈内容则以进一步提升三方战略合作为主题。

近年来，美日印三国愈加重视联合构筑海上安全力量方面的问题。2014年7月，日美印三国在冲绳海域举行了第三届"日美印共同演习"，就反潜作战、登船搜查等进行了演习，主要目的在于强化三边军事合作能力。2015年10月，美国与印度在印度洋举行了"马拉巴尔"联合演习，日本海上自卫队也进行了参与。日本海上副幕僚长村川丰强调，此次在印度洋的海上交通线开展演习，目的在于"确保自由开放的海洋"。美国海军中将奥库安也表示，三国联合演习"有助于印度洋和太平洋的和平与稳定"，希望日本定期参加。演习内容包括提高反潜能力、射击、救助训练等。[①] 在美国的强力支持下，印度海军已开始进入东亚海域活动，日本也逐步确保了其在印度洋海域的军事存在。美日印三边合作的逐步加深在一定程度上对中国造成了钳制和封锁。

第三节　日韩安保合作与"日美+韩"模式

二战结束后，日韩两国在美国的斡旋下，围绕"邦交正常化""财产请求权""渔业""海运""在日韩侨的法律地位"等问题，从1951年10月至1965年6月历经14年，展开了7次正式会谈。最终，两国于1965年正式建交。在韩国李承晚执政时期，根据1951年10月在东京举行的日韩预备会谈所达成的相关协议，两国分别于1952年2月15日—4月25日、1953年4月15日—7月23日、1953年10月6日—10月21日、1958年4月15日—12月20日举行了4次正式会谈。由于在二战结束伊始，日韩两国积怨较深，且在各自根本利益上存在严重分歧，所以经过4次会谈后，日韩并没有达成一致见解。然而，这4次会谈虽然没有取得圆满成果，但却为日后双方会谈打下了一定的基础。[②] 后经过韩国张勉政权的第五次会谈以及朴正熙时期的第六、七次会谈，日韩两国终于达成一致见解，并于1965年6月22日在东京签署了《日韩条约》以及涉及渔业、战争赔偿等方面的若干协定。同年12月8日，日韩双方首脑出席了在首尔举行的批准书互换仪式，《日韩条约》正式生效。日韩邦交正常化为两国此后的合作奠定了基础，同时也构成了美国在冷战时期构筑东亚安全体系的重要内容。

在这一基础上，日韩两国关系在曲折中逐步发展。1983年，日本政府决定向韩国提供40亿美元的援助；此外，两国为了进一步强化双边合作，还就设立外长级定期会谈机制达成一致。在这一时期，两国首脑互访频繁。1983年，日本首相中曾根康弘访问韩国，与韩国总统全斗焕举行了会谈，双方一致同意继续深化双边合作；1984年，全斗焕回访日本，进一步

[①]《日美印在印度洋举行联合演习 旨在确保"海洋自由"》，http://china.kyodonews.jp/news/2015/10/107204.html。

[②] 方秀玉、李华：《当代韩日关系刍论》，载《辽东学院学报（社会科学版）》2011年第4期，第141页。

第五章　日本的同盟拓展与"日美＋1"模式

巩固了两国间政治基础。而且，日本天皇还于1984年就过去日本侵略韩国的行为进行了公开道歉。然而，这一时期两国也曾因为1982年日本教科书事件以及1985年中曾根首相参拜靖国神社等问题陷入了短暂的危机之中。

一、日韩安保合作的内涵

冷战结束后，日韩两国关系继续在曲折中取得进展，尤其是两国间安保合作的内容不断充实起来。

1994年3月，韩国总统金泳三访问日本，与日本首相桥本龙太郎进行会谈并在日本国会发表演说，呼吁日韩双方应加强安保合作以共同阻止朝鲜发展核武器；同年4月26日，日韩两国就加强安保合作、交换空军情报、进行军舰互访等内容进行了磋商并达成一致见解。1996年6月，日本首相桥本龙太郎访问韩国，并在济州岛与韩国总统金泳三举行会谈，双方一致同意加强两国战略合作、建立政府间联络机制；同年12月，金泳三访日与桥本龙太郎在别府举行会谈，讨论进一步强化两国间合作、协调双方的对朝政策。

1998年10月7日—10日，韩国总统金大中访问日本，与日本首相小渊惠三举行会谈，并在东京共同发表了题为《面向21世纪的新型伙伴关系》的联合宣言。该宣言主要包括："在相互理解和信赖的基础上建立面向21世纪的稳定的睦邻友好关系"；"日本首相对日本过去在韩进行殖民统治给韩国人民造成的损失和痛苦表示痛切的反省和由衷的道歉；韩总统认为日首相对历史认识十分真挚，表示双方应超越不幸的历史，在和解与睦邻友好的基础上向前看，发展面向未来的关系"；"双方都认为应加强联合国的作用"；"双方认为应通过对话等建设性态度推动朝鲜半岛的和平与稳定，同时表示共同维护1994年美朝签订的核框架协议机制"；"双方对朝鲜发射导弹表示担心和遗憾并表示对朝发射导弹不能放任不管"；"韩总统称赞日本对韩的经济支援，日首相表示继续支持韩克服经济困难"等内容，其中还专门提到了"加强和扩大防卫交流"等具体安保合作事项。[①]该联合宣言的发表为日韩构筑更加紧密的合作关系奠定了政治基础，两国政府对历史认知问题作出明确表态，暂时清除了两国深化安保合作中历史问题造成的障碍；同时，两国政府就东亚地区的安全形势达成共识，愿意

---

① 高连福：《构筑新型国家关系——从日韩建立伙伴关系谈起》，载《当代亚太》1999年第7期，第20页。

通过加强交流来共同应对朝鲜导弹问题；日方答应为韩国提供 30 亿美元贷款，从而进一步促进了两国间经济往来。1999 年 5 月 3 日，日韩两国开通了连结双方陆、海、空司令部的三条热线，用以在必要时期紧急有效地交换军事情报，两国间安保合作进一步得到拓展。2003 年 6 月，韩国总统卢武铉对日本进行访问，双方将 2005 年定为日韩友好年。2004 年 7 月小泉访韩、12 月卢武铉再次访日，两国领导人互访频繁，并就进一步强化安保合作达成一致见解。

冷战时期，日韩之间的安保合作主要采取"间接"形式，而冷战结束后，伴随着两国合作层次的不断提高，两国安保合作内容也不断扩充。但是由于小泉参拜靖国神社、日本文部省放行不符合史实的教科书等问题，韩国曾于 2001 年 4 月 8 日宣布暂停与日本的军事交流；同年 7 月 12 日，韩国方面还召回了驻日大使。2005 年 3 月 23 日，卢武铉曾发表《就韩日关系告国民书》，其中声称要不惜代价和日本打一场"持久战"；同年 4 月和 7 月，日韩两国还在有争议的岛屿及其周边海域发生了两次剑拔弩张、严重对峙的紧张局面，这一时期，日韩关系曾陷入到建交以来的最低点。可见，日韩间积极对抗的民族感情在一定程度上阻碍了两国安保合作的进程。

然而，日韩两国民族感情间的矛盾并没有长期阻断双边安保合作关系的发展。双方在个别问题上存在冲突的同时，也时刻保持着一定的接触。2008 年 4 月，韩国总统李明博访问日本，与日本首相福田康夫举行会谈，两国领导人一致同意建立一个更加成熟的双边关系，日韩关系回暖。2009 年 4 月，韩国国防部长李相喜访日，与日本防卫大臣滨田靖一举行会谈；2011 年 1 月，日本防卫大臣北泽俊美对韩国进行回访，在与韩国国防部长金宽镇的会谈中，双方就朝鲜的行为进行了谴责，并同意就两国间签订《物资劳务相互提供协定》和《军事情报保护协定》进行继续磋商。《物资劳务相互提供协定》主要以日本自卫队与韩国军队在联合国维和、灾害救助、人道支援等行动中相互提供军需物资和劳务为主要内容，《军事情报保护协定》则以两国在安全保障领域的情报互换和保密为主要内容，两项文件均带有浓厚的安保合作色彩。后经过一系列协商，本来日韩双方均已决定签署《军事情报保护协定》，却因为韩国外交当局的牵制和在野党、市民团体反对呼声高涨的压力，2012 年 5 月 17 日，韩防长金宽镇取消了

第五章 日本的同盟拓展与"日美+1"模式

访问东京与日本签约的计划。① 之后，两国再次协商由两国防长签署的《军事情报保护协定》改为由外交部门签署的《政府间秘密情报保护协定》，但最终仍然遭到了韩国方面的拒绝。可以说，日韩两国被纳入到了以美国为中心的国际体系中，两国均作为美国在东亚地区的重要盟友，为美国在该地区的安全利益发挥着重要作用。在一定程度上，两国拥有着共同的安全利益和战略认知，因此两国间安保合作也拥有着巨大空间，但两国又由于复杂的历史问题和领土争端问题而时常中断军事交流。

2014年10月，日本防卫审议官访问韩国，同韩国国防部副部长白承周举行会谈，这在一定程度上缓和了两国因慰安妇问题而停滞的军事交流。2015年4月，日韩两国时隔5年再次重开"外交+防务"实务级别会谈。其间，日本防卫省防卫政策局次长铃木敦夫、外务省亚洲大洋洲局长伊原纯一与韩国国防部国际政策次长朴哲均、外交部东北亚局长李相德举行了会谈，相互就各自的防卫政策交换了意见。2015年5月，日本防卫大臣中谷元同韩国国防部长韩民求时隔4年举行了国防部长级会谈，双方再次展现出了强化军事合作与交流的战略意图。②

二、日韩安保合作的动因

冷战结束后，日韩两国开始将安保合作具体化。自1994年开始，两国防长基本上每年都会交互访问，期间还伴随着局长、副部长级的事务性磋商。虽然日韩两国间偶尔会因历史问题等产生矛盾，但总的来看，两国间安保合作切实得到了强化。究其原因主要有以下几个方面：

第一，日韩两国拥有着紧密的经济合作关系。自1965年日韩建交以来，两国便开始了频繁的经济交往活动。自1971年开始，日本就成为韩国的第一投资国，与此同时，日本还向韩国提供了大量的无偿援助和贷款。

伴随着两国经济关系的不断深化，两国已于20世纪末就开始了建立日韩自由贸易区的谈判。一直以来，韩国对东亚地区的区域经济合作便表现出了极高热情。1998年10月，韩国总统金大中访日时向日本首相小渊惠三提出了建立日韩自由贸易区的建议。并且，这一建议最终体现在了两国

---

① 曹中屏：《近年来韩日关系状况及其评估》，载《东北亚学刊》2012年第5期，第6页。

② 防卫省：『平成27年版 防衛白書』、http://www.mod.go.jp/j/publication/wp/wp2015/html/n3314000.html。

首脑联合宣言的附属文件《21世纪韩日新型伙伴关系联合宣言》及《行动计划》之内。随后，日韩两国根据相关协议，分别在国内成立了以加强日韩双边经济合作为目的的研究会，研究会成员包括了政府官员、企业家以及知名学者。到2002年，日韩贸易额已达570亿美元；2005年，日韩贸易总额增至720亿美元。目前日本是韩国的第二大贸易伙伴，而韩国是日本的第四大贸易伙伴。

2005年11月，日韩两国达成协议，同意每年举行一次"日韩财务对话"，用以商讨两国间不断紧密的经济合作。虽然日韩就关于建立双边自由贸易区的谈判遭遇较大挫折，但两国间的经济合作空间仍在不断扩大，且愈加紧密。2008年12月，根据日韩两国间签订的互惠信贷协议，日本决定对韩国进行300亿美元的资金援助，从而进一步缓解了韩国国内的经济问题。

自日韩建交以来，两国已形成了紧密的经济合作关系，从而使得两国在不断提升对对方的尊重和重视程度。以紧密的经济合作为基础，两国间安保合作也有了较大进展。可以说，紧密而相互依赖的经济关系，为日韩两国不断深化安保合作提供了基础和保障。

第二，日韩两国均为美国在东北亚地区的重要盟国。二战结束后，日韩两国处于强烈的仇恨与敌对状态之中。朝鲜战争时期，韩国总统李承晚甚至表示："宁可向共产主义的北朝鲜承认失败，也不要日本的战争支援。"[①] 当时的日本首相吉田茂也对侵略战争持否认态度，并且拒绝与韩国领导人见面。日韩两国作为美国在东北亚地区的重要盟国，其敌对状态自然不能被美国所接受。20世纪60年代初，伴随着东亚地区冷战气氛的加剧，美国开始着手促进日韩邦交正常化。1964年和1965年，美国政府人员在与日韩进行的双边会谈中都将日韩关系的正常化作为首要的重点；而且，美国在日韩两国谈判的所有关键时刻都直接出面劝告两国领导人克服国内的反对力量；另外，美国还尽其所能满足两国不同的竞争性的要求。[②] 最终，日韩两国于1965年正式建交。

20世纪60年代末，日韩两国在美国因素的促成下，加强了两国间安

---

① Victor D. Cha, *Alignment despite Antagonism: The United States - Korea - Japan Security Triangle*, pp. 10 - 11.

② 汪伟民：《冷战时期的美日韩安全三角——准联盟理论与联盟困境的视角》，载《国际政治研究》2005年第4期，第121页。

第五章　日本的同盟拓展与"日美+1"模式

保合作。在1969年美国总统尼克松与日本首相佐藤荣作的会谈中，双方一致同意在联合公报中加入"涉韩条款"，表明"韩国的安全对日本是必要的"这一内容。在冷战背景下，日韩两国的外交行为受到美国东亚战略的极大制约，这也为两国间安保合作提供了充分的理由。冷战时期日韩之间的政治安全关系主要是通过它们的盟主——美国达成的，即美国向其盟国提供安全保护，日本和韩国替美国驻军分担经济负担，并配合美国行动。由此，日韩双方在军事安全上进行了一定的交流与合作。[1]

冷战结束后，美国促成下的日韩安保合作变得更加紧密。韩国成为了美日同盟的延伸；同时，日本也是美韩同盟的延伸。日韩同为美国在东北亚地区的重要盟友，两国间安保合作也在此背景下不断得到强化。

第三，日韩两国在对朝问题上拥有广泛的合作空间。虽然日韩两国在对待朝鲜的政策方面存有一定的分歧，但两国均把朝鲜视为威胁的战略认知，促使了两国间安保合作的不断深化。

一方面，朝核问题是日韩两国共同担忧的事项。20世纪50年代末，朝鲜就开始了核技术的研发工作，20世纪60年代初，朝鲜建立了"宁边原子能研究所"，并引进了800千瓦的核反应堆。经过几十年的发展，朝鲜的核技术已经具有一定规模。1985年，朝鲜加入了《不扩散核武器条约》，但1993年，朝鲜以国家安全为由，宣布要退出《不扩散核武器条约》，半岛局势异常紧张。后经过朝美两国的磋商，美国承诺对朝鲜核设施改造等项目提供支持，朝鲜则宣布暂不退出《不扩散核武器条约》。然而2003年，朝鲜再次宣称要退出《不扩散核武器条约》，并重新进行导弹发射实验，还对国际原子能机构的督查人员进行驱逐，新一轮朝核危机爆发。日韩两国均为朝鲜近邻，对此事项表现出了极大的担忧，并试图通过两国间安保合作来对朝鲜的行径进行打压。另一方面，日本还与朝鲜存有人质绑架问题久拖未决，这在一定程度上更加重了日本对朝鲜的仇视。

近年来，朝日、朝韩之间的冲突更加促进了日韩之间的安保合作。每当朝鲜试射导弹之际，日本便部署"爱国者-3"等装备进行应对，并对朝鲜的行为提出强烈抗议。另外，2010年3月发生的"天安"号事件也极大地促进了日韩之间的安保合作。2010年3月26日，"天安"号警戒舰在朝韩有争议海域值勤时发生爆炸并沉没，经调查后，韩国声称是因为遭遇

---

[1] 方秀玉、李华：《当代韩日关系刍论》，载《辽东学院学报（社会科学版）》2011年第4期，第142页。

了朝鲜小型潜水艇实施的鱼雷攻击。事件发生后，日本外相冈田克也于5月16日表示：在"天安"号事件上，日本支持韩国，并将尽最大可能与韩国进行合作。2010年11月，朝韩发生了延坪岛炮击事件，之后，日本首相菅直人表示"决不允许朝鲜的挑衅"，对韩国表现出了积极支持的态度。可见，日韩两国共同视朝鲜为威胁的战略认知促进了两国间的安保合作。

三、日美同盟与"日美＋韩"模式

1951年9月，日美两国签署了《日美安全保障条约》，两国正式建立同盟关系；1953年10月，美韩签署了《美韩共同防御条约》，两国正式建立同盟关系。朝鲜战争后，百废待兴的韩国与虚弱的日本共同处在美国构筑的远东同盟体系中，日韩两国有着共同的反共意识以及平衡中苏力量的需求，但由于两国间的历史仇恨而没能迅速走到一起。直到1965年，日韩才在美国的推动下正式建交。由于日、韩两国各自与美国结盟，加之美国作为影响巨大的第三方的压力与诱使，日韩两国在某些场合、某些问题上还是产生了一些合作性的行为，美日韩三边合作在东亚地区表现愈加突出。①

冷战结束后，1993年，朝鲜宣布退出《不扩散核武器条约》，第一次朝鲜核危机爆发。围绕这一事件，美日韩构筑了三国政策协调机制。2013年1月7日，美日韩政策协调会议在华盛顿举行。最终，美朝核框架的签署、朝鲜半岛能源开发机构的创设等都是三国政策协调体系下的结果。此后，这一协调机制一直在维系。2003年第二次朝核危机爆发后，美日韩再次展开了紧密的磋商。

近年来，朝鲜半岛局势紧张，美日韩进一步加强了其三边对话与合作。2010年12月，美日韩三国撇开同为六方会谈成员国的中国、俄罗斯和朝鲜，三国外长在华盛顿围绕朝鲜问题进行了严密磋商。美国相关负责人还呼吁建立美日韩三边防卫联系机制，敦促日韩与美国共同进行军事演习。随后，美日韩三国间外交、防务高层互动频繁。2011年1月12—14日，美国国防部长盖茨相继访问日韩。

另外，自2012年6月21日开始，美韩两国海军与日本海上自卫队在

---

① 石源华、汪伟民：《美日、美韩同盟比较研究——兼论美日韩安全互动与东北亚安全》，载《国际观察》2006年第1期，第64页。

第五章 日本的同盟拓展与"日美+1"模式

朝鲜半岛以南海域举行了为期两天的联合军事演习。美日韩三国在该海域举行联合军演尚属首次,三方派出了补给舰、反潜直升机、驱逐舰等参加了演习。针对此次演习,美国负责人指出:"这次军演将着重加强美军与韩国海军、日本海上自卫队的联络与共同行动能力,有助于加强美日韩在防止大规模杀伤性武器扩散以及确保海上安全及救灾等领域的合作。"① 同年8月,美日韩三国还在夏威夷周边海域举行了联合军演。2013年5月,美日韩三国又在九州西部海域举行了海上联合演练。

美日韩三国间安保合作不断强化,三边防务对话也在频繁进行。2013年1月,美日韩三国举行了防务负责人会议,就朝鲜半岛趋势、人道支援·灾害救助、防止大规模杀伤性武器扩散等问题交换了意见。同年6月,在第12届香格里拉会议上,美日韩三方防卫首脑举行会谈,并发表了共同声明。② 2014年12月29日,美日韩三国政府签署了《美日韩关于朝鲜核与导弹威胁的情报交流协议》。与北约多边军事合作相比,美日韩军事情报合作既复杂又敏感。通过签订该协议,美国希望日韩能发挥各自优势,提供可相互印证和补充的情报。在对朝监视方面,日本的硬件设施明显占据优势。日本现有4架E-767早期预警指挥机和13架E-2C战术预警机、6艘"宙斯盾"驱逐舰以及光学侦察卫星和雷达成像卫星等尖端情报装备,而且与美国作战系统基本实现了互联运行。与日本相比,韩国对朝鲜监视的强项是"人工情报",因为同文同种的缘故,所以韩国国防部、国家情报院等机构都有实力雄厚的对朝情报网络。按照协议规定,日美韩交流对朝情报的模式是日韩防务部门将掌握的情报提供给美方,然后在征得提供者同意的情况下,由美方将情报提供给需求方。在此过程中,韩日不会直接交流情报。③ 尽管如此,在美国的极力促使下,日韩间安保合作再次得到了深化。

2015年4月16日、17日,美日韩三国在华盛顿召开了防务会谈。此次会谈,分别由美国国防部主管亚太安全事务的助理国防部长施大伟、日本防卫省防卫审议官德地秀士、韩国国防部国防政策室室长柳济升率队参加,三人均为各自国家安全政策的具体实践者与防务高官。在为期两天的

---

① 《美日韩今起在黄海举行首次联合军演》,http://mil.news.sina.com.cn/2012-06-21/1109693682.html。
② 防衛省:『平成25年版 防衛白書』,http://www.mod.go.jp/j/publication/wp/wp2013/pc/2013/index.html。
③ 《韩日对朝鲜情报监控各有长短》,载《环球时报》2014年12月30日。

会谈时间里,美日韩三国防务官员主要就"对朝政策及涉朝军事情报共享""韩国战时作战指挥权推迟移交""《日美防卫合作指针》修订""国际人道支援·灾害救助·海盗应对·ISIL 对策等非传统安全领域的合作"四项内容进行了磋商。在此基础上,美日韩防卫当局一致表示今后要继续深化三国间防卫合作。① 一直以来,美国极力撮合日韩两国加强防卫合作,以更加便利地服务于美国的亚太安全战略。近年来,日韩两国也在尽量避免历史问题造成的冲击,尽最大可能在美日韩三边框架下强化安保合作。

第四节 日菲安保合作与"日美+菲"模式

近年来,菲律宾与日本展开了积极的安保合作。菲律宾作为东南亚国家之一,在与日本的安保合作过程中,具有很多同印度尼西亚、马来西亚、越南等国相似的地方。日菲安保合作,是日本与东南亚国家开展安保合作的一项主要内容。因此,通过对"日菲安保合作"进行研究,有助于探究日本与东南亚国家安保合作的进程与发展趋势。

第二次世界大战期间,菲律宾遭受了日本军国主义的侵略并蒙受了巨大的人力、物力、财力损失。二战结束后,菲律宾作为远东委员会成员国参与了日本的战后改革。1951 年 9 月,菲律宾在对日媾和的《旧金山和约》上签字。为了尽快解决战后遗留问题并打开东南亚经济市场,日本在《旧金山和约》签订之后,加快了与东南亚国家的赔偿谈判。1956 年 5 月,日菲两国经过多轮磋商,正式签订了赔款协定;同年 7 月 23 日,两国在东京交换批准文本,协定生效,两国正式建交。② 和日本与其他东南亚国家签订的赔款协定相比,日菲协定数额最大,其中明确规定日本对菲律宾承担的债务总额达 5.5 亿美元。此外,日菲两国在签订赔款协定之后,还签署了"经济合作协定",该文件规定日本公司及银行将向菲律宾提供 3.5 亿美元的低息商业贷款。

为了进一步巩固、发展日菲关系,日本首相岸信介于 1957 年访问菲律宾首都马尼拉,1958 年菲律宾总统加西亚回访日本,两国关系开始步入平

---

① 栗硕:《美日韩:各怀心思谈合作——解读美日韩防务会谈》,载《环球军事》2015 年 5 月上,第 33 页。

② [苏]弗·格·莫罗佐夫、施纯谋:《第二次世界大战后的日菲关系》,载《东南亚研究资料》1986 年第 1 期,第 81 页。

稳发展阶段。1976年7月，日本付清了对菲律宾的全部赔款。在近20年的发展过程中，日本的技术设备已经在菲律宾占到相当大的比重，菲律宾经济也对日本技术具有了较强的依赖性。1977年，日本首相福田赳夫访问菲律宾，日本选择菲律宾首都马尼拉作为其宣布战后第一项对外政策主张的地点。①"福田主义"也称"马尼拉主义"，是日本希望扩大在东南亚国家中政治经济影响力的具体表现。福田声称要提供10亿美元作为与东南亚国家共同建设经济项目的资金。

在经济合作的支撑下，日菲政治关系迅速而紧密发展。两国针对外交活动中的各种事态都采取了积极的解决措施。一直以来，作为在二战中遭受日本侵略的受害国，菲律宾同其他东南亚国家一道十分关切日本军事力量的发展以及军事战略的转变。1982年11月，主张"战后总决算"的中曾根康弘就任日本首相，中曾根康弘批准了海上自卫队沿日本海岸线1000英里以内进行巡逻的计划。日本防卫政策的"外向性"发展引起了东南亚国家的普遍担心，1983年中曾根对菲律宾以及其他东南亚国家进行友好访问，并对日本的政策进行了耐心说明。会谈后，菲律宾总统马科斯对中曾根康弘的解释表示了"满意"，两国政治关系持续升温。

一、日菲安保合作的内涵

冷战结束后，日本与菲律宾开始了简单的防卫交流与安保合作。步入21世纪，尤其是近年来伴随着中国对自身海洋权益的维护，日菲两国更是加紧了安保合作的步伐。

菲律宾所处的地缘位置为日本海上运输线的重要一环，因此，日本一直以来就在寻求包括菲律宾在内的东南亚国家的海上安全合作。根据相关协定，日本每年可派出1艘巡逻舰赴东南亚海域护航4次，该巡逻舰执勤区域包括菲律宾沿海、印尼周边以及马六甲海峡。2002年2月，日本再次派出大型巡逻舰在菲律宾海域进行巡逻，这些安保方面的行动得到了菲律宾的大力支持。日菲两国在联合打击海盗、共同维护海洋安全方面拥有着极大的合作空间。

此外，日菲两国间防卫官员互访频繁，这进一步推动了两国间安保合作。2003年11月，日本航空自卫队幕僚长访问菲律宾；2004年3月，菲

---

① [苏] 弗·格·莫罗佐夫、施纯谋：《第二次世界大战后的日菲关系》，载《东南亚研究资料》1986年第1期，第83页。

律宾空军司令访问日本。双方就两国间空军力量建设以及人才培养深入交换了意见，并就建立互访机制、加强防卫交流与合作达成一致。2005年5月，日本防卫厅长官大野功统访问菲律宾，这是日本防卫厅长官首次出访菲律宾，受到菲律宾总统阿罗约接见。此次出访进一步促进了日菲安保合作的进程，双方就继续加强在反恐、自然灾害应对、海上安全保障等方面的合作达成一致，并就日美关系、菲美关系、日菲防卫交流等事项交换了意见。同年6月，大野还在IISS亚洲安全保障会议期间与菲律宾国防部长进行了磋商；11月，日本防卫厅事务次官出访菲律宾，从而就进一步巩固日菲关于安保合作达成了一致见解，并继续推动了日菲安保合作的顺利发展。

日菲两国基于共同的战略需求，国家首脑及防卫官员间持续保持着频繁的交流。2008年5月，日本航空自卫队幕僚长访问菲律宾；同年12月，菲律宾空军司令回访日本。双方一致认可互访机制对两国安保合作的推进作用，表示日菲加强航空力量的交流与合作对于两国均具有重大的战略意义。2009年5月，日本防卫大臣政务官访问菲律宾。2010年10月，日本防卫副大臣与菲律宾国防部长在夏威夷进行会谈，双方就南海地区形势以及日本周边安全保障环境交换了意见，并就继续深化日菲防卫当局间协商达成一致。2011年1月，防卫大臣政务官访问菲律宾。9月，菲律宾总统阿基诺三世访问日本，与日本首相野田佳彦举行会谈，双方一致赞扬了日菲海洋协议取得的成果，并同意将两国关系定位为战略伙伴关系。会谈之后，日菲发表共同声明，明确了日本海上自卫队幕僚长与菲律宾海军司令相互访问的事宜，双方一致同意继续推进两国防卫当局间的交流与合作。作为共同声明的具体实践，2011年11月，日本海上自卫队幕僚长访问菲律宾；2012年4月，菲律宾海军司令回访日本。2012年5月，日本海上自卫队"岛雪"号、"松雪"号与"鹿岛"号训练舰对菲律宾进行了为期5天的友好访问。同年6月，日本防卫省统合幕僚长岩崎茂访问菲律宾，日菲双方就防灾救援和医疗支援方面的安保合作交换了意见，双方同意共同举行人道救援方面的联合演习。

此外，近年来日菲两国间防卫部门首长的互访进一步推动了两国间安保合作的发展。2012年7月，菲律宾国防部长加斯明访问日本，并和日本防卫大臣森本敏签订了旨在加强海上安全保障等方面合作的防卫合作备忘录。备忘录指出：菲律宾与日本开展防卫合作有利于亚太地区的和平与稳定，两国将促进菲律宾军队与日本自卫队的交流，包括将实施菲律宾海军和日本海上自卫队的联合训练与海上安保方面的情报共享,并推进双方在救灾与联合国维和行动等领域共享信息。加斯明的此次访问是菲律宾国防部长时隔11年后的再度访日。菲律宾也成为了第9个与日本签订防卫合作备忘录的国家。此外,日菲双方还就南海局势交换了意见。2013年6月27日,日本防卫大臣小野寺五典访问菲律宾,并与菲国防部长加斯明举行会谈。小野表示:日菲两国将加强在防卫偏远岛屿、领海以及保护海洋权益方面的合作,对于菲律宾采取的相应行动,日本军方将予以配合。加斯明则回复称:菲律宾和日本将增加在军事情报和技术领域的交流,强化两国的军事战略合作。

伴随着菲律宾在南海的声张逐步强硬,日菲两国关于南海问题方面的安保合作也变得愈加丰富。2015年2月23日起,日本海上自卫队幕僚长武居智久抵达菲律宾开始了为期4天的访问。双方就进一步探索海洋安全合作进行了深入交流。2015年5月28日,日本航空自卫队幕僚长齐藤治和在菲律宾首都马尼拉分别与该国国防部副部长埃斯库埃塔和军方副参谋长举行了会谈。在此之前的5月27日,齐藤治和曾与菲空军司令黎牙多举行会谈,就日本航空自卫队与菲律宾空军在部队层面扩大交流与合作达成一致。

可以发现,日菲两国近期的安保合作主要围绕着针对中国进行部署。2015年6月8日,日本陆上自卫队幕僚长岩田清文在防卫省会见了菲律宾陆军司令,双方针对中国在南海的行动,确认了强化防卫合作和交流的方针。当年6月23日,日本自卫队与菲律宾军队在菲律宾巴拉望岛举行了首次联合训练。该地点靠近中国的南沙群岛,其遏制中国海上行动的意图十分明显。①

二、日菲安保合作的动因

冷战结束后,日菲开始了简单的防卫交流。伴随着空军、海军的深入交流与合作,两国间安保合作不断升级。尤其是步入21世纪,日菲安保合作呈现出快速发展的趋势。究其原因主要有以下几个方面:

第一,日菲两国拥有着紧密的经济合作关系。紧密的经济合作关系是日菲两国发展安保合作的基础。早在20世纪80年代初期,日本就已经成

---

① 《日菲防卫力量首次联合训练 意在制衡中国》,http://china.kyodonews.jp/news/2015/06/100105.html。

为菲律宾第二大贸易国。从 1973—1982 年，两国间贸易额从 14.4 亿美元增至 33.79 亿美元。另据资料显示，1981 年，日本占菲律宾进口贸易总额的 19.1%，而且菲律宾出口贸易总额的 22.2% 流向了日本。① 1969 年，日本开始向菲律宾提供巨额日元贷款并进行投资，两国经贸关系快速而稳定发展。在菲律宾遭遇经济危机之时，日本也对其进行了大量援助。1984年，菲律宾政局动荡更加加重了其经济困局，日本于该年 4 月正式决定以优惠贷款的形势向菲律宾提供总额为 2.47 亿美元的特别援助。冷战期间，日本外交政策的主要内容为经济外交，主要通过经济手段与方式来拓展外交空间并实现外交目标。② 日本对菲律宾的经济外交受到了良好的效果，经济上的紧密联系，缓解了菲律宾对日本的戒心，日本的影响力也逐步扩大。

近年来，日菲经贸往来迅速发展。2008 年 12 月，《日菲经济伙伴协议》正式生效，根据协议，日菲双方有 94% 的关税被免除。签订该协议的有菲工商会、菲服务出口联盟、菲出口商协会、自由工人联盟、菲半成品及电子产品公司、菲贸易联盟大会等。菲律宾贸工部曾预测该协议能在三年内为菲带来额外的 4.44 亿美元的投资，在汽车、家具、电子产品和半成品生产领域的投资能为菲创造 15 万个新的就业机会，并对相关上游产业带来价值 7.5 亿美元的积极影响。日菲间紧密的经济合作关系为日菲两国在政治与安全方面的合作打下了坚实的基础。

第二，日菲两国均为美国在西太平洋的重要盟友。二战结束后，美菲双方于 1947 年 3 月签订了《菲美军事基地协定》和《美国对菲律宾军事援助协定》。随后，伴随着国际局势的发展，1951 年 8 月，美菲签订了《共同防御条约》，两国军事同盟关系正式确立。20 世纪 60 年代末到 70 年代初，伴随着中美关系缓和、越南战争结束以及"尼克松主义"的出台，美国开始调整东南亚政策，美菲军事同盟关系降温。然而步入 20 世纪 70 年代后期，美国为了应对来自苏联的威胁，又开始加强与菲律宾的军事合作。1979 年 1 月，美菲达成有效期为 5 年的军事基地合作协议。冷战后，美菲同盟关系持续稳定发展，"9·11"事件后，菲律宾成为了东南亚国家

---

① [苏]弗·格·莫罗佐夫、施纯谋：《第二次世界大战后的日菲关系》，载《东南亚研究资料》1986 年第 1 期，第 78 页。

② 孙伟：《后冷战时期日本与东盟安全合作的演变》，载《南海问题研究》2012 年第 4 期，第 18 页。

第五章 日本的同盟拓展与"日美+1"模式

中支持美国反恐最积极的一个。

同时,日本同样是美国在西太平洋的重要盟友。1947年后,美苏对立日益严重,中国以及东亚国家革命形势急剧发展。美国为了加以应对,开始转变对日改造政策,希冀通过扶持日本来构筑其在远东地区对抗苏联的前哨基地。1951年,日美两国签订了《日美安全保障条约》,日美军事同盟正式确立。1952年2月,日美两国根据安保条约规定签署了《日美行政协定》。该协定共29条,主要内容包括:"日本同意向美国提供军事基地和设施以及承认美军使用、管理这些基地设施的权利;美国有权镇压日本国内暴动和骚乱;日本每年向美军支付巨额防卫经费;驻日美军及其家人如犯罪,日本没有审判权。"[①] 1978年,日美两国签订了《日美防卫合作指针》,其中规定了"防止侵略于未然的态势;日本遭受武力攻击时的应对行动;日本以外的远东事态对日本安全产生重大影响的日美合作"等内容,日本的"日美同盟"战略进一步得到调整。

冷战结束后,日美同盟关系处于漂流状态,甚至存在着走向解体的可能。1995年2月,美国发表了《东亚太平洋地区安全战略报告》,以此为契机,日美同盟关系进一步得到强化。1996年4月,美国总统克林顿访问日本,日美两国发表了《日美安全保障联合宣言》;1997年《日美防卫合作指针》被重新修订;1999年,日本通过了《周边事态法》,日美间安保合作进一步加强,日本相应地承担了更多的军事责任,其军事实力也迅速得到了提升。可以说,二战结束后,日本的"日美同盟"战略作为其安保战略的重要内涵,对于维持日本国内稳定与发展、增强日本军事实力、提高日本国际地位发挥了重要作用。

近年来,伴随着美国"重返亚太"战略的提出与实践,日菲两国更是希望借助这一机遇来提升本国军事实力与政治实力。美菲、美日同盟关系再次得到迅速发展。日菲两国同为美国在西太平洋地区的重要盟友,日菲安保合作建立在美菲、美日安保合作的基础之上。

第三,日菲两国均与中国存在着领土争议。2012年4月,中菲黄岩岛争端爆发并进入对峙阶段。2012年4月8日,菲律宾海军非法进入我国黄岩岛海域并持枪抓捕了我国渔民,我国随即派出舰船前往该地区,自此中

[①] 東京大学東洋文化研究所・田中明彦研究室:『日米行政協定(日本国とアメリカ合衆国との間の安全保障条約第三条に基く行政協定)』、http://www.ioc.u-tokyo.ac.jp/~worldjpn/documents/texts/docs/19520228.T1J.html。

菲海军展开了舰船对峙。中菲黄岩岛之争由来已久，早在1997年，菲律宾海军就炸毁了我国在黄岩岛上设立的主权界碑。随后，菲律宾武装占领黄岩岛，并开始驱赶、抓捕我国行驶至该海域的渔民。对此，我国提出严正抗议，并郑重重申了我国对黄岩岛拥有的绝对主权。日本近年来在钓鱼岛问题上也开始频频叫嚣中国。自2010年9月钓鱼岛撞船事件发生后，日本又上演了一出"购岛"闹剧，中日关系也因为钓鱼岛争端而跌入谷底。

在日菲两国均与中国存有领土争议的情况下，日菲开始尝试通过合作来联合制衡中国。2012年12月，菲律宾外长德尔罗萨里奥甚至叫嚣"为了制衡中国，欢迎日本修改宪法、重整军备"。有报道指出："近来，菲律宾在南海问题上频频挑衅中国，包括总统阿基诺三世在内的一些政要不时抛出惊人言论，试图拉拢别国抗衡中国，但力挺日本这个曾给东南亚造成巨大灾难的战犯国家重新武装，引来了国际社会的一片批评。"① 日菲两国均与中国存有领土争议，以此为背景，日菲安保合作在不断深化。

三、日美同盟与"日美+菲"模式

日菲两国均为美国在西太平洋地区的重要盟友，伴随着美国"重返亚太"战略的逐步推进以及日菲两国军事诉求的不断增长，日美菲三国开始对三边安保合作进行尝试。

2009年5月，在东盟地区论坛框架内，美国和菲律宾在菲律宾境内举行了灾害救助合同演习，日本也受邀参加。通过此次演习，日本航空自卫队与其他国家军队进行了协调演练，日美菲三国军事力量相互间合作得到了试练。

另外，围绕着驻日美军整编问题，日美两国也积极寻求菲律宾的支持。2012年4月，日美两国政府开始就美国海军陆战队与日本自卫队共同使用菲律宾巴拉望岛军事基地进行磋商。此外，吕宋岛军事基地也成为了备选项之一。② 巴拉望岛与吕宋岛紧逼中国南海，假如美日菲就共同使用菲律宾军事基地一事达成协议，三国将会在今后定期举行联合军事演习，而这将极大地牵制中国海军的发展。

美日菲三边安保合作虽然起步较晚，但近年来却呈现出了强劲发展趋

---

① 周邦民：《菲律宾挺日本跟中国斗》，载《世界报》2012年12月19日。
② 《美日拟共享菲军事基地 欲集中力量抑制中国》，http://mil.huanqiu.com/Observation/2012-04/2663092.html。

第五章 日本的同盟拓展与"日美+1"模式

势。2012年4月,在中菲发生黄岩岛对峙事件的当月,日本就派出两名校级自卫官参加了美菲"肩并肩2012"联合军事演习。美菲"肩并肩"系列军演开始于1991年,除1995—1998年中止外,每年举行1次。2012年为第28次,美国派出了4500名士兵,菲律宾出动2300名士兵参加。本次演习地点主要集中在菲律宾北部吕宋岛上的新怡诗夏省麦格塞塞堡和菲律宾南部的巴拉望省等地,美菲两军举行了伤亡人员疏散演练、实弹训练、模拟战斗演练等演习科目,日本则参加了其中的桌面模拟演习。2013年4月,日本同样参加了第29次美菲"肩并肩"联合军事演习。日本通过参加美菲军演来积极谋求美日菲三边安保合作的继续深化。

2014年10月2日,日本自卫队以观察员身份,参加了美国和菲律宾军队在靠近南沙群岛的菲律宾巴拉望岛海域举行的联合军演。这是自卫队首次参加菲律宾军队的实战军演。美菲每年都举行联合军演,但该次演习是在两国于4月份签署"美军重新驻留菲律宾的新军事协定"后举行的。2014年10月22日,美日菲三国舰船在南海举行了联合演习。以广岛县吴基地为母港的日本海上自卫队护卫舰"涟"号、以神奈川县横须贺基地为据点的美国第七舰队航母"乔治·华盛顿"号和"宙斯盾"巡洋舰"安提坦"号以及菲律宾海军"德尔毕拉尔"级护卫舰等参与了演习。除实弹射击外,演习中还测试了舰船在夜间航行过程中的密码通信等。[①] 2015年6月,菲律宾分别与美国和日本举行了军演,两场军演同步进行。其中,菲律宾自1995年以来一直与长期盟友美国举行海上军演;菲律宾与日本的军演则始于2015年,预计今后将逐渐扩大规模。

总之,日本致力于以日美同盟为基础,发展同其他国家间的安保合作关系,其根本目的在于维系亚太地区的势力结构,构建对其有利的地区安全秩序。日本积极构筑与他国间的安保合作,在一定程度上也暴露了美国的财政困难。美国为了削减激增的财政赤字,被迫减少包括军费在内的年度支出。从2012年度开始的10年中,美国财政预算要比原定计划减少4870亿美元,而且还制定了强制削减项目。除了财政因素外,奥巴马政府相比单边行动而言更加重视协调行动,这也对安倍政府变更宪法解释以解禁集体自卫权的举措形成了支持。在亚太地区的相关军事活动中,美国让日本分担的任务越来越多,并积极支持日本与他国开展安保合作。例如,在每年定期举行的2014年度"太平洋伙伴"救灾联合训练中,日本海上

---

① 《美日菲首次在南海举行联合军演》,载《参考消息》2014年10月25日。

自卫队大型运输舰"国东"号担负着作为各国活动据点的中心任务，搭载了100多名美军和澳大利亚军队的医疗人员，先后访问了越南、柬埔寨和菲律宾。这是菲美军舰艇首次担负这种任务。2014年的"太平洋伙伴"救灾联合训练，原本预定由美国海军的医院船"仁慈"号从位于加利福尼亚圣迭戈的美国海军基地出发前往参加。但在2013年编制预算时，美方由于担心不能保证派遣"仁慈"号的费用，于是决定由日本代为执行任务。[1] 在得到美国积极鼓励的同时，日本还大力放宽了政府开发援助的限制，修改了以往"一律禁止向与军事行动有关的活动提供援助"等准则，从而进一步促进了日本对东南亚国家的军事援助与合作。[2]

---

[1] 《日军舰海外活动越来越多》，载《参考消息》2014年9月4日。
[2] 《日修订开发援助大纲瞄准东南亚》，载《参考消息》2014年10月25日。

第六章

日本的"自主防卫"与日美同盟

在日本,"自主防卫"论由来已久。何谓"自主防卫"?从狭义上讲,就是指在防卫政策中主张废除《日美安全保障条约》,重建军队,依靠日本自己的力量保卫国家;① 从广义上讲,它也包括在日美同盟框架下日本的相对独立倾向。本章采取广义上的"自主防卫"内涵,是指日本在防卫力量建设、防卫战略调整以及防卫交流等领域所体现出来的独自性。此种独自性是日本实现政治、军事大国目标的必然诉求。

第一节 日本"自主防卫"的基础:防卫力量建设

防卫力量建设,是日本实现"自主防卫"的实力基础。基于"独立、自主"的民族主义立场,日本的"自主防卫"发端于冷战时期的武器装备国产化,并在此基础上保护防卫产业与提升武器装备水平。冷战后,日本政府在延续"自主防卫"固有传统的同时,着力建设独自的卫星情报体制,筹谋网络作战力量建设,意在强化并拓展"自主防卫"的实力基础。

一、"自主防卫"的传统:武器装备国产化

早在日本独立之初的20世纪50年代前半期,就已出现了"与吉田茂国防建设思想相对立的关于国家防卫问题的政策主张——自主防卫论"。② 当时,对于吉田内阁所采取的渐进式增强防卫力量的发展路线,以鸠山一郎为首的反吉田势力则强烈主张"重整军备"。从20世纪50年代中期至20世纪60年代末期,"自主防卫"论尚不符合日本国家发展战略目标的内在需求,客观上经济实力也不容许日本大规模扩充军事力量,实现"自主防卫"更是无从谈起。

---

① 郭丽立:《日本的"自主防卫"与日美同盟发展趋势》,载《国际问题研究》2005年第2期,第52页。
② 军事科学院外国军事研究部编:《日本军事基本情况》,北京:军事科学出版社1992年版,第39页。

进入20世纪70年代以后，日本的经济大国地位，始为日本自行发展武器装备、实现"自主防卫"提供了客观条件。1970年7月，日本防卫厅制定了武器装备生产与开发的基本方针，其核心内容是要以国家工业为基础生产武器装备，推进武器装备的自主研制和国产化。1976年10月29日，日本国防会议和内阁会议通过了"1977年以后防卫计划大纲"，该大纲也规定自卫队武器装备的发展应坚持"以国产为主，仿造、进口为辅"的方针，优先使用本国的技术成果，以实现武器装备的国产化和现代化。这样，至20世纪70年代中期，日本的武器装备国产化率一度高达95%，且国产装备包括飞机、导弹、电子设备等尖端武器在内。在20世纪80年代里，日本自卫队武器装备的90%左右仍由日本国内生产，且有相当一部分位居世界先进水平。

冷战后，为了进一步加强日本武器装备的自主研发能力，"防卫厅把航空发动机技术、飞机总体技术、信息技术和精确制导技术等技术领域作为军用技术的发展重点"①，国内许可生产与自行研制构成了自卫队武器装备采购的主要来源。

从21世纪初期日本防卫厅公布的年度预算案来看，自卫队采购的武器装备一直保持着较高的国产率（参见表6-1）。

表6-1 近年来日本国产与进口军需装备的采购额 （单位：亿日元）

年 度	国内采购额 (A)	国外进口额 一般进口 (B)	国外进口额 有偿援助 (C)	合 计 (D=A+B+C)	国内采购比例 (%) (A/D)
2001	17971	1156	489	19616	91.6
2002	17218	1326	1101	19645	87.6
2003	17598	1292	1006	19896	88.4
2004	18233	1334	979	20546	88.7
2005	18917	1525	937	21379	88.5
2006	18818	1158	1047	21023	89.5
2007	18649	1327	856	20832	89.5
2008	19382	1153	642	21177	91.5
2009	18219	1290	620	20129	90.5
2010	17611	1023	551	19185	91.8

资料来源：根据日本防卫厅编的《日本的防卫》（《防卫白皮书》）各年版统计数据整理。

---

① 沈明华：《日本武器装备的现状及发展趋势》，载《外国军事学术》2000年第7期，第17页。

第六章 日本的"自主防卫"与日美同盟

需要说明的是,高国产率的长期维系并非出于经济利益的考虑,完全是为了奠定"自主"而非"依存"型防卫产业的基础。由于日本自卫队采购的武器装备大多着眼于"少而精"的原则,战时需要之际再及时补充,这就要求日本的军工企业平时必须具备强大的生产能力,但又无法通过大批量生产来降低成本,结果导致日本国内生产的武器装备的单价居高不下。例如,三菱公司生产的F-15J战斗机每架高达120亿日元,约是美国F-16的1.7倍;三菱公司生产的90式坦克每辆价格为9亿日元,而美国的M1A1坦克每辆仅为4亿日元。在弹道导弹防御系统的开发过程中,日本防卫厅坚持让三菱重工参与"爱国者-3"反导弹系统的生产,比直接从美国购买原装货要多花40亿美元,但是通过自产导弹,日本可以掌握相关技术,有助于其自主研发其他攻击性武器,并进一步与美国的导弹防御系统"无缝链接"。另外,为维持日本潜艇产业的存续,海上自卫队一直坚持每年以退役一艘旧艇、服役一艘新艇的速度进行采购。

事实上,为了巩固并强化防卫产业的"自主"性,日本政府还采取了财政补助、军民两用等一系列的具体应对措施。

一方面,日本政府为保护重点军工企业和主要军品生产线,规定将军品产值占企业总产值10%以上的企业列为重点军工企业,在经费投入上对它们实行政策倾斜,并对其生产设施实行保护,使之不受军品订货减少的影响。这些重点军工企业包括三菱重工业公司、川崎重工业公司、石川岛播磨重工业公司等。目前,三菱重工主要生产战斗机、反潜巡逻直升机以及反舰导弹等装备,是日本最重要、最大的军工企业。日本的主力战斗机F-15J、F-2,以及"宙斯盾"驱逐舰、"爱国者"导弹等日本当今最先进的武器,大部分都由三菱重工研制或由其引进专利技术生产。日本的主战坦克"90式""10式"也是三菱重工的拳头产品。川崎重工的主要军工产品有C-2运输机、武装和运输直升机,以及新一代P-1反潜巡逻机。石川岛播磨重工的优势在于生产各类飞机的发动机。东芝公司是日本防卫省的导弹系统装置和雷达系统主要供应商之一。三菱电机在军用雷达、空对空导弹以及红外制导等方面有着独特技术。NEC和富士通是日本自卫队的无线通信装置以及通信电子设备的主要供应商。从事工程机械生产的小松制作所和从事空调生产的大金公司是炮弹的重要供应商。而日立公司则是日本自卫队装甲车和军用牵引车的主要供应商。

此外,根据《中小企业开拓新领域协调法》,不仅对符合条件的企业在补助费和税制上实行优待,还对军品产值在企业销售额中占比重较大、拥有独特技术或诀窍的中小企业尽量做到分散订货，让它们有更多机会获得军品订单，以激励这些企业积极承担和拓展军品研发服务，日本政府专门为在武器装备研制过程中符合要求的民间企业提供必要的经费保障。据统计，日本政府平均每年拨给造船工业的研究开发经费就高达10亿美元。[①]

另一方面，日本政府还积极探索军品民用的转化途径，既可发挥量产效应来缩减防卫采购费用，又可向近年来因为防卫费削减而陷入困境的国内防卫产业注入活力。军品转向民用的现实背景在于，数十年来自卫队主要装备品的年均采购数量呈下降趋势。据统计，从1977年开始9年间的采购量是：战斗机18.5架、护卫舰2.8艘、坦克58.4辆；而从1997年开始9年间的采购量则骤减为：战斗机7.5架、护卫舰1.1艘、坦克16.1辆；相关工厂的年上工时间，2007年相对于2003年降低了近1成。结果，导致部分企业被迫退出防卫产业。对此，2010年4月23日，防卫大臣北泽俊美在一次研讨会上表示："如果向民间的转用能够有所进展，将在相当程度上维持并强化生产与技术的根基，进而有利于降低装备的价格。"[②] 考虑到民间市场的需求，日本政府拟将航空自卫队的下一代运输机 XC-2、海上自卫队的下一代巡逻机 XP-1、水上救援飞艇 US-2 等机种转向民用（参见表6-2）。

表6-2　计划转向民用的自卫队机种

	US-2	XC-2（开发中）	XP-1（开发中）
目前用途	水上救援飞艇	运输机	巡逻机
转向民用举例	水上消防飞艇	货机	小型客机
全长	约33米	约44米	约38米
续航距离	45千米以上	最远10000千米	8000千米

资料来源：『自衛隊機を民生転用』、载『読売新聞』2010年5月2日。

二、"自主防卫"的强化：新式武器装备

在实现武器装备国产化的基础上，日本政府尤其注重不断提升武器装备的攻防水平，突出表现在大型舰艇的配备与下一代战机的研制上。

---

① 《日本如何以民掩军膨胀军力？》，载《解放军报》2012年2月27日。
② 『自衛隊機を民生転用』、载『読売新聞』2010年5月2日。

第六章 日本的"自主防卫"与日美同盟

进入21世纪10年代后,日本新式武器装备的列装速度明显加快。在大型舰艇的配备方面,2009年3月和8月,日本海上自卫队相继接收2艘标准排水量达1.395万吨的"日向"级直升机驱逐舰(分别为"日向"号和"伊势"号)。该级舰舰长197米,舰宽33米,航速30节,有着与航母相同的直通式甲板,可同时起降4架直升机,最多可搭载11架直升机,船员380名,还装备有强大的对海、对空、反潜武器和先进的雷达、声呐、火控和通信系统,可谓是"航母型"驱逐舰。2009年12月25日,日本政府又决定在下一年度财政预算中编列经费,计划建造标准排水量高达1.95万吨的新型直升机驱逐舰(代号为"22DDH")。2013年8月6日,日本海上自卫队最大的舰艇22DDH型直升机驱逐舰"出云"号在横滨下水。该舰全长248米,宽38米,排水量1.95万吨,满载排水量2.7万吨。"出云"号可搭载MV-22"鱼鹰"倾转旋翼机,最多可搭载14架直升机,可同时起降5架直升机,许多媒体冠之以"直升机航母"的称谓。该舰配备了3部"密集阵"武器系统和2部"拉姆"导弹发射装置。由于拥有舰艏至舰艉全通甲板,外观与航空母舰相仿,经过改造后,它还具备搭载F-35B型战机的能力。从吨位、布局到功能都已完全符合轻型航母的特征。2015年3月25日,"出云"号直升机驱逐舰服役。8月27日,DDH-184"加贺"号舰在横滨船厂下水,2017年3月正式服役。这样,日本拥有2艘"出云"级准航母和2艘"日向"级准航母。"出云"级吨位和功能同"日向"级相比有所增加,但为控制预算而弱化了雷达等传感器和自卫火力。

作为海上自卫队的新式装备,2013年3月6日,最新的"瑞龙"号潜艇在神户市兵库区的三菱重工神户造船所举行交付仪式。截至当日,海上自卫队使用的潜艇达到16艘。"瑞龙"号排水量达2950吨,全长84米,可载65人。它采用"不依赖空气推进装置(AIP系统)",可长时间在水下航行。据称,该潜艇总造价约为510亿日元(约合34亿元人民币),将部署在横须贺基地,负责警戒监视任务。

作为海上自卫队的另一新式装备,2013年3月26日,P-1新型喷气式反潜巡逻机的交付仪式在川崎重工的岐阜工厂举行,首批交付的2架P-1将部署在神奈川县的厚木基地。P-1将接替日本现有的反潜巡逻机P-3C。该机完全由日本生产。P-1全长38米,起飞重点达到79.7吨,远大于P-3C的56吨。P-1装备4台日本国产的F7-10型涡扇发动机,其重要特点是在世界上首次在大型飞机上采用光传飞控系统(FBL)。以强有力的发动机和飞控系统为保障，P-1 是世界上飞行性能最好的巡逻机。其巡航速度达到每小时 833 千米，实用升限达到 13520 米，不仅远超过 P-3C，也超过了美国的下一代巡逻机 P-8。这使得 P-1 可以更快到达任务区域，而且可以在任务区域滞空更长时间。P-1 搭载有采用主动相控阵技术的 HPS-106 型搜索雷达，具有对海搜索、导航、气象和对空警戒等工作模式，还具备合成孔径工作模式，可在高空发现潜艇的潜望镜。在声呐方面，P-1 可搭载被动式和主动式声呐浮标，以及用于测量海中杂音和探测大深度目标的声呐。在武器方面，P-1 可以携带鱼雷、深水炸弹、航空炸弹，以及 ASM-1C 和 AGM-84 等反舰导弹，甚至还可以挂载 AGM-65 "小牛"空对地/空对舰导弹。机身内弹舱可挂载 8 枚鱼雷，两侧机翼下共有 12 个外挂点。P-1 的服役可以大幅提高日本海上自卫队的反潜和对海巡逻能力。P-1 不仅可以用于反潜战，还能够在岛屿防卫作战中发挥巨大威力。P-1 可以挂载 8 枚 AGM-65 空对地导弹，以其特有的较快速度抵达战场，防止敌方建立滩头阵地。① 据防卫省介绍，与 P-3C 相比，P-1 的飞行速度及雷达侦测能力均有所提升，海上自卫队计划用大约 70 架 P-1 取代现有的约 80 架 P-3C。②

作为陆上自卫队的新式装备，2008 年 2 月 13 日，日本高调展示了最新的 10 式主战坦克，它博采各国坦克工业之长，采纳了最新的坦克设计理念，并汲取了近年来局部冲突中的作战经验。它重 44 吨、乘员 3 人。主打武器是 120 毫米滑膛炮。最大时速 70 千米。该坦克配备了 C^4I 电子系统，集指挥、控制、电脑、通信、情报功能于一身，能在坦克之间自动完成信息数据交换，其火控系统能够有效打击小型移动目标，这一功能使它不仅在与拥有现代化主战坦克的军队作战时能表现出色，在打击游击队时同样游刃有余。与 90 式坦克③相比，10 式坦克的武器、行进性能可谓旗鼓相当，但火控系统、电子设备更胜一筹，体积和重量则略为袖珍。2010 年，日本自卫队以 650 万美元的单价，订购了 13 辆 10 式坦克。2012 年 1 月 10

---

① 《日媒吹嘘 P-1 反潜机是中国潜艇"天敌"》，载《参考消息》2013 年 6 月 6 日。
② 《日新型反潜巡逻机交付使用》，载《参考消息》2013 年 3 月 27 日。
③ 90 式坦克配备的是莱茵冶金有限公司生产的 120 毫米滑膛炮。三菱电机为其开发的火控系统在全球享有盛誉。它使用的是三菱涡轮增压中冷柴油机，最大功率 1500 马力，最大公路时速 70 公里。90 式坦克于 1992 年开始投入批量生产，截至 2010 年 1 月 1 日，日本自卫队共拥有 341 辆 90 式坦克。

第六章　日本的"自主防卫"与日美同盟

日，10式坦克正式开始列装自卫队，它将逐步取代74式、与90式优势互补。①

此外，防卫省技术研究本部和三菱重工正在研制新型空舰导弹ASM-3，将全面超越目前F-2战斗机装备的ASM-2空舰导弹。ASM-3的研制工作开始于2010财年，计划于2016财年完成实用试验，目前，供试验用的样品正在制造中，计划于2013财年开始空中和地面试验。ASM-3导弹全长约6米，直径约0.35米，重量约900千克，其最大射程与ASM-2类似，且拥有能够突破对方强大防空系统的高度生存性，并具备目标选择能力和强大的抗干扰能力。该型导弹的技术进步主要体现在：凭借冲压发动机，ASM-3可实现超声速飞行；通过同时使用主动雷达和被动雷达制导，可提高导弹的目标选择能力和抗干扰能力；使用了能够承受高速冲击的新型战斗部和引信。②

2013年12月17日，日本政府通过了《中期防卫力量整备计划（2014—2018年度）》（简称"中期防"），其最大变化是扭转此前三次"中期防"预算的递减趋势，规定未来5年的日本防卫预算上限约为24.67万亿日元（约合1.5万亿元人民币），计划向美国采购52辆新型水陆两栖战车、17架"鱼鹰"垂直起降运输机并首次提出配备3架高性能无人侦察机，还计划引进4架新型无人预警机、3架空中加油机以及23架最新型的P-1反潜巡逻机。

除此之外，日本防卫省还特别注重下一代战机的研制。日本政府在求购美国F-35隐形战斗机的同时，始终没有放弃国产隐形战斗机的研制。2011年11月，根据英国《简氏防务周刊》的报道，日本防卫省技术研究本部和三菱重工业公司正在研制代号为"心神"的先进技术验证机（ATD-X），防卫省已为该项目投入5.05亿美元的研制经费。报道称，"心神"主要用于验证日本自主开发的飞机隐形材料、先进机动性、发动机、雷达和飞行控制等多方面技术，从一开始就避免美国的技术介入并防止美国搅局；"心神"的设计方案展示出众多与美国F-22战斗机相似的地方，该机装备两台发动机、三角尾翼、矢量推力和先进的主动相控阵雷达。日本防卫省希望在"心神"的基础上获得先进的军事航空技术，进而发展出拥有第六代水准的战斗机，即具备"信息化""智能化""快速反应"能力

---

① 《日新一代坦克数量不断增加》，载《参考消息》2013年7月3日。
② 《日研发新型反舰导弹威慑中俄》，载《参考消息》2013年6月21日。

和反隐形特性,将用于取代日本现役的 F－2 战斗机,成为航空自卫队的下一代制空与对海打击主力机种。① 2012 年 3 月,另据美国《防务新闻》周刊网站报道,日本三菱重工业公司宣布已经开始组装"心神"的全尺寸试验机,预计将在 2014 年进行首次飞行,项目完成时间预计在 2017 年 3 月底。"心神"将采用大量先进技术,包括发动机 3D 推力转向能力、光传飞行控制系统,并可能配备微波武器。②

三、"自主防卫"的拓展：卫星情报与太空开发

基于《日本国宪法》的精神,1969 年,日本众议院曾经通过一项决议："送上宇宙的物体、开发的火箭,只限于和平利用与目的。"冷战期间,日本无法公开研制用于军事侦查目的的情报搜集卫星,使用别国的卫星在观测时间和地点等方面要受到诸多制约。因此,日本希望拥有自己的军用侦查卫星,其策略是发展多用途的民用遥感卫星,为发展军事侦查卫星系统储备技术。日本早在 1970 年就发射了第一颗国产人造卫星,是继苏、美、法之后第四个拥有发射卫星能力的国家。其后日本的卫星研制技术不断发展,从 1992 年日本发射第一颗"地球资源卫星－1"（JERS－1）开始,先后发射了"海洋观测卫星－1、－1b"（MOS－1、－1b）,"日本地球资源卫星－1"（JERS－1）,"先进地球观测卫星"（ADEOS）,以及"先进陆地观测卫星"（ALOS）等等,为日本研制本国的侦查卫星系统奠定了深厚的技术基础,初步掌握了制造军事侦查卫星的能力。

虽然日本在火箭发射水平和卫星技术能力上不断取得新进步,但在核心的卫星军事情报方面只能依赖美国。长期以来,日本所需的卫星图片主要是向美法等国的商业卫星公司购买,但这些图片有 1—2 个月的时滞,难以应付突发事件,而且容易暴露自身的战略意图。在和平时期利用他国卫星系统搜集情报自然没有问题,可一旦发生战争或其他紧急事态,则难以保证日本能继续得到它所需要的卫星照片和相关信息。而且,即使美国愿意提供,也有一个验证的问题。

早在 20 世纪 90 年代初期,日美同盟曾一度处于"漂流"阶段,日本国内即已开始探索冷战后"自主防卫"的道路。通过研制和发射国产侦查卫星,日本便可以在一定程度上摆脱对美国的过分依赖,进而提升情报侦

---

① 《日本隐形战机 5 年后首飞》,载《洛阳晚报》2011 年 11 月 18 日。
② 《日开始组装国产隐形战机验证机》,载《参考消息》2012 年 4 月 1 日。

第六章　日本的"自主防卫"与日美同盟

查上的自主权。1991年3月,日本外相中山太郎便对此抱怨道:"如果美国不给我们情报,我们便一无所知。日本必须拥有自己的侦查卫星!"①

自1996年日美同盟"再定义"以来,日本防卫已进入一种"伴美"型军事合作与"自主"发展军事大国防卫力量并行的阶段。在日美同盟的强化过程中,尽管日本防卫力量的发展在相当程度上借助于日美同盟,但日本始终注意保持其防卫力量的独立性。这突出表现为日本在日美两国的军工合作过程中,十分注重拥有独立的情报侦察体系。例如,对于前述日本海上自卫队所热心引进的"CEC"系统,虽可以实现日美两国情报共享、提高日军的作战能力,但也担心"海上自卫队的舰艇会被美国海军利用,成为其达到本国目的的作战行动的组成部分","CEC是一种计算机之间进行情报互换·融合的系统,基本上不需要人的介入与决断,所以更具有丧失日本独立性的危险"。②

尤其是1998年发生的所谓"朝鲜导弹事件"使日本愈加不信任盟友美国的情报提供方式,开始加紧建造自己的间谍卫星,并且拒绝了美国要其购买美制卫星的要求。除了卫星驱动装置等部件外,日本坚持自行研制。

1998年9月10日,日本政府宣布了卫星情报体系建设计划,并于次年得到国会认可。该计划决定只购买美国的部分组件,而主要依靠自身的力量发展侦察卫星;整个系统由4颗卫星组成(即光学侦察卫星与合成孔径雷达侦察卫星各2颗),预算高达2600亿日元(当时约合26亿美元)。

为彻底改变日本卫星情报体系在整体上严重依赖美国的现状,2001年4月1日,日本在防卫厅本部设立了"卫星情报中心",正式启动侦察卫星系统建设。该情报中心由内阁情报调查室、警视厅、防卫厅、外务省、文部科学省、气象厅等机构的人员组成,下设管理部、分析部与管制部三个部门,并在茨城县设立北浦卫星情报中心、在北海道设立苫小牧卫星情报中心、在鹿儿岛县设立阿九根卫星情报中心,人员编制总额在320名左右。日本的侦察卫星由"两组4颗"组成,即1颗光学卫星和1颗雷达卫星为一组,共两组同时运转。其中,光学卫星具有分辨率高但只能在天气晴好

---

①　王谦、梁陶:《日本发射侦察卫星的背后》,载《解放军报》2011年10月3日,第4版。

②　江畑谦介:『日本の軍事体制——自衛隊装備の問題点』、講談社2001年版、第78頁。

的白昼进行拍摄的特点,而雷达卫星虽然分辨率较之前者稍逊,但在阴雨天气及夜间依然可以拍摄照片。这样,"两组 4 颗"侦察卫星体制,可以保证日本在任何条件下对地球任何地方每天至少侦察 1 次。

2002 年 11 月,日本侦察卫星指挥中心开始运作。2003 年 3 月 28 日,日本向太空发射了 2 颗侦察卫星(即 1 颗光学成像卫星"光学 1 号"和 1 颗合成孔径雷达探测卫星"雷达 1 号",是事实上的"间谍卫星")。然而,2003 年 11 月 29 日,发射升空的第三、四颗侦察卫星因火箭的固体燃料助推器喷嘴漏气而不得不自毁。此后,为了确保发射成功,日本国内各方集中精力进行试验。2006 年 9 月 11 日,日本终于成功发射了第三颗侦察卫星"光学 2 号"。2007 年 2 月 24 日,日本再次成功发射了第四颗侦察卫星"雷达 2 号"。日本的"两组 4 颗"侦察卫星体系仅仅维系了一个月,2007 年 3 月,"雷达 1 号"卫星就因故障而无法使用。2010 年 10 月,日本政府又对外宣布,"雷达 2 号"卫星发生了电源故障,已无修复可能。

为了重建"两组 4 颗"侦察卫星体系,2009 年 11 月 28 日,日本利用 H2A - 16 号运载火箭将一颗名为"光学 3 号"的侦察卫星送入预定轨道,以接替 2003 年 3 月发射、设计寿命为 5 年的"光学 1 号"。"光学 3 号"卫星上装备十分先进的数码照相机,可进行连续拍摄,对地面物体的分辨率可达 60 厘米,而此前发射的"光学 1 号"和"光学 2 号"的分辨率仅为 1 米。2011 年 9 月 23 日,日本又成功发射了第六颗国产侦察卫星"光学 4 号",用以替代超过设计使用寿命的"光学 2 号"。2011 年 12 月 12 日,日本发射了"雷达 3 号"卫星,对地面物体的分辨率可达 1 米。2013 年 1 月 27 日,"雷达 4 号"在鹿儿岛县种子岛宇宙中心搭乘 H2A 火箭顺利升空。另外,在发射"雷达 4 号"卫星的同时,H2A 火箭还载有 1 颗光学实验卫星,能够分辨地面尺寸约 0.4 米大小的物体。至此,加上已经在轨运行的"雷达 3 号""光学 3 号"和"光学 4 号"卫星,日本空中情报侦察系统的"4 星体系"目标已经完成,达到每天对特定地点进行一次拍摄、分辨地面约 1 米大小物体的能力。有关日本侦察卫星发射状况的统计(参见表 6 - 3)。

第六章 日本的"自主防卫"与日美同盟

表6-3 日本侦察卫星统计

类型	名称	发射时间	分辨率（单位：米）
光学卫星	光学1号	2003-03-28	1—3
	光学2号	2006-09-11	1
	光学3号	2009-11-28	0.6
	光学4号	2011-09-23	0.6
雷达卫星	雷达1号	2003-03-28	1—3
	雷达2号	2007-02-24	1
	雷达3号	2011-12-12	1
	雷达4号	2013-01-27	1

为打造"4星体系"，日本政府已经投入了9200亿日元的预算。日本一直拒绝公布情报卫星获取的信息，4颗卫星均由日本卫星情报中心使用，其轨道、详细性能、拍摄的图像等完全不公布。另据2013年7月7日《日本经济新闻》报道，日本政府计划之后5年陆续发射9颗专用卫星，构建24小时监视全世界所有海域的系统。这9颗卫星在发射时将错开轨道，以便相互补充覆盖整个地球。这9颗卫星都是热源感知卫星，夜间也能进行监视。每颗卫星的成本大约200亿日元。这9颗卫星发射成功后，将对日本海域附近船只通行的所有航路进行严密监视。①

新一代侦察卫星的相继服役，意味着日本的卫星情报收集系统得到完善，功能更强大，获取信息质量更高。虽然在理论上，日本的"卫星信息获取系统"具有全球监视能力，但实际上，日本卫星监测的重点主要放在以其本土为中心的东北亚地区。② 日本发射自己的"间谍卫星"不仅可以在一定程度上摆脱美国控制，而且可以利用日本卫星拍摄的照片来验证美国提供的相关情报的可靠程度。因为在日本发射情报收集卫星之后，防卫厅的情报本部仍继续从美国商业卫星直接接收信息，所以有时可能出现情报本部和卫星情报中心分别搜集分析同一地区图像情报的情况。对此卫星情报中心的人员则解释说："日本没有接受美国商业卫星的优先权，一旦发生战争，还是需要自己的卫星。"③

---

① 《日本欲发9颗卫星监视中国船》，载《环球时报》2013年7月8日。
② 《日本"谍眼"俯视东北亚》，载《解放军报》2012年3月5日。
③ 『每日新闻』2003年2月24日。

与此同时，日本政府还着力确立太空开发的军事利用体制。2008年5月，日本国会通过了《宇宙基本法》。在该法案中，日本政府提出可在"非侵略"（non-aggression）的前提下自主发展军用卫星，突破了"非军事"（non-military）的限制；要求在卫星侦察技术方面独立自主地研发以确保可靠性，加强军民共用以整合并节约资源。因此，《宇宙基本法》打破了日本40年来太空开发的"非军事利用"原则，为其在太空领域发展军事用途提供了法律支撑。

伴随着《宇宙基本法》的出台，2008年8月27日"宇宙开发战略本部"正式成立。2008年8月，防卫省又设立了"宇宙开发利用推进委员会"。2009年1月16日，宇宙开发利用推进委员会公布了有关太空开发利用的基本方针，提出要研发用于导弹防御体系的早期预警卫星，从而在敌方弹道导弹发射后立即侦测到目标；要研发电波情报收集卫星，以监测军事通信及各种武器发出的电波；提高内阁卫星情报中心的情报收集卫星的性能，将其拍摄清晰度由目前的商用级别提高到军用级别；引进小型快速反应卫星，以集中收集特定区域的情报。2009年6月，宇宙开发战略本部提出了宇宙开发基本计划，主张日本将根据安保战略需要来研发具备情报收集、预警监视、通信等功能的卫星。在2009年版的《防卫白皮书》中，日本政府称将"在安全领域推动新的太空开发和利用"，重点关注"具备情报收集、警戒监视和情报通信能力的卫星及其发射系统，以及相关人才队伍和技术基础"等。① 对于日本的卫星情报体系，2009年底，负责太空开发事务的国土交通相前原诚司指出"日本独立的情报收集至关重要"，政府将加大技术开发力度，以便提高识别能力与观测频度，并扩充地面数据处理体制。②

此外，鉴于军民两用在太空开发特别是卫星情报技术领域所具有的重要意义，日本凭借其在微电子、计算机、新材料等领域的科技优势，以较为成熟的H2系列运载火箭技术为支撑，谋求抢占太空开发领域的制高点。例如，2010年5月21日，日本H2A火箭搭载首个金星探测器"晓"号在鹿儿岛县种子岛宇宙中心发射升空。"晓"号探测器由宇宙航空研究开发机构（JAXA）和三菱重工业公司联合研制，它将利用多种波长观测仪器，

---

① 日本防卫省：『平成21年版　日本の防衛』、第105页。
② 『情報衛星4基目打ち上げ』、載『月刊新聞ダイジェスト』2010年1月号、第60页。

第六章　日本的"自主防卫"与日美同盟

在轨道上对金星进行为期两年的观测。2012年5月18日，搭载日本宇宙航空研究开发机构水循环变动观测卫星"水滴"和韩国多功能观测卫星"阿里郎3号"①的H2A火箭21号机从日本种子岛宇宙中心发射升空，成功将卫星送入轨道。此次"一箭多星"是日本H2A火箭第15次连续发射成功，也是日本首次有偿发射外国卫星。2014年12月3日，日本宇宙航空研究开发机构和三菱重工业公司在种子岛宇宙中心用H2A火箭把小行星探测器"隼鸟2号"②送入太空。预计"隼鸟2号"将于2018年到达距离地球约3亿公里的小行星"1999JU3"，并在结束采样后于2020年底返回地球。③

在军民两用的太空开发不断取得进展的背景下，2012年6月20日，日本国会通过了《独立行政法人宇宙航空研究开发机构法修正案》，删除了规定该机构之活动"限于和平目的"的条款，从而使太空开发可以用于军事目的。④ 这样，内阁情报调查室利用的情报卫星及预警卫星可以成为宇宙航空研究开发机构的研发对象；管辖宇宙航空研究开发机构的省厅，除既有的文部科学省和总务省外，又添加了内阁府和经济产业省，乃至根据具体内容还可由防卫省直接管辖。另外，2012年7月12日，日本在内阁府中设置"宇宙战略室"，承担"司令部"职能，以便统合推进日本的太空开发与利用。

2014年8月28日，日本防卫省修订完成了关于在安全领域利用宇宙空间的基本方针，计划创建自卫队宇宙监视部队，监控毁弃人造卫星、火箭及其碎片等"太空垃圾"。基本方针称人造卫星"作为重要的基础设施已经被普遍使用"，卫星与火箭、卫星的碎片等不断增加的太空垃圾相撞

---

① "水滴"重2吨，搭载了可捕捉地表微弱微波的高性能传感器，用于调查大气中的雨水、水蒸气、地面积雪、土壤水分和海面温度，有助于环境变化研究并提升气象预测准确度。"阿里郎3号"重980千克，直径2米，长3.5米。按计划它将在4年内每天环绕地球14.5次，持续拍摄地球影像，其最大分辨率为0.7米，已达军用级别（分辨率低于1米）。
② "隼鸟2号"为世界首次从小行星回收样本的"隼鸟号"的后续探测器。此次探测的目标小行星可能存在含有水和有机物的岩石，有望揭开太阳系及生命起源的奥秘。"隼鸟2号"改进了动力系统，"离子引擎"推动力增强25%，可使用更长时间。通信天线方面也提升了通信量。另外，此次还新开发了一种冲击装置，在采样时可投掷金属块制造出人工凹陷，采集小行星表层下的新鲜物质。
③ 《日发射"隼鸟2号"小行星探测器》，载《环球时报》2014年12月4日。
④ 『東京新聞』2012年6月21日。

的风险不断增加,强调了"'太空垃圾'已经成为宇宙开发利用的重大威胁"。① 2015年1月9日,日本政府批准了包含未来10年宇宙政策方针在内的新《宇宙基本计划》,试图通过发射人造卫星等方式促进对外安保层面对外层空间的利用。延续到2024年度的新宇宙基本计划不同于限定于和平利用太空的旧有方针,而是大步进入到安全保障领域的太空开发。根据新计划,截至2023年,日本上空可以实现全天候定位的准天顶卫星将由现在的1枚增加到7枚。为建设3枚卫星组成的高隐蔽性防卫卫星通信网,也将增加发射情报收集卫星的数量。②

在不断加强自身太空开发能力的基础上,日本政府还试图与欧美国家联手制定太空活动规范。例如,2012年2月,日本与美国、澳大利亚、欧盟国家在维也纳举行首次事务性会议,探讨如何起草一项有关航天开发和利用的多边框架——"宇宙活动国际行为规范",其重点是限制"太空垃圾"③的产生,以防对人造卫星造成重大威胁。2012年4月,日本首相野田佳彦访问美国期间,日美双方又就联合开发针对亚太地区的全球定位系统(GPS)达成一致。2012年8月,日美两国政府部门达成协议,决定共享通过雷达等观测到的太空垃圾数据,以加强监测,力争避免由此引发的"太空交通事故"。

至此,日本已具备初步的天基侦察能力,且在太空军事利用的禁区遭到突破后,日本如何把太空开发用于军事安全领域的动向非常值得关注。未来,日本很可能会在兼顾"安全保障"和"民用市场"的基础上展开太空优势争夺战。

四、"自主防卫"的前沿:网络作战力量建设

21世纪初期,日本自卫队网络作战力量的建设渊源于其信息化建设。2002年,日本自卫队参谋长联席会议设立了防卫情报通信系统管理运营本部,完成了"防卫综合数字指挥网"的铺设,实现了防卫厅与陆、海、空自卫队的情报共享,大大提高了自卫队的指挥控制与快速反应能力。

---

① 《日本着手创建太空监控部队》,载《参考消息》2014年8月31日。
② 《日推新太空计划牵制中国》,载《参考消息》2015年1月11日。
③ "太空垃圾"是指使用寿命已结束的人造卫星和火箭的零部件和碎片等。据日本宇宙航空研究开发机构介绍,目前已确认的10厘米以上的太空垃圾约有1.6万个。如果把小的垃圾也包括在内,那么数量有几十万个。这些垃圾以每秒7—8千米的速度绕地球转,据说1个10厘米左右的碎片,就足以完全摧毁宇宙飞船。

第六章 日本的"自主防卫"与日美同盟

2006年,日本曾发生防卫厅工作人员因使用私人电脑存储秘密信息并接入互联网,导致"朝雪"号驱逐舰机密情报在网上曝光事件。日本防卫厅为杜绝此类事件再次发生,耗费40亿日元购入5.6万多台电脑,直接发给工作人员使用,禁止工作人员私购电脑处理公务。2011年,三菱重工业公司等防卫企业、政府机构和国会频遭网络攻击。这些事件促使日本政府更加重视网络完全运用的问题。从2005年4月至2010年3月,日本自卫队共为信息化建设投入9400亿日元,占同期国防费总额的比例高达3.9%。日本先后在基础设施、指挥系统、信息共享、网络作战能力、卫星和光纤通信网等重点领域建设中投入巨资,取得重大进展。2008年,自卫队组建首支直属防卫省领导的联合任务部队——"指挥通信系统队"(规模约为150人),其下属的"网络运用队"担负着自卫队网络安全运用的职能。

2011年7月,美国国防部公布了首个"网络攻击战略",将网络攻击视作"战争行为",拟不惜实施军事报复。同年9月,美国和澳大利亚又制定了联合应对网络攻击方针。在部分欧美国家着手制定网络空间规范和交战规则的背景下,日本政府也加速推进网络作战力量的建设进程。

一方面,日本防卫省着手研究网络作战武器。例如,2012年1月,根据日本《读卖新闻》的报道,防卫省的技术研究本部正在封闭的网络环境中测试一种病毒,该病毒的最大特征是具备在遭受网络攻击之际反向探知攻击源的能力,并将直接攻击源计算机作为"跳板"来操控"后台"计算机,进而进行情报搜集。此外,病毒还具有让攻击源瘫痪和搜集情报的能力。在此前的2008年,防卫省对外招标"网络安全分析装置试研究"项目,富士通公司以1.785亿日元的报价中标。[①] 这实际上就是网络作战武器的研发。

另一方面,日本防卫省着手组建网络作战部队。防卫省主要负责日本网络安全战略中国家安全保障方面的工作。其责任机构为2008年3月组建的指挥通信系统队。该队由统合幕僚监部指挥通信系统部指挥通信系统运用课改编而成,队员包括陆海空自卫队员及相关技术人员。为了进一步强化对网络攻击的应对,指挥通信系统队于2014年3月26日成立了网络防卫队。日本防卫省在其《关于组建网络防卫队一事》的公告中指出:"网络防卫队将24小时监视自卫队的互联网并时刻准备应对网络攻击事态的发

---

① 『防衛省が対サイバー兵器』、載『読売新聞』2012年1月1日。

生，与此同时还将统一从事对网络攻击的相关情报进行收集、分析和调查研究。自卫队将以网络防卫队为核心机构同相关省厅展开合作，强化日本应对网络攻击事态的能力。"① 陆上自卫队通信团下属的系统防护队主要负责防止陆上自卫队的计算机运行系统遭受网络攻击等任务，该防护队成立于2001年1月，起源于2000年日本中央省厅网站遭受攻击的事件，其驻地为东京市之谷。此外，陆上自卫队警务队下属的中央警务队也拥有着应对网络攻击方面的机能。

与此同时，自2011年起，日本政府还加紧探讨制定将别国网络攻击视为"武力攻击"（即"有事"）的法律标准。根据2005年的一项内阁决议，允许自卫队行使自卫权的"武力攻击事态"有四种，分别是登陆入侵、游击队和特种部队攻击、弹道导弹攻击和飞机攻击，并不包括网络攻击。对此，日本政府内部倾向于将满足下列三个条件的网络攻击视为"武力攻击"，即攻击手段是利用计算机病毒和非法网络入侵；重要基础设施和生活设施遭到大规模损害；攻击威胁到国民的生命和财产安全。② 2012年5月，日本外相玄叶光一郎在信息安全政策会议上明确主张"应采取网络空间也适用现行国际法的立场"。该见解的实质就是主张日本自卫队可据此行使所谓的"自卫权"来应对网络攻击。③

2013年6月10日，日本信息安全政策会议发布了《网络安全战略》。这是日本首次在相关政策性文件的标题中使用"网络安全"这一词汇。2014年11月6日，日本国会通过了《网络安全基本法》，其中首次正式对"网络安全"这一概念进行了界定，并规定日本将在内阁中成立"网络安全战略本部"，本部长由内阁官房长官担任。④ 2015年1月9日，日本正式成立了"网络安全战略本部"与"内阁网络安全中心"；与此同时，信息安全政策会议与内阁官房信息安全中心被相应废止。⑤ 新的战略本部将遵

---

① 防衛省：『サイバー防衛隊の新編について』，http://www.mod.go.jp/j/press/news/2014/03/25d.html.

② 《日报道自卫队将成立可进行反击作战的网络战部队》，载《参考资料》2012年1月31日。

③ 『サイバー攻撃に自衛権行使可能、外務省が見解』，http://www.yomiuri.co.jp/politics/news/20120514 - OYT1T01460.htm.

④ 情報セキュリティ政策会議：『第41回会合発表資料1 - 1』，http://www.nisc.go.jp/conference/seisaku/dai41/pdf/41shiryou0101.pdf.

⑤ 「サイバー攻撃対応：政府に司令塔 NISC 90人体制発足」，http://mainichi.jp/select/news/20150110k0000m010041000c.html.

第六章 日本的"自主防卫"与日美同盟

循《网络安全基本法》进行运作,并与国家安全保障会议(NSC)和IT统合战略本部开展合作。2014年11月6日,日本国会通过了《网络安全基本法》,其中首次正式对"网络安全"这一概念进行了界定,并规定日本将在内阁中成立"网络安全战略本部",本部长由内阁官房长官担任。[①] 2015年1月9日,日本正式成立了"网络安全战略本部"与"内阁网络安全中心";与此同时,信息安全政策会议与内阁官房信息安全中心被相应废止。[②] 新的战略本部将遵循《网络安全基本法》进行运作,并与国家安全保障会议(NSC)和IT统合战略本部开展合作。

此外,日本政府还将网络安全作为新一轮日美安保合作的重点,并致力于构筑应对网络安全的国际合作体制。2013年5月和2014年4月,日美两国召开了第一、二届"日美网络对话",就应对网络犯罪、保护重要基础设施等相关领域进行了意见交换。同时,日本于2012年6月与英国召开了"日英网络协议会";2012年11月,与印度召开了"日印网络协议会"。在多边机制领域,自2009年以来,截至2014年底,日本与东盟共召开了7届"日·ASEAN信息安全政策会议",就应对网络攻击、强化人才培育、保护重要基础设施等领域的合作达成了一致。[③] 2014年10月21日,中日韩三国召开了首届"网络安全事务磋商机制会议",三方各自就网络安全政策和相关机制架构进行了介绍,探讨了建立网络安全负责任国家行为规范、打击网络犯罪和网络恐怖主义、构筑互联网应急响应合作机制等问题。

第二节 日本"自主防卫"的对外交往:防卫交流

冷战后,日本对外军事交流活动日趋活跃。对此,日本政府在"防卫交流"的政策框架下予以认知和实践。在日本,所谓的"防卫交流",是指各国间旨在建立相互理解与信赖关系而在安全保障领域进行的交流活动,但它将日美安保体制下的军事交流排除在外,并不同于一般意义上的军事交流。随着日本政府不断深化有关防卫交流的政策认知,其防卫交流

[①] 情报セキュリティ政策会议:『第41回会合发表资料1-1』、http://www.nisc.go.jp/conference/seisaku/dai41/pdf/41shiryou0101.pdf。

[②] 「サイバー攻撃対応:政府に司令塔 NISC 90人体制発足」、http://mainichi.jp/select/news/20150110k0000m010041000c.html。

[③] 内阁官房情报セキュリティセンター:『第7回 日·ASEAN情报セキュリティ政策会议の结果』、http://www.nisc.go.jp/press/pdf/aseanj_meeting20141008.pdf。

实践也更加丰富，并产生多重效用。

一、日本"防卫交流"认知

在日本，有关"防卫交流"的明确官方表述始于1995年度《防卫白皮书》。在该年度白皮书的"旨在构筑稳定的安全保障环境的活动"这一章节中指出："亚太地区尚未建立欧洲那样的安全机制，而防卫交流的作用正是推动此类机制的建立，并在其建立之前维护亚太地区的安全与稳定"。[①] 同年11月修订的《防卫计划大纲》也指出："继续推动安全保障对话和防卫交流，努力增进同包括日本周边国家在内的有关国家之间的信赖关系。"[②]

此后，日本政府对"防卫交流"的政策认知不断得到完善。在1997年度《防卫白皮书》中，日本政府首次对"日美安保体制"与"防卫交流"的关系进行了梳理，认为日美同盟是构建稳定安保环境的基础，而日本与周边国家的防卫交流则起到必要的补充作用；首次按照参加国家的数量不同将"防卫交流"划分为"多边安保对话"与"双边防卫交流"，而"双边防卫交流"又包括防卫首脑及高层交流、防卫当局间定期磋商、部队交流、留学生互派以及防卫研究交流等。[③] 在1999年度《防卫白皮书》中，日本政府除了对各类"防卫交流"的意义与内涵予以具体阐释之外，并分别记述了其与韩国、俄罗斯、中国、东南亚国家间的"双边防卫交流"情况，以及东盟地区论坛、防卫厅主办的多国安保对话等"多边安保对话"情况。在2001年度《防卫白皮书》中，日本政府首次提出"多边联合训练"（即"亚太地区多国间共同训练"），并将其列为"防卫交流"的一部分。[④] 然而，在2002—2004年度《防卫白皮书》中，尽管有关"多边联合训练"的内容有所增加，但在章节设置上并不从属于"防卫交流"，而是在"增进国际社会的信赖关系"的框架下与之并列。直至在2005年

---

① 日本防卫省：『平成7年版 防衛白書』、http://www.clearing.mod.go.jp/hakusho_data/1995/ara34.html。
② 日本防卫省：『平成8年度以降に係る防衛計画の大綱』、http://www.mod.go.jp/j/approach/agenda/guideline/1996_taikou/dp96j.html。
③ 日本防卫省：『平成9年版 防衛白書』、http://www.clearing.mod.go.jp/hakusho_data/1997/def23.html。
④ 日本防卫省：『平成13年版 防衛白書』、http://www.clearing.mod.go.jp/hakusho_data/2001/honmon/index.html。

第六章 日本的"自主防卫"与日美同盟

度《防卫白皮书》中，日本政府才再次将"多边联合训练"列入"多边防卫交流"的范畴①并延续至今。至此，日本政府对"防卫交流"的类型、意义与内涵的政策认知，形成了较为完善的结构体系（参见表6－4）。

表6－4 日本政府对"防卫交流"的政策认知

类型区分		意义	内涵
双边防卫交流	防卫首脑等高层交流	就双方共同关心的地区形势、国防政策等重要问题坦率地交换意见，以增进相互理解与信赖关系，并推动未来的交流	防卫大臣与各国国防部长间的对话与互访；防卫副大臣、政务官、事务次官、统合幕僚长及陆、海、空自卫队幕僚长级别的对话与互访
	防卫当局间定期磋商	国防政策制定者之间展开持续且直接的意见交换，使其在为高层对话与交流奠定基础的同时，有助于充实并强化相关国家间的信赖与合作关系	局长、审议官级别的事务担当者间的磋商；统合幕僚监部、陆、海、空自卫队与相关国家的总参谋部、陆、海、空军之间的对话
	部队交流	通过共同训练与交流活动，充实并强化彼此间的信赖与合作关系	人员交流；舰艇、飞机的互访；联合搜救训练
	留学生互派	除了实现原本的教育目的之外，人员通过长期居住展开交流，增强对对方国家国防政策及军队实态的理解与信赖，并建立人脉关系	接受外国留学生；向海外军方机构派遣留学生
	防卫研究交流	基于研究者的立场自由交换意见，深化相互理解，有助于维系并深化防卫交流	防卫研究所与各国军方研究机构等的交流
多边防卫交流	多边安全保障对话	深化相关国家间关于安全形势的认知与安保观念的理解，对多国间的问题展开富有成效的磋商	ARF框架下的对话；防卫厅主办的多国间对话；政府主办的多国间对话；民间主办的多国间对话
	联合训练、演习	通过联合训练、演习等，提高技能，充实并强化彼此间的信赖与合作关系	人员交流；实施有关救灾、扫雷、潜水艇救援等的联合训练、演习等

资料来源：日本防卫省：「平成17年版 防衛白書」、http：//www.clearing.mod.go.jp/hakusho_data/2005/2005/index.html。

---

① 日本防卫省：『平成17年版 防衛白書』、http：//www.clearing.mod.go.jp/hakusho_data/2005/2005/index.html。

为了进一步指导和规范防卫交流的发展，2007年4月，日本防卫省颁布了《防卫交流基本方针》，对防卫交流的宗旨、意义与目的、手段、未来发展方向、法规建设等进行了全面阐述。其中，关于防卫交流的手段，根据实施主体的不同，分为高层交流、事务级交流、部队交流、教育研究交流、情报交换、装备技术交流等六类①，将以往《防卫白皮书》中提出的"留学生互派"与"防卫研究交流"合并为"教育研究交流"，并新增了"情报交换"和"装备技术交流"。但是，由于情报交换、装备技术交流在很大程度上受国内立法及国际环境等因素的限制，加之交流内容具有很强的涉密性，因此，在此后各年度的《防卫白皮书》中并未予以采用。

在2010年度《防卫白皮书》中，日本政府再一次修正了对"防卫交流"的政策认知。首先，提出了"防卫合作"的概念，认为"防卫合作"是"防卫交流"的深化，② 最深程度为制定共同应对计划、以共同应对为前提的联合训练、日本"有事"时的共同应对；其次，调整了交流对象的国别排序，双边防卫交流的前三位由先前（自1999年起）的日韩、日俄、日中，调整为日澳、日韩、日印（度），日中和日俄分别滑落至第四、五位。③ 按照日本政府的标准判断，其双边防卫交流均未达到"防卫合作"的最深程度，而达到这一程度的日美军事交流却又不属于"防卫交流"的范畴。并且，仅有美国、澳大利亚两国与日本签署了"物品与劳务相互提供协定"，日本政府又将"日澳"列于双边防卫交流的首位，着意引导某些双边防卫交流向着日美军事交流的深度拓展。

二、日本"防卫交流"实践

日本的防卫交流实践发端于冷战时期。例如，自1958年起，日本防卫大学开始接受泰国、印尼、新加坡等国的外军留学生；1987年度《防卫白

---

① 防衛省：『防衛交流の基本方針』、http：//www.mod.go.jp/j/approach/exchange/01.html。

② 按照交流程度的深浅不同，日本政府将各项活动由浅至深排序为：（1）留学生的交换、教育研究交流和装备技术交流；（2）防卫当局及各军种间的高层事务者交流；（3）各军种间的部队交流及舰艇、飞机的互访；（4）友好训练；（5）非传统安全保障领域的各项合作（包含联合训练）；（6）情报保护协定；（7）物品与劳务相互提供协定；（8）制订共同应对计划；（9）以共同应对为前提的联合训练；（10）日本有事时的共同应对。

③ 防衛省：『平成22年版　防衛白書』、http：//www.clearing.mod.go.jp/hakusho_data/2010/2010/index.html。

第六章 日本的"自主防卫"与日美同盟

皮书》记述了日本防卫厅长官栗原佑幸访问中国的相关内容,这也是《防卫白皮书》首次记载防卫交流活动。但是,受两极冷战格局的制约,这一时期日本的防卫交流实践尚未真正展开,仅仅是与中国、韩国、部分西欧国家之间进行局部性交流。

20世纪90年代是日本"防卫交流"的初创期。这一时期,日本双边防卫交流的重点在于"政策性"交流,通过阐释国防政策来增进相互理解,并在多边防卫交流领域开始了区域内国家间"对话"。

在初创期,韩国、俄罗斯、中国等近邻国家是日本双边防卫交流的主要对象。其中,在中日防卫交流领域,以日本自卫队幕僚长联席会议主席西元彻也访华(1995年2月)、中国国防部长迟浩田访日(1998年2月)等为代表,两国不仅各自实现了在不同防卫高层上的首次访问,而且建立了中日外交安全磋商(始于1993年12月)与中日防务安全磋商(始于1997年11月)两项交流机制。在日俄防卫交流领域,1996年4月,日本防卫厅长官臼井日出男与俄罗斯国防部长格拉乔夫在莫斯科举行了自二战结束以来的首次军事首脑会谈;1999年8月,日本防卫厅长官野吕田芳成访俄期间,双方共同签署了有关促进防卫对话与交流的备忘录;1996年7月,日本海上自卫队舰艇赴符拉迪沃斯托克参加俄海军建军300周年纪念活动,开启了舰艇互访的序幕;双方还相继建立了关于预防领水及其上空事件磋商(1993年)、日俄国防部门间磋商(1996年)、日俄军事交流共同工作会谈(1998年)等多项交流机制,并于1998年起开始举行每年一次的联合海上搜救演练。

在初创期,安全保障对话成为日本多边防卫交流的基本方式。自1994年加入东盟地区论坛以来,日本政府一直采取了积极参与的态度。此外,自1996年起日本防卫厅每年举办东京防务论坛,邀请各国军队的局长级官员参加;日本自卫队及防卫研究所也举办各类研讨会,搭建多边军事学术交流平台。

21世纪初期是日本防卫交流的发展及深化期。这一时期,日本双边防卫交流在增进相互理解与信赖的基础上,通过实施具体项目(例如救灾、反恐等)合作,推动"防卫交流"向着"防卫合作"的方向发展;日本多边防卫交流由"对话"向着"合作及构建区域秩序"的方向发展,并形成了日美澳、日美韩三边交流框架。

在发展及深化期,日本双边防卫交流的主要对象发生了较大变化。

首先,中日防卫交流时现波折。在小泉纯一郎内阁执政期间,受小泉参拜靖国神社问题的影响，日本防卫厅长官中谷元访华（2002年4月）、中国海军舰艇访日（2002年5月）等交流活动相继被迫取消，中日防卫交流一度陷入低谷。直至2007年8月中国国防部长曹刚川访问日本之后，中日防卫交流才重新趋于活跃。不仅实现中国海军（2007年11—12月）与日本海上自卫队（2008年6月）之间的舰艇互访，而且，高层互访在2008年、2009年里也保持了良好态势。受2010年9月中日钓鱼岛撞船事件的影响，中日之间的部队交流又出现短暂中断。2011年12月，日本海上自卫队舰艇（"雾雨"号）访问了中国北海舰队基地青岛港，中日双方着手重启部队交流。但是，进入2012年以来，受日本国内"购买"钓鱼岛闹剧的影响，中日关系出现严重倒退，也必然对中日防卫交流产生重大冲击。

其次，日澳防卫交流持续深化。1990年5月，日本防卫厅长官石川要三访问澳大利亚，开启了冷战后日澳防卫交流的进程。进入21世纪以后，日澳防卫交流接连取得重大突破。2003年9月，日澳两国签署了《防卫交流理解备忘录》，提出在防卫高层、事务级官员、部队与教育研究四个层面上加强防卫交流。2007年3月，日澳两国发表了《安全保障联合宣言》，将反恐、海事安全、边界保护及救灾等列为安全合作的优先领域，并设置由双方外长与防长组成的安全保障磋商委员会（"2+2"会议）。2008年12月，日澳两国又签署了《防卫合作备忘录》，新增情报交流、技术交流、联合国维和行动合作以及双方在日美澳、东盟地区论坛等多边框架下的合作等事项。2010年5月，日澳两国达成了《相互提供物资与劳务协定》，规定在参加联合军演、联合国维和行动及人道主义救援活动时，双方相互提供物体（不含武器弹药）与维修等劳务。随着日澳防卫交流的深入进展，其水平已仅次于日美同盟框架下的交流与合作。

最后，日俄防卫交流稳步发展。在部队交流领域，2003年8月，日本海上自卫队参加了俄军在远东地区纳霍德卡海面举行的军事演习，这是日本海上自卫队首次和俄罗斯举行联合军事演习；2008年9月，日本陆上自卫队首次应邀派观察员参加俄罗斯陆军演习。此外，自2003年起，日本陆上自卫队北部方面队司令与俄罗斯远东军区司令定期互访；自2007年起，日本航空自卫队北部航空方面队与俄罗斯第11航空防空司令部的指挥官定期互访。笔者根据日本《防卫白皮书》内容统计，2000年1月—2011年6月，日本自卫队幕僚长与俄军种司令及以上级别的访问共举行了17次。

在发展及深化期，日本多边防卫交流的基本方式不断扩充。首先，多边安全保障对话保持通畅。日本防卫厅（省）继续派员参加东盟地区论坛框架下的相关机构活动，日本主办的各类多边安全保障对话也有序展开，日本防卫大臣还自2010年起参加东盟防长扩大会议。其次，多边联合军演进展迅速。在"联合训练"名义下，以应对非传统安全或实施人道主义救援为主要内容，日本自卫队频繁参加各类多边联合军演。例如，日本自卫队于2008年参加了由澳大利亚主办的"卡卡杜08"多国海空联合演习，2012年参加了美菲"肩并肩"定期联合军演等。

值得指出的是，在多边防卫交流领域，日本政府以日美同盟为基础着力构建"日美+1"的三边机制模式，其典型代表就是日美韩、日美澳三边机制的构建。在日美韩三边机制方面，2002年5月日美韩防卫高级官员磋商机制的建立，是构建日美韩三边机制的发端。自2009年起，日美韩三国防长利用亚洲安全会议间隙，每年举行一次三国防长会议。2011年7月，日本自卫队首次派出4名军官全程观摩美韩联合军演，韩国军队也于同年12月首次派遣观察员参加了日美联合军演。2012年6月，日美韩三国在朝鲜半岛南部水域实施了首次联合军演。在日美澳三边机制方面，虽然起步晚于日美韩三边机制的构建，但进展迅速。2007年4月，日美澳安全保障与防卫合作磋商召开首次会议，由三国国防部门局长级官员参加。2007年6月，日美澳三国防长利用亚洲安全会议间隙，举行首次三国防长会议；10月，日本海上自卫队、美国海军和澳大利亚空军举行首次联合军演。2010年6月，日美澳三国举行防卫高层磋商，由日本航空自卫队幕僚长、美国太平洋空军司令与澳大利亚空军司令参加。另外，日本、韩国、澳大利亚均加入了美国主导的弹道导弹防御系统。随着美国在全球范围内加强弹道导弹系统的部署，该领域亦可能成为日美韩、日美澳三边防卫交流的新领域。

三、日本"防卫交流"效用

日本防卫交流既属于军事范畴，又与政治、外交密切关联，其效用是多重的。

基于日本的立场，有学者认为其防卫交流的效用体现为：有助于防卫厅及自卫队获得国际社会的认可；培养自卫队军官的国际感觉；有助于强化亚太各国间的关系；奠定军力透明与相互信赖的基础；提高自卫队自身的透明度；达成有关"美军军事存在"的共识；改善双边关系等。①

基于国际关系的视角，笔者认为日本防卫交流的效用主要体现在以下三方面：

第一，防卫交流推动日本的大国路线进程。

冷战后，为了加速推进政治、军事大国路线进程，日本防卫力量的外向型发展趋势明显。它既包括自卫队的编制体制调整与大型武器装备配备，也包括自卫队参与联合国维和、支援伊拉克重建，既是日本政府调整防卫战略的外在表现，也是其实现政治军事大国路线的内在需求。但是，与防卫力量外向型发展的许多动向不同，防卫交流不仅可以掌握周边军情、扩展活动空间，还可以改善双边关系、增强政治互信。不同于自卫队在波斯湾地区向美军供油、支援伊拉克重建等活动，防卫省及自卫队高层在国际场合进行政策阐释，自卫队与他国军队联合举行反恐、救灾等内容的联合军演，均有利于提升日本的国际地位并改善日本军队的国际形象。

防卫交流又在"悄然"松动日本防卫政策的基本原则。例如，2011年12月，日本政府召开安全保障会议决定放宽"武器出口三原则"②，从而为促进其在武器装备技术领域的交流与合作铺平了道路。2012年4月，日本首相野田佳彦与英国首相卡梅伦举行会谈，双方就共同研发武器装备达成协议。这也是日本首次与美国以外的其他国家就共同研发武器达成协议。因此，某种程度上讲，日本防卫交流是在"柔性"地推动其大国路线进程，且不易引发人们警觉。

第二，防卫交流辅助日本的日美同盟体系。

日美同盟是日本安全保障战略的核心内涵，也是日本推进防卫交流的基础。如前所述，早在1990年代中期防卫交流起步之际，日本政府就已将"防卫交流"与"日美军事交流"区别对待。这表明日本政府高度重视日美同盟的核心地位，日本与其他国家间的防卫交流只能处于辅助日美同盟体系的地位。

---

① 佐島直子：『東アジアの「地域化」と日本の「安全保障対話・防衛交流」』、載山影進編：『東アジア地域主義と日本外交』、日本国際問題研究所2003版、第94—95頁。

② 所谓的"武器出口三原则"，是指1967年4月日本首相佐藤荣作在众议院宣布的武器出口具体方针，即（1）不向共产主义阵营国家出口武器；（2）不向联合国决议明文禁止的国家出口武器；（3）不向国际争端的当事国或有这类危险的国家出口武器。

为了更好地辅助日本的日美同盟体系,近年来,日本政府更加注重与美国的其他盟友之间加强防卫交流。2010 年 12 月,日本政府制定的《防卫计划大纲》明确提出,"应在基本价值观和安全保障问题上与我国存在诸多共同利益的韩国以及澳大利亚之间,强化双边乃至包括美国在内的多边合作"。① 正因如此,日本政府才在多边防卫交流领域着力构建"日美 + 1"的三边机制模式。相反,对于中日防卫交流,日本自卫队内部却不时出现质疑声音,认为防卫交流为中国刺探自卫队军事秘密提供了便利,"中国正在走向霸权主义道路,对开展日中防卫交流感到不可思议"。②

这样,日本通过加强与美国盟友之间的防卫交流,构建盟友之间的防卫合作网络,其实质是直接或间接地强化了日本的日美同盟体系,最大限度地发挥了同盟效益。

第三,防卫交流构建日本的地区安全秩序。

在增进了解与互信的基础上采取实际措施,构建有利于己的地区安全秩序,始终是日本防卫交流的着眼点。为了构建地区安全秩序,日本的防卫交流、特别是多边防卫交流带有强烈的"针对性"。例如,在朝鲜半岛局势因"天安号事件""延坪岛炮击事件"而趋于紧张的背景下,2010 年 12 月,美国参谋长联席会议主席马伦在访问韩国、日本期间,相继表示"日本也应该积极参加美韩军事演习","日美韩三国应该在军事方面进行各种形式的合作,朝鲜半岛的事变给我们提出了课题,我们应该建立共同的应对机制"。③ 日本的多边防卫交流,已不仅是彼此间防卫交流与合作的深化,更带有"构建区域秩序"的浓厚色彩。

在中日关系领域,日本的对华防卫交流既要努力促进中国对日本防卫政策理解,也要促使中国提高在军事力量和国防政策方面的透明度。也有学者将日本对华防卫交流的意图概括为:解释日本的防卫政策,使中国对日本的目的消除疑虑;对中国的某些防务政策(防务开支增长等)表示抗议;通过提高双方防务政策的透明度而建立信任;通过扩大交流范围和交

---

① 防衛省:『平成 23 年度以降に係る防衛計画の大綱』、http://www.mod.go.jp/j/approach/agenda/guideline/2011/taikou.html。

② 『再開した「日中防衛交流」に自衛隊幹部が戦々恐々の理由』、http://news.nifty.com/cs/magazine/detail/asahi - 20111103 - 02/2.htm。

③ 廉德瑰:《日本防卫政策的调整及其评价》,载《日本问题研究》2011 年第 4 期。

流渠道数量改进交流；获得中国对朝鲜半岛稳定和关于其他地区问题的支持。① 由此可见，日本对华防卫交流的意图是接触与防范、了解与遏制并重。此种意图的两面性，使其更易受到中日政治关系的影响，难以对中日关系的稳定发展发挥基础性效用。防卫交流一贯都是中日政治关系的"晴雨表"，每当政治关系良好时，中日防卫交流就顺利开展，反之则遭受严重阻碍乃至中断。对于中国政府而言，坚持"全方位发展对外军事关系，深化同各国军队的务实交流与合作，努力营造互信互利的军事安全环境"。② 为了避免使防卫交流成为中日关系摩擦的"人质"，中日两国应着重在共识程度较高的安全保障（例如非传统安全）领域提高合作水平，营造良好氛围，进而为中日防卫交流的领域拓展奠定基础。

总之，冷战后日本政府有关防卫交流的政策认知有其独自性，且处于不断调整之中。在该政策框架下，日本政府大力推进与周边国家及美国盟友之间的防卫交流与合作，试图强化日本的安全保障并影响地区安全秩序的构建。但是，由于日本的防卫交流未能摆脱安全同盟的传统思维，其效用未必真正有利于国家发展与地区安全。

---

① ［德］杜洁著：《冷战后中日安全关系》，陈来胜译，北京：世界知识出版社2004年版，第199页。

② 中华人民共和国国务院新闻办公室：《2010年中国的国防》，http://www.goc.cn/jrzg/2011-03/31/content_1835289.htm。

终　章

第一节　安倍内阁的战略取向与中国周边安全

2012年12月26日，自民党总裁安倍晋三在国会指名选举中当选日本第96任首相。同日，由自民、公明两党联合组建的第二次安倍晋三内阁成立。① 执政以来，安倍内阁的内外战略取向日渐清晰，现实利益追求与意识形态考量交织在一起。安倍内阁推行右倾修宪、岛争应对、日美同盟及亚太外交的战略取向，其内涵与中日关系及中国周边安全态势紧密关联，影响消极。

一、安倍内阁的右倾修宪战略：削弱周边政治互信

对安倍内阁而言，所谓"右倾修宪"战略，是指右翼保守势力在政权中占据主体地位，影响政策决定过程，并企图通过美化侵略历史、修改宪法等举措来推动国家发展道路"向右转"。

近年来，内政不举与经济低迷导致日本国内的政治生态环境持续"向右转"。在新成立的安倍内阁中，右翼政治家占据了多个重要阁僚位置，安倍本人更是一贯持有修宪强军、歪曲历史的右翼言行，并在国会内多个右翼团体中担任职务。② 某种程度上讲，安倍内阁是日本政治"向右转"进入新阶段的必然产物。

---

① 2006年9月26日，日本自民党总裁安倍晋三当选日本第90任首相。安倍上任初期支持率一度高达70%，但因内阁大臣屡曝丑闻与政策不得民心，其支持率不断下降，并导致自民党在2007年参议院选举中失利。2007年9月12日，安倍以"健康原因"为由突然宣布辞职。

② 自当选众议员以来，安倍在自民党国会议员历史研究委员会、日本会议国会议员恳谈会、考虑日本前途和历史教育国会青年议员联盟、日本的前途与历史教科书国会议员思考会、新宪法制定议员联盟、日本摆脱战后体制会等多个国会内右翼团体中担任职务。此外，在新成立的安倍内阁中，文部科学大臣下村博文曾反对所谓"自虐史观"以及把"慰安妇"写入历史教科书，行政改革大臣稻田朋美作为极右翼分子曾著书否认侵略历史，等等。

事实上，重振日本经济是安倍内阁在内政领域面临的首要课题。同时，为了避免重蹈参议院选举失利的覆辙，安倍上台伊始采取了"求稳"的应对策略，吸纳前首相麻生太郎、前自民党总裁谷垣祯一等实力政治家入阁，自称新政权为"突破危机内阁"。2013年1月28日，安倍在众议院发表施政演说，主要围绕经济振兴和东日本大地震灾后重建展开，在全文约4700字的讲稿中先后14次提及"危机"一词，强调日本正在面临经济、灾后重建、外交安全和教育四方面的危机，刻意回避了修宪等带有浓厚"安倍色彩"的政策主张。为重振日本经济，安倍内阁采取了量化宽松货币政策并扩大财政支出。由于日元贬值、日经指数上涨等相关经济指数转好，安倍内阁的经济政策一度获得越来越多的国内好评，内阁支持率从2012年12月的65%持续攀升至2013年4月的74%。[①]

然而，伴随执政初期内阁支持率的持续走高，安倍内阁的"右倾修宪"战略也逐渐明朗。

在历史认识领域，安倍内阁相继表现出参拜靖国神社、试图修改"村山谈话"[②]、否认"侵略"定义等右翼言行。其中，2013年4月下旬，共有3名阁僚（副首相兼财务相麻生太郎、国家公安委员长古屋圭司、总务相新藤义孝）以及跨党派议员团体"大家都来参拜靖国神社国会议员之会"的168名成员，在靖国神社"春季大典"中前往参拜，安倍本人也供奉了祭品。4月22日，安倍在参议院预算委员会上表示，将不会照搬"村山谈话"。4月23日，安倍在同一场合辩称，"侵略"的定义在学术界乃至国际上都没有定论，取决于看待这个问题的是哪一方。4月28日，安倍在"主权恢复日"[③]活动中高呼"天皇陛下万岁"，对侵略战争却只字未提。5月8日，安倍在参议院预算委员会上再次辩称："虽然联大通过了对'侵略'定义的决议，但那只是安理会为了判断侵略行为而当作参考"，"针对侵略的定义，虽然学术领域有各种各样的讨论，但并未最终确定"。这等于把1974年日本政府曾表示赞成的联大决议（决议将"对他国主权、领

---

① 『内閣支持74％に上昇』，载『読売新聞』2013年4月16日。
② "村山谈话"是指1995年8月15日，正值第二次世界大战日本宣布无条件投降50周年纪念日，日本首相村山富市发表讲话，承认日本过去实行错误的国策，走上了战争道路，"其殖民统治和侵略给许多国家，特别是亚洲各国人民带来了巨大的损害和痛苦"，表示要深刻反省历史。
③ "主权恢复日"，是为了纪念1952年4月28日日本脱离盟军最高司令部统治、恢复国家主权地位而设立，安倍晋三内阁首次举行了官方纪念活动。

终　章

土完整和政治独立行使武力"作为侵略的定义）视为"仅供参考的存在"，其实质是否认日本存在侵略行为。

在修宪议程领域，安倍内阁主张修改宪法第96条①，企图放宽修宪提案条件、降低修宪"门槛"。2013年1月30日，安倍在众议院全体会议上首次提出修改宪法第96条的问题。4月15日，安倍接受《读卖新闻》采访时，明确表示先行修改有关提议修宪要件的宪法第96条，并将之作为夏季参议院选举政权公约的核心。② 5月1日，安倍又提出修改宪法"不需要对外解释"的问题，暗示日本无需向中国、韩国等邻国做出解释。显然，安倍内阁欲分两步实现日本修宪，即先行修改容易获得日本维新会等部分在野党赞成的宪法第96条，以放宽修宪提案条件，进而按照自民党提出的修宪草案来修改宪法第九条等内容条款。

安倍的右翼言行及其内阁推行的右倾修宪战略，严重削弱了日本与周边国家之间的政治互信，让国际社会担忧日本未来是否会重走发动侵略战争的老路。例如，2013年4月29日，韩国国会全体会议通过了一项对日决议，谴责了安倍内阁阁僚参拜靖国神社与安倍否认侵略历史的言行，认为此种言行不利于建立面向未来的韩日关系及维护东北亚的和平与稳定。5月3日，东盟与中日韩（10＋3）财长和央行行长会议在印度新德里召开，但中国财长和央行行长、韩国企划财政部长官均缺席会议，改由代理人出席。另外，原拟于5月下旬在韩国首尔召开的中日韩领导人会议也推迟了。

在引发中国、韩国等亚洲邻国强烈反弹且遭受美国国内舆论质疑之后，迫于各方压力，安倍内阁的右倾修宪战略也可能会略有收敛。③ 毋庸置疑，安倍内阁的右倾修宪战略不仅与中国、韩国等亚洲邻国密切关联，更是直接挑战美国对日本的战后安排并危及战后国际秩序，终将误导日本的国家发展道路并压缩其发展空间。

---

① 《日本国宪法》第96条规定，宪法的修订，必须经各议院全体议员2/3以上的赞成，由国会创议并向国民提出，再必须获得半数以上的国民投票赞成。
② 『首相　憲法改正「まず96条」』、載『読売新聞』2013年4月16日。
③ 例如，2013年5月15日，安倍在参议院预算委员会接受质询时就以往日本与中国的关系表示，"我一次也没有说过日本不曾侵略"，并称将继承"村山谈话"精神。

二、安倍内阁的岛争应对战略：难解周边领土争端

战后日本与周边主要国家之间均存在岛屿主权争端，包括中日钓鱼岛（日本称"尖阁诸岛"）争端、韩日独岛（日本称"竹岛"）争端以及俄日南千岛群岛（日本称"北方四岛"）争端。由于独岛与南千岛群岛分别处于韩国、俄罗斯的行政管辖之下，因此，日本政府在如何应对钓鱼岛争端方面相对占据主动地位。在民主党执政期间，日本政府有关钓鱼岛争端的应对战略阻碍了中日关系的健康发展。从2010年中日钓鱼岛撞船事件至2012年日本钓鱼岛"国有化"闹剧，导致中日关系发生了严重倒退。

安倍内阁正是在上述背景下诞生的。政权更迭原本为安倍内阁调整岛争应对战略提供了政策转换空间。2013年1月，作为另一执政党的公明党党首山口那津男携带安倍的亲笔信访华，前首相村山富市及前自民党干事长加藤纮一等人也相继访华，谋求改善因钓鱼岛争端而停滞不前的中日关系。然而，随着安倍内阁的岛争应对战略逐步实施，日本政府显然缺乏改善中日关系的诚意，并未能把握住政权更迭带来的契机。

首先，安倍内阁不断散布抹黑中国形象、歪曲事实的各种言论，且否认中日两国间曾达成"搁置争议"的共识。例如，2013年2月，日本政府挑起所谓"中国海军舰艇火控雷达瞄准日方舰机"[①]的舆论战；同月，安倍接受《华盛顿邮报》采访时，诬称中国对与日本及其他亚洲邻国不断发生领土争执的需求是"根深蒂固"的；2013年5月，安倍在接受美国《外交》杂志专访时指出，日本从未同意"搁置"钓鱼岛争端。

其次，安倍内阁通过增加防卫预算与扩充防卫力量，加大了日本军事对抗岛屿争端的力度。在2013年1月底安倍内阁决定的2013年度财政预算案中，防卫预算额为4兆6804亿日元（冲绳的减轻负担经费等除外），比上一年度增加了351亿日元，这是日本防卫费时隔11年再次增加。其中，自卫队官计划增员287人，列支488亿日元用于采购2架预警机，列支364亿日元用于整备海上保安厅的巡逻船及飞机，旨在强化日本西南诸岛地区的警戒监视体制。[②] 此外，安倍内阁上台后，日本战机多次对中国

---

① 2013年2月5日，日本防卫相小野寺五典提出"抗议"：1月19日，中国驱逐舰导弹发射雷达瞄准并锁定了从一艘海上自卫队护卫舰上起飞的直升机；1月30日，日本"夕立"号护卫舰遭到中国驱逐舰火控雷达瞄准。

② 『2013年度予算案　閣議決定』、載『読売新聞』2013年1月30日。

终 章

正常巡逻的海监飞机进行近距离跟踪监视,两国对峙可能从海上扩大到空中;日本政府还将继续推进与那国岛部署自卫队沿岸监视部队计划,并已着手通过修订《防卫计划大纲》来提升日本的"离岛防卫"能力。

最后,安倍内阁掣肘对华军备合作并拉拢第三方势力,企图削弱中国的岛争应对实力。例如,2013 年 3 月 25 日,安倍与欧洲理事会主席范龙佩通电话,对法国向中国出售舰载直升机着舰装置表示担忧,力劝欧盟维持对华武器禁售。2013 年 3 月 26 日,防卫相小野寺五典与俄罗斯驻日大使阿法纳西耶夫举行会谈,就有报道称中国将从俄罗斯购买最新战斗机苏 –35 和新一代"拉达"级潜艇表示"非常关心",仍将关注今后动向。相反,关于中国与菲律宾之间的岛礁之争,2013 年 5 月 22 日,日本外相岸田文雄与到访的菲律宾外长德尔罗萨里奥举行会谈,双方确认日本将加速制订向菲律宾海岸警卫队提供巡逻舰的计划。

目前,日本国内正在酝酿对海洋计划与安全保障战略进行新一轮调整,如何应对岛屿争端成为此次政策调整的重点。例如,2013 年 2 月 28 日,安倍内阁对外公布了《海洋基本计划草案》,与现行的《海洋基本计划》(2008 年制订)相比,明确提出要有计划地整备海上保安厅和自卫队,在与那国岛部署自卫队沿岸监视部队,充实那霸基地以便运用早期预警机(E2C)等内容。2013 年 5 月 17 日,执政的自民党召开安全保障调查会和国防小组联系会议,对政府的《防卫计划大纲》修订工作提出了题为《重振日本》的建议草案,强调有必要使自卫队具备海军陆战队的功能,建议引进美军新型运输机"鱼鹰"以提高机动能力、组建水陆两栖部队,从而加强对钓鱼岛群岛的所谓"防御"能力。

由此可见,如何应对中日之间的钓鱼岛争端,已成为安倍内阁调整国家安全战略的一个重要抓手。在密切关注中国军队的军费增长与海洋活动的大背景下,安倍内阁的岛争应对战略侧重"防卫力量"建设,带有遏制中国崛起的浓厚色彩,很难缓解领土争端的紧张局势。结果,围绕钓鱼岛争端的中日对峙可能呈现长期化趋势。

三、安倍内阁的日美同盟战略:加剧周边大国博弈

"深化日美同盟",是日本政府在外交与安全保障领域的重大战略抉择。日本政府在深化日美同盟过程中日趋突出"中国因素",旨在平衡以中美日关系为主的周边大国关系。

早在 2012 年底赢得大选之际,安倍就已多次表示拟将美国作为其首个

出访国家。众所周知，2007年第1次安倍内阁成立后，安倍曾选择中国作为首个出访国家，并提出了构筑中日"战略互惠"关系的构想。显然，在中日关系因钓鱼岛争端而陷入僵局的状况下，安倍内阁试图通过尽早访美来获得外部支持。然而，由于美国方面"迎接日本首相时间不足"，安倍的访美行程被迫推迟了。虽然访美行程暂时受挫，但安倍内阁"深化日美同盟"的路线图清晰，主要体现在以下三个方面：

第一，修订《日美防卫合作指针》和参与"跨太平洋伙伴关系协定"（TPP）谈判，是安倍内阁深化日美同盟的基本抓手。2012年8月，民主党政权就与美国政府就修订《日美防卫合作指针》一事达成协议。安倍内阁上台后，2013年1月17日，日美两国外交与防卫当局就修订《日美防卫合作指针》问题举行了首次课长级磋商，双方达成了重新研究日美作用分工的共识。2013年2月22日，安倍与美国总统奥巴马在白宫举行会谈。会谈后发表的联合声明仅限于TPP谈判，称"不要求单方面预先承诺废除全部关税"，"所有商品都将纳入谈判范畴"。2013年3月15日，安倍正式宣布日本加入TPP谈判。

第二，海洋安全与网络合作，是安倍内阁深化日美同盟的新兴领域。不断拓展日美安保体制的合作领域，一直是日美两国深化同盟关系的具体体现。为了应对中国海军的海洋活动及中日钓鱼岛争端，海洋安全成为此次修订《日美防卫合作指针》的焦点问题。2013年4月29日，日本防卫相小野寺五典与美国国防部长哈格尔举行会谈，双方除了就修订《日美防卫合作指针》的情报、监视和侦察（ISR）活动达成一致以外，美方还在会后的记者会上强调海洋安全将成为此次修订的焦点，并称钓鱼岛群岛是日美安保条约的适用范围。此外，2013年5月9日至10日，日美两国政府举行了首次网络安全综合对话，双方对网络攻击的忧虑加深，视为"新的安全威胁"，并商讨如何合作应对黑客攻击。

第三，加大对东南亚国家的投入力度，是安倍内阁深化日美同盟的外交呼应。与美国奥巴马政府的"重返亚太"战略相呼应，安倍内阁在外交上加大了对东南亚国家的投入力度，进而谋求日本自身的地缘政治优势。例如，2013年上半年，与美国邀请缅甸总统吴登盛来访相呼应，日本副首相麻生太郎与首相安倍晋三也相继于1月、5月访问了缅甸，不仅全面加强了日缅两国的经济与政治关系，还开启了双方在安全保障领域的合作。

上述举措表明，安倍内阁在深化日美同盟的过程中"为我所用"，借助日美同盟的支撑来推动日本国家安全战略转型与增强地缘政治优势，且

终　章

注重突出"中国因素",必将加剧区域内大国间的博弈。

四、安倍政权的亚太外交战略:拼凑周边遏华网络

在日本与中、韩两国间的双边关系因历史认识及岛屿争端而出现波折的情况下,出访东南亚成为安倍内阁实施亚太外交战略的始点。

2013年1月2—18日,安倍内阁的高层领导人相继访问了7个东盟国家及澳大利亚:1月2—5日,副首相兼财务相麻生太郎访问了缅甸;1月9—13日,外相岸田文雄访问了菲律宾、新加坡、文莱和澳大利亚;1月16—18日,首相安倍晋三访问了越南、泰国和印度尼西亚。

此后,至2013年5月底,安倍还实现了对蒙古国、俄罗斯及中东地区、缅甸的首脑访问:2013年3月30—31日,安倍访问了蒙古国;2013年4月28日—5月4日,安倍连续访问了俄罗斯与沙特、阿联酋和土耳其等中东国家;2013年5月24—26日,安倍访问了缅甸。

安倍内阁的系列外交活动看似"散乱",但在地缘上都是围绕"中国周边"展开的。以首脑会谈和外长会谈(不包括电话会谈)为对象,安倍内阁执政初期(至2013年3月底)的外交活动统计如下:日菲外长会谈(1月10日)、日新(新加坡)外长会谈(1月11日)、日文(文莱)外长会谈(1月12日)、日澳外长会谈(1月13日)、日越首脑会谈(1月16日)、日泰首脑会谈(1月17日)、日印(尼)首脑会谈(1月18日)、日美外长会谈(1月18日)、日美首脑与外长会谈(2月22日)、日吉(吉尔吉斯)外长会谈(2月27日)、日文(文莱)外长会谈(2月28日)、日斯(斯里兰卡)首脑会谈(3月14日)、日印外长会谈(3月26日)、日蒙首脑会谈(3月30日)。日本媒体认为,安倍外交就是通过强化与日本具有所谓"共同价值观"的周边国家之间的双边关系,来构筑"对华包围圈"。[①] 对此,安倍本人也曾提出"民主安全菱形"的战略构想,主张"由澳大利亚、印度、日本和美国的夏威夷组成一个菱形,以保卫从印度洋地区到西太平洋地区的公海"。[②]

基于地缘政治视角,安倍内阁的亚太外交实践大体上可分为三类:

第一,巩固地缘传统优势。这主要体现在安倍内阁对东盟国家的外交实践上。东南亚地区一直是日本亚太外交的重点,大部分东盟国家与日本

---

① 『親日国と包囲網作り』、載『読売新聞』2013年3月31日。
② 《安倍吁组"民主安全菱形"抗衡中国》,载《环球时报》2013年1月12日。

关系密切。为了进一步强化日本与东盟的关系，2013年1月18日，安倍在印尼首都雅加达阐述了日本与东盟关系发展的五项外交原则：共同创造并扩大自由、民主和基本人权等普世价值观；全力维护海洋权益和航行自由；积极推进经贸合作与投资，实现共同繁荣；发展并维护亚洲多样的文化与传统；增进年轻人之间的交流。①

第二，拓展地缘发展空间。这主要体现在安倍内阁对蒙古国、缅甸的外交实践上。蒙古国与缅甸均是与日本关系较为疏远，但与中国关系密切的国家。为了削弱这些国家对中国的"过度依赖"，2013年3月，安倍访问蒙古国，承诺对蒙古国的煤矿开采与环境治理提供援助，并就日本自卫队协助蒙古国军队提升能力建设事项达成共识；2013年5月，安倍访问缅甸，承诺免除缅甸所欠约2000亿日元债务、提供1000亿日元政府开发援助，并达成海上自卫队舰艇访问缅甸的协议。这也是自1977年首相福田赳夫访问缅甸以来，日本首相时隔36年首次访问这个曾被世界孤立的国家。

第三，平衡地缘势力结构。这主要体现在安倍内阁对俄罗斯、印度的外交实践上。俄罗斯与印度作为地区大国，与中国的双边关系不断取得新进展。为了平衡地区内大国间关系，2013年4月，安倍访问俄罗斯，双方表示将推动和平条约谈判进程，达成了在俄远东及西伯利亚地区加强经济合作的共识。2013年5月，印度总理辛格访问日本，双方宣布"将进一步稳固和加强日印间的全球性战略伙伴关系"，同意重启核能协定谈判并加强安全保障合作。

从上述论述可看出，在加强经济合作的基础上推动安全保障合作，是安倍内阁实施亚太外交战略的基本模式。例如，2013年3月，日本外相岸田文雄与来访的印度外长胡尔希德举行会谈，日方决定提供约2900亿日元借款用于支援印度国内的基础设施建设。此外，岸田外相还指出中国的海洋活动"不仅是日本的，也是整个地区的担忧"，两国外长就充实日印外交及防卫当局间的副部长级对话以及日美印三国局长级磋商达成一致。②

总之，安倍内阁的战略取向不仅意味着日本国家发展道路的抉择，还对中日关系及中国周边安全态势产生了消极影响，甚至可能导致中日关系中的矛盾与分歧持久化、结构化，需要我们密切关注与高度警惕。

---

① 《安倍发外交五原则结束东盟行》，载《环球时报》2013年1月19日。
② 《印日加强海上安保合作应对中国》，载《参考消息》2013年3月28日。

终 章

第二节 日美修订防卫合作指针

《日美防卫合作指针》是框定日美军事安全合作的一份双边文件，迄今已分别于1978年和1997年先后发表过两份。2015年4月27日，日美两国时隔18年再次修订完成了2015年版《日美防卫合作指针》（以下简称"新指针"）。这是双方因应国家安全战略调整与国际安全形势变化的产物。并且，"新指针"增加了"离岛防御""共同侦察""自卫队防护美国军舰"等合作内容，具有较强的对华指向性。

一、"新指针"的出台背景

近年来，美国深入推行"亚太再平衡"战略，企图通过夯实同盟体系来强化在该地区的主导地位；日本则大力推动"解禁集体自卫权"立法进程，不顾被美国拖入战争的风险，积极谋求扩充海外派兵内涵。于是，为应对国际安全环境的变化，日美两国此种"积极作为"的战略需求引导着双方走向更加紧密、更具"全球性"的同盟合作。《日美防卫合作指针》修订的背景主要体现为以下三个方面：

首先，美国深入推行"亚太再平衡"战略，通过鼓励日本发挥更大作用来协助其维持地区主导地位。自奥巴马政府实施"亚太再平衡"战略以来，其持续性与成效性便引发了诸多争议，尤其是2011年中东大变局、2013年奥巴马缺席APEC会议与东亚峰会、2014年乌克兰局势升温之时，美国能否向亚太地区投入足够力量并有效主导该地区局势发展等问题引起了国际社会的讨论。[①] 为了践行"亚太再平衡"战略，美国采取了强化该地区军事部署与武器升级、夯实双边同盟体系、鼓励日本发挥更大作用等积极措施。为此，美国总统奥巴马与多位政府高官纷纷表态"钓鱼岛适用于《日美安全保障条约》的承诺范畴"，在中日领土争端中给予了日本强有力的支持；美国多次明确表态支持日本"解禁集体自卫权"与"放宽武器出口限制"的行动；美国还在大力推进驻日美军基地武器装备的更新换代，支持日本引进先进美式装备。这些都为深化日美防卫合作营造了有利氛围。2015年1月13日，美国助理国务卿拉塞尔发表演讲指出："日美今

---

① 孙茹：《略论美国亚太"再平衡"战略的长期性》，载《当代世界》2015年第2期，第42页。

年的课题主要是指针修订的工作,这对于日美两国而言将是进一步深化合作、向亚太地区和全世界展示伙伴关系的良好时机。"①

其次,日本大力推进"解禁集体自卫权"立法进程,通过强化"对美支援"来构建军事大国化发展路线。2014年7月1日,安倍晋三内阁通过了有关"解禁集体自卫权"的内阁决议,以修改政府宪法解释的方式,对武力行使的三项限制性条件进行了修改。② 在2015年通常国会上,日本政府为了从法律上保障自卫队能够行使集体自卫权,开始了一系列安全保障法制的立法活动。在上述立法进程中,日本提出了介于"平时"与"遭受武力攻击"之间的"灰色事态"概念,通过想定"外国军舰进入日本领海""钓鱼岛等离岛被武装渔民占领""民间船只在公海遭受攻击"等情况,与美军进行了多次具有针对性质的军事演习。例如,2014年11月8—19日,日美两国在日本周边海空域、两军基地等处举行了"利剑2014"大型联合军演。其间,日本自卫队派出约3万人,美军出动太平洋空军、第七舰队、驻冲绳海军陆战队等兵力约1万人,重点就"地对舰导弹发射""离岛夺还""反潜作战"等进行了演练。③ 2015年4月8日,日本防卫大臣中谷元在与美国国防部长卡特会面时表示,"希望尽快完成指针修订的磋商工作,这是实现比此前更加牢固的日美同盟的历史性举措。"④

最后,国际安全环境发生变化,促使日美两国通过深化防卫合作来应对新课题。伴随着世界军事变革的不断发展,网络空间、太空、极地、海洋等国际公域领域的安保课题愈加受到各国的重视。日美两国在上述领域中强化自身战略应对的同时,产生了彼此间加强合作以实现共同应对的主观愿望。与此同时,传统的地缘政治热点问题不时凸显,也促使日美两国不断加强防卫合作。例如,在应对朝鲜核与导弹危机方面,美国协助日本大力构筑导弹防御体系,并积极推动日美韩三边防卫合作;在南海问题

---

① 《美助理国务卿称今年是日美两国"特别之年"》,http://china.kyodonews.jp/news/2015/01/89997.html。

② 新的"武力行使三要件"是:(1)日本遭到武力攻击,或与日本关系密切国家遭到武力攻击,威胁到日本的存亡,从根本上对日本国民的生命、自由和追求幸福的权利构成明确危险;(2)为保护国家和国民没有其他适当手段可以排除上述攻击;(3)武力行使限于"必要最小限度"。

③ 《日美"利剑"军演针对中国 美军出动最强战机》,http://mil.sohu.com/20141124/n406342289.shtml。

④ 《日美防长就加快磋商修改防卫指针达成共识》,http://china.kyodonews.jp/news/2015/04/95251.html。

上，日本紧随美国步伐，对中国的"造岛"行动进行了毫无根据的指责，并表达了参与美军南海监视行动的意愿，同时还公开鼓励东盟国家强化在南海地区的情报侦察能力。上述国际安全环境的变化，都催生了日美两国修订《日美防卫合作指针》的意愿。

二、"新指针"的制定过程

在新形势下，日美两国为了实现更加紧密、更趋"对等"、更具"全球性"的防卫合作，对1997年版的《日美防卫合作指针》进行修订，便成为了双方安保对话中的重要议题。

2012年8月，在民主党执政后期，日美两国便已经开始探讨修订指针相关事宜，后因日本政权更迭，修订工作推迟到2013年1月才正式启动。同年10月3日，日本外务大臣岸田文雄、防卫大臣小野寺五典与美国国务卿克里、国防部长哈格尔举行了日美安全保障协议委员会会谈（"2+2"会议），双方就亚太地区的安全形势交换了意见，并一致同意对1997年版《日美防卫合作指针》进行修订。会谈后的共同声明指出："双方阁僚一致同意对《日美防卫合作指针》进行修改，责令'日美防卫合作小委员'（SDC）[①] 完成此项任务。新的《日美防卫合作指针》要包括'确保同盟在日本遭受武力攻击时的应对能力'；'反映日美同盟的全球性质，拓展在国际反恐、应对海盗、国际维和、人道支援、灾害救助、装备技术等领域的合作'；'推进共有目标与价值理念的践行，强化与地区内其他伙伴间的安全保障合作关系'；'强化同盟间的协商、调整机制，构筑在所有事态下的无缝合作体制'；'在强化各自军事能力的基础上，明示两国防卫合作时的任务分工'；'强化两国在太空、网络空间等新型战略领域中的防卫合作'；'为了达成共同目标，探讨持续强化同盟的可行性方案'等内容。"[②] 可见，通过这一次"2+2"会议，日美两国正式确定了制定"新指针"的责任机构、基本目标与主要内涵。

在"新指针"的修订过程中，"日美防卫合作小委员"负责执行具体的

[①] 日美防卫合作小委员（SDC），日美两国间对双方合作样态进行研究与协商的机构。其成员构成包括：日方的外务省北美局长、防卫省防卫政策局长与运用企划局长、统合幕僚监部代表；美方的副国务卿助理、副国防部长助理、驻日大使馆代表、驻日美军代表、参联会代表、太平洋司令部代表。

[②] 防衛省：『共同発表：より力強い同盟とより大きな責任の共有に向けて』，http://www.mod.go.jp/j/approach/anpo/kyougi/js20131003_j.html。

修订工作，日美政府首脑及防务与外交高官则起到了推动、监管的作用。

2014年10月8日，日美两国公布了"新防卫合作指针中期报告"，载明了新版指针的基本内容框架，揭示了两国在未来一段时期内的军事合作态势，并重点强调了日本对美国进行防护的责任。① 2014年12月19日，日本外务大臣岸田文雄、防卫大臣江渡聪德与美国国务卿克里、国防部长哈格尔再次举行了"2+2"会议，对上述"新防卫合作指针中期报告"予以充分肯定，指出"在'中期报告'的基础上，日美两国修订指针的行动不仅将能确保日本的和平与安全，还将对亚太地区乃至更广范围的区域做出积极贡献。美国的'亚太再平衡'战略与日本的'积极和平主义'政策，均致力于对亚太地区和平与繁荣的确保与维护。基于此，美国政府对日本政府2014年7月1日'安保法制建设'相关内阁决议等安保领域的行动表示欢迎和支持。考虑到日本法制建设的进展情况，双方阁僚决定2015年前半年完成指针的修订工作"。② 至此，日美两国正式确定了完成指针修订工作的期限。

2015年4月8日—11日，美国国防部长卡特相继访问了日本与韩国，进一步推动了"新指针"的出台。卡特在与日本防卫大臣中谷元的会谈中强调了指针修订的必要性；在与韩国国防部长官韩民求会晤时，向韩国就指针修订工作进行了解释，并征得了韩方的谅解与同意。4月16—17日，日美韩三国防务官员又在华盛顿举行了会谈，再次就《日美防卫合作指针》的修订工作进行了磋商与解释。③ 在此基础上，《日美防卫合作指针》的修订工作进一步得到了推进。

2015年4月27日，日本外务大臣岸田文雄、防卫大臣中谷元同美国国务卿克里、国防部长卡特举行了"2+2"会议，双方正式公布了修订后的《日美防卫合作指针》，发表共同声明指出"新指针使得日美同盟更加适合当前的国际安全形势，并将强化双方从平时到紧急事态间所有情况下的抑制能力和应对能力"。④ 4月28日，安倍首相与奥巴马总统在华盛顿举行了首脑会谈，一致强调了"新指针"对深化日美防卫合作的重大意

---

① 防衛省：『日米防衛協力のための指針の見直しに関する中間報告』、http://www.mod.go.jp/j/approach/anpo/shishin/houkoku_20141008.html。

② 防衛省：『日米安全保障協議委員会共同発表』、http://www.mod.go.jp/j/approach/anpo/shishin/js20141219j.html。

③ 時事通信：『防衛指針「他国の主権尊重」＝再改定で韓国に配慮－日米』、http://www.jiji.com/jc/c?g=pol_date2&k=2015041800101。

④ 『中国抑止 切れ目なく 新防衛指針』、載『読売新聞』2015年4月28日。

三、"新指针"的主要内容

"新指针"的构架结构由"防卫合作与指针的目的""基本前提与设想""强化后同盟内的调整""无缝确保日本的和平与安全""为地区及全球的和平与安全而努力""太空与网络空间领域的合作""日美共同的应对""修订手续"8章内容构成。[2]

与1997年版《日美防卫合作指针》相比,"新指针"取消了"日本周边"这一地理限制,突出了日美防卫合作的"全球性质";打破了原有"三种事态"的划分方法,强调了日美防卫合作的"无缝"体制;增加了太空与网络空间等国际公域合作内容。"新指针"重点体现了日本"解禁集体自卫权"的立法精神,扩充了自卫队对美军进行后方支援的内涵,赋予了日本在国际安全事务中发挥更大作用的空间。关于"新指针"与1997年版指针的内容比较(参见表7-1)。

表7-1 新旧《日美防卫合作指针》的概要对比

1997年版《日美防卫合作指针》		目的	2015年版《日美防卫合作指针》	
领域	合作内容	^	领域	合作内容
平时	推进政策协商与安全保障合作	日本的和平与安全	平时(包含"灰色事态")	增加了"常设防卫当局间的协商机构"等内容;明确记载了自卫队对美国军舰进行防护等"装备品防护"的内容
周边事态	自卫队通过补给、运输等方式对美军进行后方支援。活动范围方面,原则上限定在日本领域内;支援内容方面,不能为美军提供弹药与进行空中加油	^	重要影响事态	取消了后方支援在范围与内容方面的限制
^	^	^	存立危机事态	根据集体自卫权,在海上扫雷、弹道导弹防御、护航民间船只、强制性停船检查等方面进行合作
武力攻击事态(日本"有事")	日美两国联合在陆海空领域对日本进行防卫	^	武力攻击事态(日本"有事")	明确增加了日美两国在岛屿防御方面进行合作的内容

---

① 『日米首脳会談:安保・経済で同盟強化』、http://mainichi.jp/select/news/20150429k0000m030157000c.html。

② 防衛省:『日米防衛協力のための指針』、http://www.mod.go.jp/j/approach/anpo/shishin/pdf/shishin_20150427j.pdf。

续表

1997年版《日美防卫合作指针》		2015年版《日美防卫合作指针》	
	国际社会的和平与安全	具有"全球性"的日美合作	对以美国为首的多国部队作战进行后方支援、参与人道复兴支援活动、在强制性停船检查等海洋安全保障领域进行合作
应对弹道导弹与游击队·突击队攻击	在弹道导弹防御方面，美军提供必要的情报；在应对游击队、突击队攻击方面，美军采取适当的支援行动	应对新型课题	太空、网络空间	在监视太空垃圾与人造卫星、确保情报安全等方面进行合作

资料来源：『新旧「日米防衛協力の指針（ガイドライン）」の概要』，载『読売新聞』2015年4月28日。

"新指针"的主体章节为"无缝确保日本的和平与安全"。该章节在开头便指出："持续性威胁或即将发生的威胁将对日本的和平与安全产生深刻影响。在愈加复杂的国际安全环境下，日美两国政府为了确保日本的和平与安全，将在从平时到紧急事态的各种情况下，以无缝合作的态势采取应对措施。为此，日美两国政府将充分发挥同盟协商机制的作用，在'事态评估''情报共享''制定应对方案'等方面进一步加强合作。"[①] 该章节列举了日美两国在"平时""对日本的和平与安全产生重大威胁""日本遭受武力攻击""其他国家遭受武力攻击""日本发生大规模灾害"5种情况下的防卫合作与分工。

第一，关于"平时"状况下的防卫合作，"新指针"列举了"情报收集·警戒监视与侦查""防空与导弹防御""海洋安全保障""装备品防护""训练·演习""后方支援""设备的使用"7项内容。其中，重申了日美《军事情报保护协定》《物资劳务相互提供协定》等文件的重要意义，强调了双方在情报共享、导弹防御系统开发与部署、海上联合作业、军事演练、相互支援等方面的防卫合作。同时，该部分内容以"中国渔船在钓鱼岛触礁，中国军舰以保护渔民的名义接近钓鱼岛""朝鲜试射导弹"等灰色事态为想定背景，增加了日本对美国军舰等装备品进行防护的内容。

第二，关于"对日本的和平与安全产生重大威胁"时的防卫合作，

---

① 防衛省：『日米防衛協力のための指針』，http://www.mod.go.jp/j/approach/anpo/shishin/pdf/shishin_20150427j.pdf。

"新指针"规定了日美两国在"庇护非战斗人员撤退""海洋安全保障""应对他国难民流入""战争搜救""设备与驻地的警戒""后方支援""设备的使用"7个方面的任务分工。该部分内容以"朝鲜半岛发生战事""南海区域或全球海上交通要道发生武装冲突"等"重要影响事态"为想定背景,取消了1997年版指针中"日本周边"的地理限制,从而极大地扩大了日本海外派兵的活动范围。与此同时,"后方支援"的任务范畴也增加了"空中加油""弹药补给"等原来被限制的内容。

第三,关于"日本遭受武力攻击"状况下的防卫合作,"新指针"强调"此项内容是日美安保体制的核心要素"。其中指出:"在预测到日本将要遭受武力攻击时,日美两国要通过各种手段遏制住事态的发生,并切实联合做好战斗准备;在日本已经遭到武力攻击的情况下,自卫队在日本本土及附近海空域进行主体作战,驻日美军部队及其他美军部队进行增援。"此外,"新指针"还列举了"空域防卫""导弹防御""海域防卫""陆上防御""多领域防卫"等日美联合作战构想;并明确了日美两国在"电子通信活动""战争搜救""后方支援""设备与驻地的使用""化学·生物·放射线·核武器的防护"等方面的防卫合作。值得一提的是,该部分内容以"中国特种部队占领日本西南离岛"为想定背景,专门在"陆上防御"的作战构想中增加了"离岛防御"的内容。

第四,关于"其他国家遭受武力攻击"时的防卫合作,"新指针"对日美在"装备防护""战争搜救""海上作战""应对导弹攻击""后方支援"5个方面的行动进行了规定。该部分内容以"朝鲜对韩国发射导弹并在日本周边海域部署鱼雷""南海或波斯湾海域发生武装冲突而影响日本的海上运输"等"存立危机事态"为想定背景,增加了自卫队"参与海上扫雷""强制性停船检查""防护美国军舰"等体现"集体自卫权"的内容。

第五,关于"日本发生大规模灾害"时的防卫合作,"新指针"强调"日美两国政府应在适当的情况下,通过同盟调整机制展开救援行动"。鉴于日本2011年发生"东日本大地震"时美军的支援行动,日美两国出于提高联合救灾实效性、强化相互间情报共享、推进多方位军事合作等目的,今后将在灾害救助方面加强演练与合作。"新指针"增加此项内容表明日美同盟将对非传统安全领域的防卫合作进行关注。

另外,为了进一步凸显日美同盟的"全球性质","新指针"专门增设了"为地区及全球的和平与安全而努力"一章,强调自卫队将更广范围、更深层次地参与"国际维和""以美国为首的多国部队作战""海上扫雷""打击海盗"等活动,并表明了日美两国政府致力于强化三国及多国间安全保障与防卫合作的意愿。同时,"新指针"还将"太空与网络空间领域的合作"单独作为一章,表明日美两国对新型战略领域的重视。上述两章内容与"无缝确保日本的和平与安全"一章相比,着墨较少、略显单薄,但却明显反映了日美防卫合作的最新关注点与未来发展趋势。

四、"新指针"的消极影响

"新指针"的制定,是 21 世纪初期日美同盟强化进程中的标志性事件。它不仅将促进日美安保防卫合作一体化进程,推动日本"解禁集体自卫权"的相关立法工作,还将增强对中国的遏制态势。

第一,"新指针"将促进日美防卫合作的一体化进程。"新指针"充分反映了日本"解禁集体自卫权"的相关立法内容,强调自卫队将在日美同盟结构中扮演更加积极的角色,由此使得日美防卫合作朝着"更加广泛""更趋紧密""更具全球性"的方向发展。首先,日美防卫合作的内容更加广泛。"新指针"增加了太空、网络空间等新兴作战领域的合作内容,还增加了"灾害救助"等非传统安全领域的合作内容。另外,"新指针"还放宽了日美两国在"军舰防护""海上扫雷""情报搜集与侦察""导弹防御""离岛防御"等传统安全领域合作方面的限制。按照"新指针"的规定,自卫队今后可以拦截瞄准美国军舰的导弹,并掩护进入导弹发射状态的美国军舰。其次,日美防卫合作的态势更加紧密。"新指针"强调"构筑从平时到紧急事态的无缝合作体制",打破原有"三种事态"的类型划分,事无巨细地规定了日美两国在"灰色事态""存立危机事态""重要影响事态"等情况下的合作与分工,并决定成立由外交与防务部门高官、自卫队与美军代表参与的常设协调机构。最后,日美防卫合作的范围更具全球性。"新指针"更加强调"致力于国际社会的和平与安全",重点突出了日美两国在"以美国为首的多国部队作战""国际维和""打击海盗""国际反恐""确保海上运输线安全"等全球安全事务中的军事合作与互补,从而将防卫合作范围由"日本周边"扩展至全球。由此可见,"新指针"的出台必将促进日美防卫合作的一体化进程。

第二,"新指针"将推动日本"解禁集体自卫权"的相关立法工作。在"新指针"公布后,安倍内阁为确保自卫队顺利行使"集体自卫权",于 2015 年 5 月 14 日通过了相关"安保法案"的内阁决议。决议确立了

《和平安全法制整备法案》[1]与《国际和平支援法案》[2]的具体内容。其中,《武力攻击事态法》更名为《武力攻击·存立危机事态法》,《自卫队法》等6部法律相应增加了"存立危机事态"的应对内容;《周边事态法》更名为《重要影响事态安全确保法》,《船舶检查活动法》等法律相应增加了"重要影响事态"的应对内容;此外,《联合国维和行动合作法》等法案增加了三项涉及"集体自卫权"的海外派兵业务,并放宽了自卫队在海外执行任务时武器使用的限制。此外,《国际和平支援法案》为永久性法案,并且没有具体支援任务的限制。如此一来,今后如果美国再次发动对他国的战争,日本便不再需要经过繁冗的立法过程就能迅速派出自卫队对以美国为首的多国部队进行支援。[3] 2015年5月15日,以"扩充海外派兵任务、强化对美支援"为目的的"安保法案"被送交国会审议。以"新指针"为牵引,日本加速了"解禁集体自卫权"的法制建设进程。在促使"安保法案"获得通过之后,安倍内阁还会将修改"和平宪法"作为下一阶段的战略调整重点。

第三,"新指针"将增强对中国的遏制态势。"新指针"的出台带来了日本防卫政策与日美防卫合作模式的巨大转变,其中多处内容明显指向中国,带有强烈的"遏制中国"意图。其中,关于中日钓鱼岛争端,"新指针"以此为想定背景,明确记述了日美共同强化"离岛防御"的内容,还增加了"在灰色事态下,自卫队对美国军舰进行防护"的内容,试图强化对中国海上行动的遏制态势;关于南海争端,"新指针"以"确保海上运输线安全"为借口,表示要"在南海等地区强化情报侦察方面的合作"。[4]对此,美国国防部高官表示:"我们与海上自卫队的舰船及飞机在南海展开了行动,希望根据'新指针'积累经验、加深与日方的合作。"[5] 2015年5月30日,日本防卫相中谷元在香格里拉会议上与美国国防部长就中国

---

[1] 《和平安全法制整备法案》由《自卫队法》《联合国维和行动合作法》《周边事态法》《船舶检查活动法》《武力攻击事态法》《美军行动关联措施法》《特定公共设施利用法》《外国军用品等海上输送规制法》《俘虏处置法》《国家安全保障会议设置法》10部法律的修正案综合而成。

[2] 《国际和平支援法案》则是为了确保自卫队能够随时参与类似伊拉克战争等以美国为首的多国部队作战而新制定的一部永久性法案。

[3] 『安保関連法案:閣議決定 安保政策の歴史的転換』、http://mainichi.jp/select/news/20150515k0000m010096000c.html。

[4] 『中国抑止 切れ目なく 新防衛指針』、載『読売新聞』2015年4月28日。

[5] 《美日军事"合体"对华构成三大威胁》,载《环球时报》2015年4月29日。

在南沙群岛的行动一致表示"反对以实力改变现状",同时还呼吁东盟国家强化南海监控,并表达了参与美军南海侦察行动的意愿。① 由此可见,在"新指针"的"鼓舞"下,日本将更加积极主动地参与到亚太安全事务当中来,并将在与周边国家的领土与海洋权益争端中表现得更加强硬。另据分析,"新指针"中"日美构筑世界最强反潜网络、共同提高反导能力"等内容,也将对中国的国家安全利益产生巨大威胁。②

总之,2015年版《日美防卫合作指针》,从其出台背景、制定过程、主要内容乃至消极影响,始终与"中国因素"密切关联。"新指针"不仅是日美两国调整战略及深化防卫合作的产物,更是二者共同强化对华遏制态势的抓手。对此,我们应对"新指针"表示高度关注与严重质疑,批判其对中国国家安全利益的威胁与亚太安全互信的损害,并在安全战略调整与军力建设层面上做好积极应对。

---

① 《日本防卫相提议东盟强化南海监控》,http://china.kyodonews.jp/news/2015/05/98521.html。

② 《美日军事"合体"对华构成三大威胁》,载《环球时报》2015年4月29日。

附　　录

附录1　日本安全保障大事记

1945 年

8月15日　日本宣布投降
8月28日　盟军开始进驻日本
8月30日　盟军最高统帅麦克阿瑟抵达厚木机场
9月2日　日本签署投降文书
9月6日　美国政府确定《日本投降后初期美国对日方针》
10月11日　盟总发布五大改革指令

1946 年

1月4日　GHQ发布解除军国主义者公职的指令
2月22日　日本内阁会议决定接受GHQ的宪法修正案
5月4日　盟总发布解除鸠山一郎公职的备忘录
9月30日　盟总命令解散财阀

1947 年

1月31日　麦克阿瑟发布停止"2·1大罢工"命令
5月3日　《日本国宪法》施行
12月17日　《警察法》公布

1948 年

4月27日　《海上保安厅法》公布
10月9日　杜鲁门总统批准通过NSC13/2号文件
11月12日　远东国际军事法庭判处25名日本战犯有罪

1949 年

7月5日　下山事件
7月15日　三鹰事件
8月17日　松川事件

1950 年

6月21日　美国国务院杜勒斯顾问访日

7月8日　麦克阿瑟司令官指示创建警察预备队和增加海上保安厅人员

7月24日　盟总开始"红色整肃"

8月10日　公布与施行《警察预备队令》

11月24日　美国宣布"对日媾和七原则"

1951 年

4月11日　美国总统杜鲁门解除麦克阿瑟司令官的职务

9月8日　签署《旧金山媾和条约》与《日美安全保障条约》

10月26日　众议院承认《旧金山媾和条约》与《日美安全保障条约》

1952 年

2月28日　签署《日美行政协定》

4月28日　《旧金山媾和条约》生效，美国结束对日占领

7月26日　签署《日美设施区域协定》

7月31日　公布《保安厅法》

8月1日　设置保安厅

10月15日　警察预备队改称为"保安队"

1953 年

4月1日　保安大学校（后来的防卫大学校）成立

4月2日　日美签署《通商航行友好条约》

12月24日　日美签署关于归还奄美群岛的协定

1954 年

3月8日　日美签署《相互防卫援助协定（MDA 协定）》

6月9日　日本公布《防卫厅设置法》和《自卫队法》

7月1日　日本设置防卫厅，陆、海、空自卫队成立

1955 年

11月14日　签署日美原子能协定

12月19日　公布原子能基本法

1956 年

7月2日　日本公布《国防会议构成法》

10月19日　日苏公布《日苏邦交正常化共同宣言》

12月18日　日本加入联合国

1957年

5月20日　日本政府制定《国防基本方针》

6月14日　内阁会议决定"第1次防卫力量整备计划"

8月6日　日美安全保障委员会成立

1958年

9月11日　藤山外相与杜勒斯国务卿举行会谈，美国同意开始修改安保条约的谈判

10月4日　日美就修改安保条约，进行会谈

1959年

3月30日　东京地方法院的伊达首席法官裁决：在砂川事件中"美军驻留违犯宪法"

1960年

1月19日　日美两国在华盛顿签订新安保条约

5月20日　日本众议院全体会议强行通过新安保条约

6月19日　新安保条约获得自然承认

6月23日　交换新安保条约批准书，新安保条约生效

1961年

7月18日　内阁会议决定"第2次防卫力量整备计划"

1962年

3月19日　美国总统肯尼迪发表冲绳新政策，声明"琉球是日本本土的一部分"

11月1日　防卫设施厅成立

1965年

6月22日　签署《日韩基本条约》

8月19日　佐藤首相访问冲绳

1966年

9月1日　首相咨询机构冲绳问题恳谈会成立

11月29日　内阁会议决定"第3次防卫量整备计划"

1967年

11月15日　发表佐藤·约翰逊共同声明（归还小笠原，两三年内就冲绳达成协议）

1968 年

1 月 19 日　美国核动力航空母舰"企业号"进入佐世保港口

1 月 27 日　佐藤首相正式提出"无核三原则"

3 月 1 日　日美琉球咨询委员会正式成立

4 月 5 日　日美两国政府签订归还小笠原群岛协定

6 月 26 日　小笠原群岛归还日本，隶属东京都管辖

1969 年

3 月 10 日　佐藤首相表明"非核、与本土一致"的冲绳归还交涉方针

11 月 21 日　发表佐藤·尼克松共同声明，宣布 1972 年归还冲绳

1970 年

2 月 3 日　日本签署《不扩散核武器条约》

6 月 23 日　日美安保条约自动延长

10 月 20 日　日本首次发表《防卫白皮书》

1971 年

3 月 3 日　日美首次进行联合军事演习

6 月 17 日　日美两国签署《归还冲绳协定》

11 月 24 日　日本众议院通过《归还冲绳协定》

1972 年

2 月 7 日　内阁会议决定"第 4 次防卫力量整备计划"

4 月 18 日　内阁会议决定在归还后的冲绳部署自卫队

5 月 15 日　美国归还冲绳行政权

9 月 29 日　田中首相访问中国，中日邦交正常化

1973 年

1 月 23 日　日美安全保障协议委员会决定缩小与合并驻日美军基地

1974 年

4 月 25 日　防卫医科大学校成立

11 月 18 日　福特作为美国在职总统首次访问日本

1975 年

8 月 29 日　日美防卫首脑会谈

9 月 30 日　裕仁天皇夫妇访问美国

1976 年

6 月 4 日　日本公布第二部《防卫白皮书》，以后每年公布一次

7 月 8 日　第 16 届日美安全保障协议委员会决定设置"日美防卫合作

小委员会"

10月29日　日本内阁会议首次决定《防卫计划大纲》

11月5日　日本政府决定将年度防卫费限定在GNP的1%以内

1977年

4月15日　防卫计划的体系化确立

8月10日　防卫厅开始研究有事法制

9月13日　第1次日美防卫首脑定期磋商会议召开

11月30日　美军全面返还立川基地

1978年

11月27日　第17次日美安全保障协议委员会发表《日美防卫合作指针》

11月27日　日本航空自卫队首次实施日美联合训练

1979年

1月11日　国防会议和内阁决定导入"E-2C"

1980年

2月26日　日本海上自卫队首次参加环太平洋联合演习

9月3日　第1次日美军事装备·技术定期磋商会议举行

12月2日　综合安全保障相关阁僚会议首次举行

1981年

5月8日　铃木首相与里根总统会谈后发表的共同声明首次提及"日美同盟"

5月12日　日本海上自卫队和美军第七舰队举行联合演习

1982年

1月8日　日美安全保障协议委员会决定开始"远东有事研究"

5月15日　根据驻军用地特别措施法，美军开始使用冲绳部分土地

11月10日　假设日本"有事"，日美25年来首次举行联合实战演习

1983年

1月14日　日本政府决定向美提供武器技术

1月17日　中曾根首相在与里根总统举行会谈时称"日美命运共同体"

1月19日　美刊登载中曾根首相有关"日本列岛是不沉的航空母舰"的发言

1984 年

6月11日　日美首次进行共同指挥所训练

12月26日　日美在东京签署《联合作战计划》

1985 年

9月18日　内阁会议决定"中期防卫力量整备计划（1986—1990年度）"

1986 年

2月24日　日美首次举行共同统合指挥所演习

7月1日　日本的国防会议改组为安全保障会议

9月9日　日本正式决定参加美国"星球大战"计划研究

10月27日　日美首次举行联合实战演习

1987 年

1月30日　签订驻日美军劳务费用特别协定

8月26日　《国际紧急援助队派遣法》成立

10月2日　日美防卫首脑会议决定共同开发下一代支援战斗机FSX

1988 年

1月2日　修改驻日美军劳务费用特别协定

1989 年

4月28日　签署有关共同开发下一代支援战斗机FSX的日美协议

1990 年

12月20日　日本内阁会议决定"中期防卫力量整备计划（1991—1995年度）"

1991 年

4月24日　日本内阁会议决定向波斯湾派遣扫雷艇部队

4月26日　日本派遣6艘扫雷艇到波斯湾

1992 年

1月9日　美国总统布什与日本首相宫泽喜一发表《日美全球伙伴关系东京宣言》

6月15日　PKO法案成立

1993 年

1月13日　日本签署化学武器禁止条约

5月11日　派遣自卫队赴莫桑比克

1994 年

8 月 12 日　防卫问题恳谈会提交报告《日本的安全保障与防卫力量的应有状态》

1995 年

2 月 27 日　美国国防部发表《东亚战略报告》

9 月 4 日　在冲绳发生 3 名美军士兵强暴小学女生的事件

11 月 20 日　冲绳特别行动委员会（SACO）成立

11 月 28 日　日本内阁会议制定新防卫计划大纲

12 月 14 日　日本决定"中期防卫力量整备计划（1996—2000 年度）"

1996 年

4 月 12 日　日美两国达成"在 5—7 年内全面返还冲绳普天间机场"的共识

4 月 15 日　日美签订《日美相互提供物资和劳务的协定》

4 月 17 日　日本首相桥本龙太郎与美国总统克林顿共同签署《日美安全保障共同宣言》

12 月 2 日　日美安全保障协议委员会批准冲绳特别行动委员会（SACO）最终报告

1997 年

4 月 17 日　驻留军用地特别措施法修正案成立

9 月 23 日　日美两国公布新的《日美防卫合作指针》

1998 年

1 月 20 日　日美安全保障协议委员会商定双方对战区导弹防御进行"共同技术研究"

12 月 25 日　日本政府正式决定参加战区导致防御系统（TMD）的技术开发研究

1999 年

1 月 24 日　《周边事态法》《自卫队法修正案》《日美相互提供物品和劳务协定修正案》3 项法案

8 月 16 日　日美就联合研究弹道导弹防御系统技术换文

2000 年

12 月 15 日　日本决定"中期防卫力量整备计划（2001—2005 年度）"

2001 年

2 月 10 日　美国核潜艇撞沉一艘日本渔船

4月1日　实施《信息公开法》

10月29日　日本国会通过《反恐怖对策特别措施法案》《自卫队法修正案》《海上保安厅法修正案》

11月8日　日本政府决定向印度洋派遣海上自卫队

2002年

7月29日　日本政府决定将普天间机场迁出后重建

10月23日　日本参加亚太经济合作首脑会议

11月18日　日本政府决定将对美国反恐的支援活动延期半年

12月16日　日本派遣"雾岛"号"宙斯盾"战舰开赴印度洋

2003年

6月6日　日本国会通过《应对武力攻击事态法》《自卫队法修正案》和《安全保障会议设置法修正案》3项法案

7月26日　日本国会强行通过《支援伊拉克重建特别措施法案》

8月5日　《2003年度防卫白皮书》首次明确提出联合国维和是自卫队的"主要任务"

12月9日　日本内阁批准向伊拉克派遣自卫队的计划

2004年

6月14日　日本国会通过《国民保护法案》《限制外国军用品等海上运输法案》《支援美军行动措施法案》《自卫队法修正案》《特定公共设施利用法案》《俘虏等处理法案》和《违反国际人道法行为处罚法案》7项"有事"相关法案

9月8日　防卫厅、自卫队50周年纪念仪式

12月10日　日本内阁通过新的《防卫计划大纲》和"中期防卫力量整备计划（2005—2009年度）"

12月17日　日美签署导弹防御双边合作协议

2005年

2月19日　日美安全保障磋商委员会（"2+2"会议）提出"共同战略目标"

8月26日　美国同意将驻冲绳的美军普天间机场迁入新址

11月16日　日美首脑会谈，在强化日美同盟上达成一致

10月29日　日美安全保障磋商委员会（"2+2"会议）发表《日美同盟：面向未来的变革和再编》

附　录

2006 年

5月1日　日美安全保障磋商委员会通过《日美实施再编的路线图》

5月3日　日美防卫首脑会谈

5月25日　日印防卫首脑会谈

8月8日　日印尼防卫首脑会谈

12月15日　日本国会通过《防卫厅设置法》修正案，防卫厅升格为防卫省

12月22日　日美两国签署《地理空间情报合作官方文件》

2007 年

1月4日　日泰防卫首脑会议

2月25日　日韩防卫大臣会谈

3月13日　日澳两国签署《日澳安全保障联合宣言》

4月16日　进行首次的日美印三国训练

5月1日　日美安全保障磋商委员会（"2+2"会议）发表《同盟的变革：日美的安保和防卫合作的进展》

6月5日　日澳防卫大臣会谈

6月6日　进行首次日澳防卫大臣、外务大臣协议会（"2+2"会议）

7月20日　施行《海洋基本法》

8月10日　日美安全保障磋商委员会（"2+2"会议）签署《军事情报保护协定》

10月17日　日美澳三国首次共同训练

2008 年

1月16日　实行《补给支援特别措施法》

7月17日　设置防卫省改革本部

8月27日　实施宇宙基本法

10月22日　召开日印首脑会谈，签署《关于推进日印战略全球伙伴关系的共同声明》

12月18日　召开日澳防卫大臣、外务大臣协议会（"2+2"会议）

2009 年

1月8日　在冲绳配备 F-15 战斗机

5月30日　召开首次日美韩防卫大臣会谈

6月2日　决定宇宙基本计划

7月24日　实行《应对海盗法》

2010 年

1月19日　《日美安保条约》缔结50周年之际召开"2+2"会议并发表共同声明

2月2日　日美两国举行安全保障高级事务级磋商

5月19日　日澳签署 ACCA

5月28日　日美"2+2"会议发表共同声明

6月25日　缔结日与 NATO《情报保护协定》

8月25日　设置防卫省改革推进会议

8月27日　提交《关于新时代的安保和防卫力量的恳谈会》报告书

12月17日　日本政府通过《防卫计划大纲》和"中期防卫力量整备计划（2011—2015年度）"

2011 年

1月10日　日韩防卫首脑会谈

1月13日　日美防卫首脑会谈

6月21日　日美安全保障磋商委员会（"2+2"会议）发表《面向深化、扩大的日美同盟：50年战略伙伴关系》

6月24日　实施《东日本大地震复兴基本法》

10月24日　缔结《日法情报保护协定》

12月31日　日印首脑签署《强化日印战略全球伙伴关系的共同声明》

2012 年

1月11日　日蒙防卫首脑会谈

5月1日　日美首脑会谈

5月13日　日中韩首脑会谈

5月17日　签署《日澳情报保护协定》

9月14日　日澳"2+2"会议

2013 年

1月25日　安保会议和内阁会议决定《平成25年度的防卫力量整备》

2月21日　设置防卫省改革研究委员会

2月22日　日美首脑会谈

6月17日　日英首脑会谈

6月27日　日菲防卫首脑会谈

11月7日　日本众议院通过设立"国家安全保障会议"的法案

12月4日　日本国家安全保障会议正式成立

12月6日　日本国会通过《特定秘密保护法》

12月17日　日本政府通过新的《防卫计划大纲》、"中期防卫力量整备计划（2014—2018年度）"以及战后首个《国家安全保障战略》

2014年

1月7日　日本国家安全保障局成立并开始运转

4月1日　日本政府通过"防卫装备转移三原则"

4月24日　日美首脑会谈，美方称安保条约第五条协防条款适用于钓鱼岛

5月31日　日美韩防卫首脑会谈

7月1日　日本政府通过解禁集体自卫权的内阁决议案

7月8日　日澳签署防卫装备转移合作协定

10月16日　日澳防卫大臣会谈

12月10日　《特定秘密保护法》正式生效

2015年

2月13日　执政的自民党和公民党重启安保法制磋商

4月27日　日美安全保障磋商委员会（"2+2"会议）通过了新《日美防卫合作指针》

7月21日　日本政府发布2015年《防卫白皮书》

7月17日　日本众议院通过新安保法案

8月3日　日韩两国举行国防政策工作会议

8月4日　日意首脑会谈，全面推进安保合作

8月20日　日本政府公布新"网络安全战略"

9月19日　日本参议院通过新安保法案

10月1日　日本防卫省成立防卫装备厅

10月21日　日韩防卫大臣会谈

10月29日　日本政府启动驻日美军普天间机场搬迁地名护市边野古沿岸的主体工程

附录2 日本国和美利坚合众国相互合作及安全保障条约

(1960年1月19日在华盛顿签字、同年6月23日生效)

日本国和美利坚合众国希望加强两国之间一向存在的和平与友好关系，并拥护民主主义各项原则、个人自由和法治，同时希望进一步促进两国间密切的经济合作，促进两国的经济稳定和福利条件，重申对《联合国宪章》的目的和原则的信念，以及和各国人民、各国政府和平相处的愿望，两国确认拥有《联合国宪章》所规定的个别或集体自卫的固有权利，鉴于两国共同关心维持远东的国际和平与安全，决定缔结相互合作及安全保障条约。其协议如下：

第一条 缔约国保证按照《联合国宪章》的规定，用和平方法并以不致危及国际和平、安全与正义的方式解决可能涉及两国的任何国际争端，而且在两国的国际关系方面，对任何国家的领土完整或政治独立，都慎重使用武力威胁或行使武力，也慎重采取任何与联合国宗旨不符的其他方式。

缔约国将同爱好和平的国家共同努力加强联合国，以便联合国可以更有效地履行它维持国际和平和安全的任务。

第二条 缔约国将通过加强两国的各种自由制度，通过促进了解这些制度所根据的原则，并且通过促进稳定和福利的条件，进一步对发展和平与友好的国际关系作出贡献。缔约国将努力消除它们在国际经济政策中的分歧，并促进两国间的经济合作。

第三条 缔约国将单独以及相互合作，通过持续且有效的自助及相互援助，在遵循各自宪法规定的条件下，维持和发展各自抵抗武力攻击的能力。

第四条 缔约国将随时就本条约的执行问题进行协商，并且将在日本的安全或远东的国际和平和安全受到威胁时，应任何一方的请求进行协商。

第五条 缔约国的每一方都认识到：对在日本管理下的领土上的任何一方所发动的武装进攻都会危及它本国的和平和安全，并且宣布它将按照自己的宪法规定和程序采取行动以应付共同的危险。

任何这种武装进攻和因此而采取的一切措施，都必须按照《联合国宪章》第五十一条的规定立刻报告联合国安全理事会。在安全理事会采取了为恢复和维持国际和平和安全所必需的措施时，必须停止采取上述措施。

第六条 为了对日本的安全以及对维持远东的国际和平和安全作出贡献，美利坚合众国的陆军、空军和海军被允许使用在日本的设施和地区。

关于上述设施和地区的使用以及美国驻在日本的武装部队的地位，应由另一项代替1952年3月28日根据《日本国和美利坚合众国的安全保障条约》第三条在东京签订的并经修改的行政协定的协定，以及两国可能商定的其他安排加以规定。

第七条 本条约对缔约国根据《联合国宪章》所享有的权利和承担的义务，对联合国维持国际和平和安全的责任都不产生任何影响，而且不应作为产生那种影响的解释。

第八条 条约应经日本国和美利坚合众国按照各自的宪法程序予以批准，并且将从两国在东京交换批准书之日起生效。

第九条 1951年9月8日在旧金山市签署的《日本国和美利坚合众国的安全保障条约》在本条约生效时即告失效。

第十条 本条约在日本国政府和美利坚合众国政府认为联合国就维持日本地区的国际和平和安全做出令人满意的规定的安排已经生效以前一直有效。

但是，在本条约生效十年以后，缔约国的任何一方都可以把想要废除本条约的意图通知另一方，在那种情况下，本条约在上述通知发出以后一年即告失效。

下列全权代表在本条约上签字，以资证明。

1960年1月19日订于华盛顿，一式两份，用日文和英文写成，两种文本具有同等效力。

日本国代表：　　　　　　　美利坚合众国代表：
　　岸信介　　　　　　　　　克里斯琴·阿·赫脱
　　藤山爱一郎　　　　　　　道格拉斯·麦克阿瑟二世
　　石井光次郎　　　　　　　杰·格雷姆·帕森斯
　　足立正
　　朝海浩一郎

附录3 日美防卫合作指导方针

（2015年4月27日）

一、防卫合作及指针制定的目的

在平时到紧急事态时的任何状况下，为确保日本的和平与安全，同时，为维护亚太乃至以外地区的稳定、和平与繁荣，日美两国的安全保障与防卫合作需强调如下事项：

· 无缝、强力、灵活、高效的日美联合应对
· 日美两国政府在国家安全保障政策方面的相乘效应
· 政府整体联动的同盟协作
· 与域内外伙伴及国际机构的合作
· 日美同盟的全球化属性

日美两国政府应继续强化同盟关系，并根据本国的安全政策，维持各自的防卫态势。日本应根据《国家安全保障战略》及《防卫计划大纲》，保持防卫力量。美国应继续通过包括核力量在内的所有力量对日本提供延伸威慑，同时，在亚太地区前沿部署应急力量，并维系可迅速增强上述力量的能力。

为提高日美安全与防卫合作的实效性，《日美防卫合作指导方针》（以下简称"指针"）明示了两国的职责、任务以及合作、协调方式的一般性框架和政策方向。基于此，指针将有助于促进和平与安全，慑止冲突和夯实经济繁荣基础，深化国内外对日美同盟重要性的理解。

二、基本前提及考虑

指针及在其指导下的行动和活动，应遵守下述基本前提和考虑：

（一）不改变《日美共同合作和安全保障条约》（《日美安全保障条约》）及其相关文件中规定的权利、义务和日美同盟关系的基本框架。

（二）日美在指针指导下展开的所有行动的活动，须符合"和平解决争端"和"国家主权平等"等《联合国宪章》有关规定以及其他国际法的相关约束性条款。

（三）日美两国所展开的一切行动和活动，均须遵守各自宪法，以及

有效力的国内法令和国家安全政策方针。日本的行动和活动，须遵照专守防卫、无核三原则等日本的基本方针而展开。

（四）指针不赋予任何一方政府在立法、预算、行政及其他方面采取措施的义务。同时，指针也不对任何一方产生法律权利或义务。但鉴于指针的目标是构筑两国间的有效合作机制，因此，两国政府可依照各自的判断，以适当的方式，将上述努力结果反映在各自的具体政策和措施中。

三、加强同盟内部的协调

为确保两国根据指针有效开展合作，日美两国政府有必要从平时到紧急事态时均保持密切磋商，并在政策层面以及操作层面保持适当协调。

为确保日美两国在安全保障及防卫合作方面的工作顺利开展，两国政府有必要充分获取情报，并在各层面进行协调。为此，日美两国政府将加强情报共享，利用一切手段，确保政府整体及相关机构间无缝并有效的协调。为实现上述目标，日美两国政府将建立同盟日常协调机制，加强操作层面的组织协调，并制订共同的工作计划。

（一）同盟的协调机制

持续以及正在发生的威胁，将对两国的和平与安全产生现实而深远的影响。日美两国政府将利用同盟协调机制，无缝并有效地应对影响日本和平与安全的情况，以及需由同盟共同应对的其他情况。该协调机制将主要负责从政策及操作层面，协调平时及紧急事态发生时与日本自卫队和美军运用有关的事务。该机制的建立，还将有助于两国情报及时共享，保证两国对安全形势的认识一致。为确保有关工作落实，两国政府将制定协调机制的工作流程，完成相关基础设施建设（如通信系统等），并定期开展演练。

日美两国政府，将视情细化协调机制的工作步骤及参与机构，在此之前，将率先建立日常联络窗口，以方便信息交流与共享。

（二）加强操作层面的协调

对日美两国而言，在操作层面建立起强有力的协调，对于构建机动灵活、快速反应的指挥控制态势而言，是一项具有决定性意义的关键能力。因此，日美两国政府同意，为强化自卫队与美军的合作，有必要在操作层面也建立相应的协调机制。

自卫队及美军将互派人员，以加强情报共享，并确保从平时到紧急事态发生时的无缝协调，以及在国际活动中的相互支援。自卫队及美军将密切合作，并通过各自指挥系统协调行动。

（三）制订共同计划

为确保自卫队与美军的联合运用顺利且有效，日美两国政府将继续编制和更新共同计划。日美两国政府为确保计划的实效性和拥有灵活、及时、恰当的应对能力，应在适当时机，进行情报交换，包括预先指定在运用及后方支援方面的需求及满足有关需求的方案。

日美两国政府平时应通过包括各自政府相关机构在内的、改进后的共同计划制定机制，制订应对关乎日本和平安全的紧急事态的共同计划。共同计划是在适当的时机，在相关机构情报支援的基础上制定的。日美安全保障协商委员会负责继续提出制定方针，确认基于共同计划制定机制的计划制订进展情况，并在必要时下达指示。日美安全保障协商委员会相关的下级组织辅助此项工作。

四、无缝确保日本的和平与安全

连续和突发的威胁会对日本的和平与安全产生深远而且现实的影响。面对日益复杂的安全保障环境，日美两国政府应在平时至紧急事态时的任何阶段，包括不伴随武力攻击的事态在内，采取无缝措施，确保日本的和平与安全。在此背景下，日美两国政府还应进一步推进与伙伴国的合作。

两国政府认为，上述合作措施必须根据各种状况，在灵活、及时、有效的双边协调的基础上实施，而且，为了使同盟应对得力，省厅间的协调也不可或缺。因此，日美两国政府在时机合适时，将灵活运用贯穿整个政府的同盟协调机制，以达成以下目的。

・评估形式

・共享情报

・制定同盟应对措施实施方案，包括可灵活选择的事态慑止措施方案以及旨在缓和事态的行动方案等。

为了支持两国间的上述协调机制，日美两国政府可通过合适的渠道，协调发布可能影响日本和平与安全的相关战略性情报。

（一）平时的合作措施

日美两国政府应推进包括外交努力在内的广泛领域合作，以确保维持日本的和平与安全，强化日美同盟的威慑力及应对能力。

为应对可能出现的所有状况，自卫队与美军将强化互操作性、快反能力及警戒监视态势。为此，日美两国政府将采取下述措施，但不会限

附　录

于此。

1. 情报搜集、警戒监视及侦察

为尽早返现对日和平安全构成威胁的一切征兆，并确保情报搜集和分析的决定性优势，日美两国政府应建立并维持共同的形势认识，共享情报，并做好保密工作。其中包括应强化有关机构间的协调与合作。

自卫队与美军根据各自的装备性能及可用性，开展情报搜集、警戒监视及侦察活动。其中包括以相互支援形式，开展联合情报搜集、警戒监视及侦察活动，以确保持续性监视可能影响日本和平与安全的情况变化。

2. 防空及导弹防御

自卫队及美军须维持并强化针对弹道导弹发射及领空侵入事态的威慑及防卫态势。日美两国政府将加强合作，以提高预警能力的互操作性，扩大网络化监视范围及推动实时情报交换，并整体提升弹道导弹防御能力。此外，还将继续进行密切协调，以应对挑衅性的导弹发射及其他航空活动。

3. 海洋安全保障

日美两国政府将基于航行自由等国际法，在维持海洋秩序方面采取措施，密切合作。自卫队与美军将根据需要，进一步构筑并强化海洋监视情报的共享机制，同时，在适当时机采取各种措施进行合作，例如，开展情报、监视、侦察活动及训练演习维持和强化两国的海上存在等。

4. 资产（装备等）的防护

自卫队与美军联合开展训练演习等有利于日本防卫的行动时，在适当情况下，将相互对各自的资产（装备等）进行防护。

5. 训练演习

自卫队与美军为加强互操作性、可持续性及快反能力，将在日本国内外实施有效的双边及多边演训。及时的实战化的训练演习有利于强化威慑。日美两国政府为保障上述活动的顺利开展，将加强合作，确保训练场地、设施及相关装备随时可用、可进入且具备现代化水平。

6. 后方支援

日本及美国在任何阶段均可自主对自卫队及美军实施后方支援。同时，自卫队及美军依据《日本与美国政府关于自卫队与美军相互提供后方支援、物资及劳务的协定》（即《物资劳务相互提供协定》）及相关规定，在适当的情况下，将进行包括补给、维修、运输、设施及医疗等各类后方支援活动，但不限于此。

7. 设施的使用

为提升自卫队及美军的互操作性、灵活性及抗毁能力，日美两国政府应紧密合作，加强设施、区域的共同使用，并确保其安全性。日美两国政府已认识到防备紧急事态的重要性，将在适当的情况下进行合作，共同对民用机场、港湾等设施开展实地调查。

（二）应对危及日本和平与安全的威胁

同盟将共同应对给日本和平与安全造成重要影响的事态。该事态不能在地理上做出限定。本部分提出的措施将包括在尚未发展至该事态的情况下，依据各自国内法令可以采取的措施。尽早掌握情况并果断做出符合两国行动态势的决策将有助于慑止和缓和该事态。

为了确保日本的和平与安全，日美两国政府将继续采取从平时开始的合作措施，同时还将采取包括外交努力在内的综合手段。日美两国政府将灵活运用同盟协调机制，根据各自决议采取如下措施，但不限于此。

1. 撤离非战斗人员的行动

在日本国民或美国国民作为非战斗人员需要从第三国撤离到安全地区时，日美两国政府有责任撤离本国国民及处理与当地政府的关系。在适当的情况下，日美两国政府可在制定撤离作为非战斗人员的日本国民或美国国民计划时，进行协调，同时在撤离非战斗人员时开展协作。实施上述行动时，日美可相互补充地使用各自拥有的运输手段、设施等能力。日美两国还可探讨对第三国非战斗人员提供撤离等相关援助。

在适当的情况下，日美两国政府可自初期阶段通过同盟协调机制进行协调，以便双方在下述方面开展合作，如，确保撤出人员安全、运输手段、设施、报关、出入境管理、建议、安全区域、医疗等。

2. 海洋安全保障

日美两国政府将考虑各自的能力，密切合作，强化海洋安全保障。合作措施包括情报共享、根据联合国安保理事会决议及其他国际法实施船舶检查，但不限于此。

3. 应对难民的措施

日美两国政府在难民可能流入日本或实已流入日本时，根据国际法相关义务采取人道主义的方法处置难民，同时为维护日本的和平与安全进行合作。在处置难民时，主要由日本负责实施。美国则根据日本提出的请求给予适当的支援。

4. 搜索与救护

在适当的情况下，日美两国政府须在搜索与救护活动中进行合作并相互提供支援。自卫队依据日本国内法令，在适当的情况下与相关机构合作，同时在美军进行战场搜索、救护活动时提供支援。

5. 设施与区域警卫

自卫队及美军有责任与相关当局协作保护各自的设施与区域。日本根据美国的请求，在与美军进行密切合作及协调的同时，对日本国内的设施与区域实施追加警卫。

6. 后方支援

为了能够采取切实有效的行动，日美两国政府在适当的情况下需加强相互后方支援（包括补给、维修、运输、设施及医疗，但不限于此）。其中，包括迅速确认运用及后方支援方面的需求以及采取满足该需求的措施。日本政府应适当灵活运用中央政府及地方公共团体下属机构拥有的权限和能力以及民间拥有的能力。日本政府应根据本国国内法令，在适当的情况下提供后方支援及相关支援。

7. 设施的使用

必要时，日本政府应基于《日美安全保障条约》及其相关规定，临时向美军提供民用机场和港口等设施。日美两国政府应加强设施与区域共用方面的合作。

（三）日本遭到武力攻击时的应对行动

日本遭到武力攻击时的共同应对行动依然是日美安全与防卫合作的核心要素。

当预测到日本可能遭受武力攻击时，日美两国政府应为防卫日本做好必要准备，与此同时，采取慑止武力攻击及缓和事态的措施。

当日本遭到武力攻击时，日美两国政府须共同有效应对，尽早排除并慑止进一步的进攻事态，日美两国政府须采取包括第四部分所述内容在内的必要措施。

1. 当对日本的武力攻击迫近时

当对日本的武力攻击迫近时，日美两国政府为慑止进攻，缓和事态，须由政府整体采取综合、稳妥之举措，加强情报共享及政策磋商，采取包括外交努力在内的一切手段。

自卫队及美军应进入包括部署必要的部队在内的联合作战准备态势。

日本负责确立并维持支援美军部队展开的基础。日美两国政府还应相互做好设施区域共用、补给、维修、运输、医疗及其他各类后勤支援的准备，同时加强日本国内美军设施与区域的警卫。

2. 日本遭到武力攻击时

（1）采取联合应对行动的基本考虑

当外交努力及威慑行动仍无法阻止日本遭到武力攻击时，日美两国应联合迅速排除武力攻击，并慑止进一步攻击，恢复日本的和平与安全。上述协调一致的联合应对行动将有助于恢复该地区的和平与安全。

日本应继续自主实施国民及领域防卫，立即采取行动，尽早排除针对日本的武力攻击。自卫队主要在日本、周边海空域及附近航线实施防御作战。美国应与日本紧密协调，进行适当的支援。美军为保卫日本，对自卫队实施支援，弥补其能力之不足。美国通过支援日本防卫及助其恢复和平与安全的方式，采取行动构建本地区态势。

日美两国政府认识到，为保卫日本，需要动用综合国力的各种手段，日美两国将灵活运用各自的指挥系统，推动两国政府整体行动，以通过同盟协调机制协调联合行动。

美国将运用驻日美军等前沿部署兵力，并根据需要调用其他地区兵力进行增援。日本为确保上述部队顺利展开，应建立并维持必要的基础。

日美两国政府在应对日本遭到的武力攻击时，应各自采取适当行动防护美军、自卫队及其设施。

（2）作战构想

A. 空域防卫作战

自卫队与美军为保卫日领空及周边空域，实施联合作战。自卫队须以自身力量为主，实施防空作战，确保空中优势。因此，自卫队将针对飞机及巡航导弹的攻击实施防御作战，采取必要的行动，但不限于此。

美军对自卫队作战实施支援和能力补充。

B. 应对弹道导弹攻击的作战

自卫队与美军为应对针对日本的弹道导弹攻击，应实施联合作战。自卫队与美军将进行实时情报交换，以尽早探知弹道导弹发射。在发现弹道导弹攻击先兆时，自卫队与美军将采取有效行动，防御针对日本的弹道导弹攻击，防护参加弹道导弹防御作战的部队。

自卫队为保护日本，自主实施弹道导弹防御作战。

美军对自卫队的作战实施支援，并采取行动弥补自卫队能力不足。

C. 海域防卫作战

自卫队与美军为保卫日本周边海域及确保海上交通安全，实施联合作战，自卫队自主实施守备日本主要港湾及海峡、防护在日本周边海域行动的舰船以及其他相关作战行动。为此，自卫队将采取必要的但不限于此的行动，开展海岸防卫、水面、反潜战、水雷战、防空作战及空中阻击等作战。美军对自卫队的作战提供支援并采取弥补自卫队能力不足的作战。

自卫队与美军须联合阻止向参与该武力攻击的敌方实施支援的船舶活动。自卫队与美军将通过相关机构间的情报共享及其他形式的合作强化上述活动的实效性。

D. 应对地面攻击的作战

自卫队与美军为应对针对日本的地面攻击，应调动陆、海、空或水面两栖部队，实施联合作战。自卫队自主实施阻止、排除针对岛屿等的地面攻击的作战。必要时，自卫队应实施夺取岛屿作战。为此，自卫队将采取必要行动，实施抗阻、排除登（着）陆进攻的作战、两栖作战及快速展开部队，但不限于此。

此外，自卫队将与有关机构协作，自主击溃包括秘密潜入等在内的非正规特种作战部队攻击。美军对自卫队的作战提供支援及实施弥补自卫队能力不足的作战。

E. 跨领域作战

自卫队与美军为排除针对日本的武力攻击以及慑止进一步的攻击，实施跨领域联合作战。此作战的目的是通过跨多个领域的同步作战一起获得成效。跨领域合作行动的例子如下：

自卫队与美军在适当情况下与相关机构合作，强化各自的情报、监视、侦察（ISR）态势，促进情报共享及各自ISR装备的防护。

为对自卫队实施支援及补给，美军可实施伴随火力打击的作战。在美军实施该作战时，自卫队可根据需要对其进行支援。上述作战将在适当时机由两国紧密协调实施。

日美两国政府将根据第六部分提出的双边合作事项，联合应对太空及网络空间面临的威胁。

自卫队及美军的特种作战部队将在遂行作战中适当开展合作。

（3）作战支援行动

为支援联合作战，日美两国政府将在以下行动中展开合作。

A. 电子通信活动

为确保有效地发挥电子通信能力,日美两国政府将在适当情况下相互支援。

为确保对形势保持一致认识的前提下联合作战,自卫队及美军须确保自卫队与美军间有效的通信,维持共同作战态势图。

B. 搜索与救援

在适当情况下,自卫队及美军将与相关机构合作,在包括战斗搜索、救援行动在内的搜救行动方面开展合作并相互支援。

C. 后方支援

在作战方面,当须对各自的后方支援能力进行补充时,自卫队及美军将基于各自的能力及可用性,灵活且适时地相互开展后方支援行动。

日美两国政府须妥善、灵活运用中央政府与地方公共团体所拥有的权限、能力以及民间能力,实施相互支援行动。

D. 设施的使用

根据需要,日本政府将按照《日美安全保障条约》及相关协定,提供新的设施和区域。日美两国政府将强化设施、区域共同使用方面的合作。

E. 化学、生物、放射性与核武器(CBRN)防护

日本政府将继续作为主体应对日本国内发生的化学、生物、放射性与核武器相关事故及攻击。美国将自主保持和恢复美军在日本遂行任务的能力。根据日本的要求,美国为履行对日本的防护义务,将在预防和应对CBRN事故及攻击的相关行动中,视情况向日本提供援助。

(四)日本以外国家遭到武力攻击时的应对行动

为应对针对美国或第三国的武力攻击,日美两国根据包括充分尊重主权在内的国际法以及各自的宪法和国内法,决定行使武力,且日本并未遭受武力攻击时,日美两国将紧密合作联合应对该武力攻击,慑止进一步的攻击。日美将通过整个政府参与的同盟协调机制联合实施行动。

日美两国将与采取行动应对该武力攻击的他国适当保持合作。

当与日本关系密切的他国遭到武力攻击,日本的存亡因此可能受到威胁,国民的生命、自由以及追求幸福的权利可能遭到彻底颠覆时,自卫队为应对上述明确危险,保卫日本的安全以及日本国民,将采取伴随武力攻击在内的适当的作战行动。

联合作战的事例如下:

1. 资产防护

在适当的情况下，自卫队及美军将在资产防护上开展合作。该合作包括防护参加撤离非战斗人员或弹道导弹防御等作战在内的资产，但并不限于此。

2. 搜索与救援

在适当的情况下，自卫队及美军与有关机构开展合作，在战斗搜索与救援行动等搜救行动上开展合作以及相互支援。

3. 海上作战

在适当的情况下，自卫队及美军将合作开展以确保海上交通安全为目的的扫雷行动。

在适当的情况下，自卫队及美军在与相关机构开展合作的同时，将在保护舰船的护航作战方面开展合作。

在适当的情况下，自卫队及美军在与相关机构开展合作的同时，还将在阻止向参与武力攻击的敌方实施支援的船舶活动方面开展合作。

4. 应对弹道导弹攻击的作战

自卫队和美军基于各自能力，在适当的情况下就拦截弹道导弹开展合作。为了能够对弹道导弹发射展开早期预警，日美两国政府将为此交换情报。

5. 后勤支援

在作战中需要补充各自的后勤支援能力的情况下，自卫队和美军将基于各自能力和可行性，相互间灵活、适时地提供后勤支援。

日美两国政府为实施支援，可适当灵活发挥中央政府和地方公共团体机构的权限、能力以及民间能力。

（五）为应对日本发生大规模灾害开展合作

在日本发生大规模灾害的情况下，将以日本为主应对相关灾害。自卫队将与相关机构、地方公共团体和民间机构进行合作，实施救灾行动。美国认识到，从大规模灾害中迅速恢复对于确保日本的和平与安全而言至关重要，而且相关灾害也可能对驻日美军行动造成影响。因此，美国将基于本国法规，对日本的救灾行动提供相应的支援。相关支援行动包括搜救、运输、补给、医疗、态势感知、评估以及其他专业支援。日美两国政府将视情通过同盟协调机制协调行动。

日美两国政府为提高美军在日实施人道主义援助、救灾行动时的合作效率，将开展包括信息共享在内的紧密合作。此外，美军可参与救灾相关训练，促进今后合作应对大规模灾害时进一步深化相互理解。

五、为维护地区和全球的和平与安全开展合作

当前国际社会相互联系日益密切，为夯实亚太地区及其他地区的和平、安全、稳定和经济繁荣的基础，日美两国在实施伙伴国合作的同时，将在其中发挥主导作用。仅半个多世纪以来，日美两国为有效解决世界各地区出现的问题，持续开展了各种合作。

当日美两国政府分别决定参加旨在维护亚太地区和其他地区的和平与安全的国际行动时，日美两国政府（包括自卫队与美军）将在适当时机，相互间以及与伙伴国间就以下事项开展紧密合作。下述合作也将有助于日美两国的和平与安全。

（一）国际行动中的合作

日美两国政府将基于各种判断参加国际行动。在共同展开行动时，自卫队及美军将竭尽所能展开最大限度的合作。

日美两国政府可在适当时机，通过同盟协调机制，对上述国际行动进行协调，同时还将积极拓展三边及多边合作。为顺利且高效开展合作，自卫队及美军将在适当时机，共享合作流程及最佳合作方案。对于本指针未能明确涵盖的宽泛事项，日美两国政府将继续保持协作。此外，在地区及国际行动中，日美两国政府展开的一般合作领域包括如下内容：

1. 维和行动

日美两国政府遵照《联合国宪章》参加联合国维和行动时，将在适当时机展开紧密合作，确保最大限度灵活发挥自卫队与美军间的互操作性。另外，日美两国政府还可在适当时机开展合作，对从事相同任务的联合国其他人员提供后方支援及保护。

2. 国际人道主义援助和灾害救援

日美两国政府应发生大规模人道主义灾难及自然灾害的相关国家政府或国际组织的请求，进行国际人道主义援助和灾害救援行动时，将在适当时机最大限度地灵活发挥参加上述行动的自卫队与美军间的互操作性，密切合作、相互支援。具体合作行动包括相互间后方支援、作战协调、计划制订及实施等。

3. 海洋安全保障

日美两国政府在展开旨在保障海洋安全的行动时，将在适当时机进行密切合作。具体合作行动涵盖反海盗、扫雷等旨在保障海上交通安全的行

动、防止大规模杀伤性武器扩散行动以及反恐行动等。

4. 伙伴国的能力构建支援

与伙伴国积极合作，有助于保持和强化地区及国际和平与安全。为强化伙伴国应对瞬息万变的安保问题的能力，日美两国政府将在适当时机，最大程度地灵活发挥各自能力和经验，在能力建构支援活动方面开展合作。具体合作行动包括：海洋安保、军事医学合作、防卫组织构建、人道主义援助、救灾援助及提高维和部队快速反应能力等。

5. 非战斗人员撤离行动

在采取国际行动撤离非战斗人员时，日美两国政府将在适当时机，灵活采取包括外交努力在内的一切手段，确保日本及美国国民在内的非战斗人员的安全。

6. 情报搜集、警戒监视及侦察

日美两国政府参与国际行动时，自卫队及美军基于各自资源能力及作战可能性，在合适时机就情报、监视与侦察（ISR）活动开展合作。

7. 训练与演习

自卫队及美军在适当时机实施并参与联合训练与演习，加强互操作性、持续性和快反性，强化国际行动的实效性。此外，日美两国政府将继续在训练和演习中寻求与伙伴国合作的机会，借此强化与盟国的联合作战能力，并制定通用的技战术及合作流程。

8. 后方支援

日美两国政府参与国际行动时，在相互提供后方支援方面开展合作。日本政府将基于本国法令，在适当时机提供后方支援。

（二）三边及多边合作

日美两国政府须推进和强化三边及多边安全保障和防卫合作，重点强化与地区、其他伙伴国以及国际组织间的合作措施，并寻求能够进一步实现上述设想的机会。

日美两国政府还将开展合作，推进基于国际法及国际惯例的合作，强化地区及国际组织建设。

六、太空及网络空间合作

（一）太空相关合作

日美两国政府均认识到太空安全的重要性，为切实推动负责任的、和平、安全的宇宙空间利用，两国政府将继续保持并强化双方的合作。

为此，将采取的措施之一是：日美两国政府将致力于确保各自空间系统的抗毁性，并强化双方在空间态势感知方面的合作。为实现和提高有关能力，日美两国政府须视情况相互支援，围绕影响太空安全与稳定、或妨碍其利用的相关行动及现象，进行情报共享，在太空相关的装备、技术（包括搭载有效载荷）方面谋求合作，确保加强海洋监视能力、空间系统能力及抗毁性。

为快速有效完成各自的任务，自卫队及美军在利用外层空间时，将继续在包括早期预警、ISR、测向、导航、授时、空间态势感知、气象观测、指挥控制、通信以及确保任务完成不可或缺的相关空间系统抗毁性等领域进行合作，并推动整个政府层面的相关努力。当双方各自的空间系统遭到威胁时，自卫队与美军将在适当的时机进行合作，努力降低危险、避免损害。一旦发生损害，自卫队与美军将在适当的时机进行合作，修复和重建相关能力。

（二）网络空间相关合作

为了确保安全且稳定利用网络空间，日美两国政府将在适当的情况下，采取适时且适当的方法，就网络空间面临的威胁及其脆弱性等相关情报进行共享。此外，日美两国政府还将在适当的情况下，围绕如何提高网络空间的各种能力进行情报共享，如，交流训练和教育的方法经验等，在适当情况下，日美两国政府还将在防护自卫队及美军遂行任务所需的重要基础设施及网络服务方面开展合作，如，民间的情报共享等。

自卫队与美军将采取如下措施：

1. 保持对各自的网络及系统的监视态势；
2. 共享网络安全方面的相关知识，开闸教育交流；
3. 确保各自为遂行任务所需的网络及系统的抗毁性；
4. 推动整个政府层面的相关努力，提高网络安全水平；
5. 实施联合演习，以确保双方在平时乃至紧急事态时的各种状况下均可切实开展网络安全方面的有效合作。

一旦发生针对日本的网络安全事件（包括自卫队及驻日美军使用的重要基础设施及网络服务在内），日本须以自身力量为主进行应对，同时美国将通过日美间的紧密协调，对日本实施相应的支援。日美两国政府还将适时且迅速地共享相关情报。一旦发生对日本的安全造成严重影响的网络事件（包括日本受到武力攻击等情况在内），日美两国政府将密切磋商，并采取相应的合作行动加以应对。

七、日美的共同举措

为进一步提高日美间合作的实效性，作为双方安全保障及防卫合作的基础，两国政府将发展并继续加强以下领域的合作：

（一）**防卫装备与技术合作**

日美两国政府为加强互操作性，促进装备的高效采购和部署，将采取以下措施：

在装备的共同研究、开发、生产、试验评估以及通用装备的零部件及劳务的相互提供方面进行合作；

为确保相互间的工作效率和快速反应能力，强化通用装备的修理及维护基础；

为实现装备等的高效采购、强化互操作性以及防卫装备技术的相关合作，将推动互惠性防卫采购；

谋求与有关伙伴国开展防卫装备技术合作。

（二）**情报合作与保密**

日美两国政府认识到形势判断的共识不可或缺，因此，将加强双方包括国家战略层面在内的所有层次的情报合作与情报共享。

日美两国政府为了实现密切的情报合作及情报共享，将继续推动双方在强化保密政策、惯例及手续等方面的合作；

日美两国政府还将谋求与有关伙伴国开展情报共享合作。

（三）**教育与研究交流**

日美两国政府认识到安全保障及防卫领域智力合作的重要性，今后将深化相关机构成员间的沟通，加强各自研究及教育机构间的交流。上述举措是安全保障及防卫当局人士分享知识、强化合作的永久性基础。

八、指针修订的程序

日美安全保障协商委员会将在下级组织的协助下，定期评估本指针是否适应变化的形势。当与日美同盟相关的各种形势发生变化，且根据届时情况断定有必要时，日美两国政府将及时以适当的形式，修订本指针。

参考书目

一、中文书目

1. 徐万胜等著：《冷战后的日美同盟与中国周边安全》，社会科学文献出版社 2009 年版。

2. 徐万胜著：《日本政治与对外关系》，人民出版社 2006 年版。

3. 刘艳著：《冷战后的日美同盟解读——兼论其对中日关系的影响》，中国政法大学出版社 2008 年版。

4. 尚书著：《美日同盟关系走向》，时事出版社 2009 年版。

5. 汪伟民著：《联盟理论与美国的联盟战略——以美日、美韩联盟研究为例》，世界知识出版社 2007 年版。

6. 李广民著：《与强者为伍——日本结盟外交比较研究》，人民出版社 2006 年版。

7. 张景全著：《日本对外结盟研究》，吉林人民出版社 2007 年版。

8. 孙成岗著：《冷战后日本国家安全战略研究》，解放军出版社 2008 年版。

9. 肖伟著：《战后日本国家安全战略》，新华出版社 2000 年版。

10. 肖伟著：《战后日本国家安全战略的历史原点》，新华出版社 2009 年版。

11. 王少普、吴寄南著：《战后日本防卫研究》，上海人民出版社 2003 年版。

12. 朱锋、秋山昌广、于铁军主编：《中日安全与防务交流：历史、现状与展望》，世界知识出版社 2012 年版。

13. 盛欣等著：《富士军刀——日本军事战略发展与现状》，解放军出版社 2002 年版。

14. 刘江永主编：《当代日本对外关系》，世界知识出版社 2009 年版。

15. 刘江永著：《中国与日本：变化中的"政冷经热"关系》，人民出版社 2007 年版。

16. 吴寄南著：《新世纪日本对外战略研究》，时事出版社 2010 年版。

17. 李秀石著：《日本新保守主义战略研究》，时事出版社2010年版。

18. 宋成有、李寒梅等著：《战后日本外交史（1945－1994）》，世界知识出版社1995年版。

19. 金熙德著：《日美基轴与经济外交——日本外交的转型》，中国社会科学出版社1998年版。

20. 冯昭奎等著：《战后日本外交史》，中国社会科学出版社1996年版。

21. 张雅丽著：《战后日本对外战略研究》，浙江人民出版社2002年版。

22. 沈海涛、张玉国、巴殿君著：《日本国家战略与东北亚外交》，吉林人民出版社2006年版。

23. 张耀武著：《中日关系中的台湾问题》，新华出版社2004年版。

24. 李建民著：《冷战后日本的"普通国家化"与中日关系的发展》，中国社会科学出版社2005年版。

25. 黄大慧著：《日本大国化趋势与中日关系》，社会科学文献出版社2008年版。

26. 廉德瑰著：《"大国"日本与中日关系》，上海世纪出版集团2010年版。

27. 孙承著：《日本与东亚：一个变化的时代》，世界知识出版社2005年版。

28. 于群著：《美国对日政策研究（1945——1972）》，东北师范大学出版社1996年版。

29. 苏格著：《美国对华政策与台湾问题》，世界知识出版社1998年版。

30. 陈效卫主编：《合作与冲突——战后美国军事联盟的系统考察》，军事科学出版社2001年版。

31. 赵学功著：《巨大的转变：战后美国对东亚的政策》，天津人民出版社2002年版。

32. 吴心伯著：《太平洋上不太平——后冷战时代的美国亚太安全战略》，复旦大学出版社2006年版。

33. 陈舟著：《美国的安全战略与东亚》，世界知识出版社2002年版。

34. 刘世龙著：《美日关系（1719—2001）》，世界知识出版社2003年版。

35. 刘建飞、林晓光著：《21世纪初期的中美日战略关系》，中共中央党校出版社2002年版。

36. 任晓、胡泳浩等著：《中美日三边关系》，浙江人民出版社2002年版。

37. 张蕴岭主编：《合作还是对抗——冷战后的中国、美国和日本》，中国社会科学出版社1997年版。

38. 张蕴岭主编：《转变中的中、美、日关系》，中国社会科学出版社1997年版。

39. 苏浩著：《亚太合作安全研究》，世界知识出版社2003年版。

40. ［日］防卫大学安全保障学研究会编著：《日本安全保障学概论》（刘华译），世界知识出版社2012年版。

41. ［日］五百旗头真主编：《战后日本外交史：1945－2010》（吴万虹译），世界知识出版社2013年版。

42. ［日］五百旗头真著：《日美关系史》，周永生等译，世界知识出版社2012年版。

43. ［美］扎勒米·哈利勒扎德等著：《美国与亚洲：美国新战略和兵力态势》，滕建群等译，新华出版社2001年版。

44. ［美］吉姆·赫尔姆斯、詹姆斯·普里斯特主编：《外交与威慑：美国对华战略》，张林宏等译，新华出版社1998年版。

45. ［美］迈克尔·H·阿马科斯特著：《朋友还是对手——前美驻日大使说日本》，于铁军、孙博红译，新华出版社1998年版。

46. ［美］迈克尔·格林、帕特里克·克罗宁主编：《美日联盟：过去、现在与将来》，华宏勋等译，新华出版社2000年版。

47. ［美］兹比格纽·布热津斯基著：《大棋局：美国的首要地位及其地缘战略》，中国国际问题研究所译，上海人民出版社1998年版。

48. ［德］杜浩著：《冷战后中日安全关系》，陈来胜译，世界知识出版社2004年版。

49. ［美］彼得·J·卡赞斯坦著：《文化规范与国家安全——战后日本警察与自卫队》，李小华译，新华出版社2002年版。

50. ［美］米尔顿·埃兹拉蒂著：《变——日本变局将如何改变世界均势》，沈建译，新华出版社2003年版。

51. ［瑞典］斯德哥尔摩国际和平研究所编：《SIPRI年鉴：军备·裁军和国际安全》，中国军控与裁军协会译，世界知识出版社2000－2010

年版。

52. 李秀石著：《日本国家安全保障战略研究》，时事出版社 2015 年版。

二、英文书目

1. Armacost, Michael H. and Daniel I. Okimoto eds., *The Future of America's Alliances in Northeast Asia*, Washington D. C.： Brookings Institution Press, 2004.

2. Art, Robert J. and Patrick M. Cronin eds., *The United States and Coercive Diplomacy*, Washington D. C.： United States Institute of Peace Press, 2003.

3. Bert, Wayne, *The United States, China and Southeast Asian Security： A Changing of the Guard?* New York： Palgrave Macmillan, 2003.

4. Blackwill, Robert. D. and Paul Dibb eds., *America's Asian Alliances*, Cambridge, MA： MIT Press, 2000.

5. Bradford, John F., *Southeast Asian Maritime Security in the Age of Terror： Threats, Opportunity, and Charting the Course Forward*, Singapore： Institute of Defence and Strategic Studies, 2005.

6. Butler, Stuart M. and Kim R. Holmes eds., *Priorities for the President*, Washington D. C.： The Heritage Foundation, 2001.

7. Cha, Victor D., *Alignment Despite Antagonism： The United States – Korea – Japan Security Triangle*, Stanford, CA： Stanford University Press, 1999.

8. Cha, Victor D. and David C. Kang, *Nuclear North Korea： A Debate on Engagement Strategies*, New York： Columbia University Press, 2003.

9. Collins, Allan, *Security and Southeast Asia： Domestic, Regional, and Global Issues*, Boulder, CO： Lynne Rienner Publisher, Inc., 2003.

10. Cossa, Ralph A. ed., *US – Korea – Japan Relations： Building toward a "Virtual Alliance"*, Washington D. C.： The Center for Strategic and International Studies, 1999.

11. Dujarric, Robert ed., *The Future of Korea – Japan Relations： Proceedings of the Hudson Institute*, Westfield, IN： Hudson Institute, 2001.

12. Eberstadt, Nicholas and Richard J. Ellings eds., *Korea's Future and the Great Powers*, Seattle, WA： University of Washington Press, 2001.

13. Hanf, Theodor et al. eds, *U. S. Foreign Policy toward the Third World： A*

Post – Cold War Assessment, Armonk, NY: M. E. Sharpe, Inc. , 2005.

14. Ikenberry, G. John and MichaelMastanduno eds. , *International Relations Theory and the Asia – Pacific*, New York: Columbia University Press, 2003.

15. Kaacke, Jugen, *ASEAN's Diplomatic and Security Culture: Origins, Development and Prospects*, London: Routledge Curzon, 2003.

16. Lasater, Martin L. and Peter Kien – hong Yu, *Taiwan's Security in the Post – Deng Xiaoping Era*, London: Frank Cass. , 2000.

17. Nihon Kokusai Kōryū Sentā eds. , *ASEAN – Japan Cooperation: A Foundation for East Asian Community*, Tokyo: Japan Center for International Exchange, 2003.

18. Perry, Charles M. and Toshi Yoshihara, *The U. S. – Japan Alliance Preparing for Korean Reconciliation and beyond*, Dulles, VA: Brassey's INC, 2003.

19. Sokolsky, Richard et al. , *The Role of Southeast Asia in U. S. Strategy Toward China*, Santa Monica, CA: Rand, 2000.

20. Suh, J. , Peter J. Katzenstein and Allen Carlson eds. , *Rethinking Security in East Asia: Identity, Power, and Efficiency*, Stanford, CA: Stanford University Press, 2004.

21. Swaine, Michael D. and James C. Mulvenon, *Taiwan's Foreign and Defense Policies: Features and Determinants*, Santa Monica, CA: Rand, 2001.

22. Tae – Hyo Kim and Brad Glosserman eds. , *The future of U. S. – Korea – Japan Relations: Balancing Values and Interests*, Washington D. C. : The Center for Strategic and International Studies, 2004.

23. Wit, Joel S. , Daniel B. Poneman and Robert L. Gallucci, *Going Critical: The First North Korean Nuclear Crisis*, Washington D. C. : Brookings Institution Press, 2004.

24. Yutaka Kawashima, *Japanese Foreign Policy at the Crossroads: Challenges and Options for the Twenty – First Century*, Washington D. C. : Brookings Institution Press, 2003.

25. Zagoria, Donald S. and ChrisFugarino eds. , *Breaking the China – Taiwan Impasse*, Westport, CT: Praeger Publishers, 2003.

26. Eugene R. Wittkopf, Charles W. Kegley, and Scott. American Foreign Policy: Pattern and Process, St. Martin's Press, 2001.

27. Inojuchi Takashi, Purnedra Jain, Japanese Foreign Policy Today, New

York: PALGR AVE, 2000.

28. Jurgen Brauer and J. Paul Dunne, Arms Trade and Economic Development: Theory, Policy, and Cases in Arms Trade Offsets, New York: Routledge, 2004.

29. Paul Levine and RonSmith, Arms Trade, Security and Conflict, New York: Routledge, 2003.

30. Todd Sandler and Keith Hartley, Handbook of Defense Economics: Defense in a Globalized World, Amsterdam: North Holland, 2007.

31. Togo Kazuhiko, Japan's Foreign Policy 1945 – 2003, The Quest for a Proactive Policy, Leiden; Boston: Brill, 2005.

三、日文书目

1. 外岡秀俊、本田優、三浦俊章著：『日米同盟半世紀——安保と密約』、朝日新聞社 2001 年版。

2. 江畑謙介著：『日本の軍事システム——自衛隊装備の問題点』、講談社 2001 年版。

3. 中山隆志著：『日本海・軍事緊張』、中央公論新社 2002 年版。

4. 朝雲新聞社編集局編著：『防衛ハンドブック』、朝雲新聞社 2003 年版。

5. 日本国際政治学会編：『日米安保体制——持続と変容』、有斐閣 1997 年版。

6. 浅井基文著：『大国日本の選択』、労働旬報社 1995 年版。

7. 上田耕一郎著：『新ガイドラインと米世界戦略』、新日本出版社 1998 年版。

8. 中曽根康弘著：『二十一世紀　日本の国家戦略』、PHP 研究所 2000 年版。

9. 栗山尚一著：『日米同盟　漂流からの脱却』、日本経済新聞社 1997 年版。

10. 田村重信著：『日米安保と極東有事』、南窓社 1997 年版。

11. 松村昌広著：『軍事情報戦略と日米同盟』、芦書房 2004 年版。

12. 森本敏著：『米軍再編と在日米軍』、文芸春秋株式会社 2006 年版。

13. 佐道明広著：『戦後政治と自衛隊』、吉川弘文館株式会社 2006

年版。

14. 信田智人著：『冷戦後の日本外交——安全保障政策の国内政治過程』、ミネルヴァ書房 2006 年版。

15. 細谷千博ら編：『日米関係資料集：1945－1997』、東京大学出版社 1999 年版。

16. 加藤秀治郎著：『日本の安全保障と憲法』、南窓社 1998 年版。

后　记

本课题获准立项后，课题组成员进行了反复讨论，并分工合作展开研究。具体情况如下：项目负责人徐万胜主要负责课题的框架结构设计，承担了序章、第一章、第三章、第六章及终章部分章节的撰写工作，并对整个书稿进行了审校；栗硕承担了第五章、终章部分章节的撰写工作；赵重今承担了第四章的撰写工作；赵绪承担了第二章的撰写工作。此外，马静曦协助完成了附录及参考资料的搜集整理工作。

对所有关心、鼓励我们展开此项课题研究的人士致以谢忱。

因著者浅见拙识，书中之不足乃至谬误在所难免，恳请学界同仁批评指正。

徐万胜

2021 年 4 月于洛阳

图书在版编目（CIP）数据

同盟视域下日本国家安全战略转型研究/徐万胜等著.—北京：时事出版社，2022.1
ISBN 978-7-5195-0458-8

Ⅰ.①同… Ⅱ.①徐… Ⅲ.①国家安全—国家战略—研究—日本 Ⅳ.①D731.335

中国版本图书馆 CIP 数据核字（2021）第 216501 号

出 版 发 行：时事出版社
地　　　 址：北京市海淀区彰化路 138 号西荣阁 B 座 G2 层
邮　　　 编：100097
发 行 热 线：（010）88869831　88869832
传　　　 真：（010）88869875
电 子 邮 箱：shishichubanshe@sina.com
网　　　 址：www.shishishe.com
印　　　 刷：北京良义印刷科技有限公司

开本：787×1092　1/16　印张：17.5　字数：286 千字
2022 年 1 月第 1 版　2022 年 1 月第 1 次印刷
定价：105.00 元
（如有印装质量问题，请与本社发行部联系调换）